Die Geheimnisse
des magischen Kubus

Annie Gottlieb/Slobodan Pešić

Die Geheimnisse des magischen Kubus

Wie Sie das berühmte Imaginationsspiel im Alltag nutzen können

Übersetzt aus dem Englischen
von Olga Rinne

Scherz

Die Originalausgabe erschien unter dem Titel
«Secrets of the Cube» bei Hyperion, New York

1. Auflage 1999
Copyright © 1998 by Annie Gottlieb und Slobodan Pešić
Alle deutschsprachigen Rechte beim Scherz Verlag, Bern, München, Wien.
Alle Rechte der Verbreitung, auch durch Funk, Fernsehen,
fotomechanische Wiedergabe, Tonträger jeder Art und
auszugsweisen Nachdruck, sind vorbehalten.
Umschlaggestaltung: Bernd und Christel Kaselow, München

INHALTSVERZEICHNIS

DRITTER TEIL: Der Kubus und seine Gefährten

Von Annie Gottlieb

Sie erinnern sich: Eines Tages entdeckten Sie den «magischen Kubus».

Vielleicht haben Sie das kleine, quadratische, glitzernde Buch zufällig in einer Buchhandlung gesehen, oder Freunde haben es Ihnen geschenkt.Vielleicht hat auch jemand das Spiel ohne das Buch mit Ihnen gespielt, als Sie einmal gemütlich beisammensaßen. Oder der «magische Kubus» ging an einer Party um, und Sie wunderten sich, was das Spiel über Sie und andere ans Licht brachte.

Wo auch immer Sie dem «Kubus» begegnet sein mögen – sicher waren Sie überrascht, vielleicht auch angerührt oder betroffen über das, was Ihnen das Spiel offenbarte, und über Ihre eigene Kreativität, ein ganz eigenes, individuelles Bild zu erschaffen, indem Sie sich einen Kubus, eine Leiter, ein Pferd, einen Sturm und Blumen in einer Wüste vorstellten.*

Auch nachdem wir unser Buch geschrieben hatten, haben wir – Slobodan und ich – nicht aufgehört, das Spiel mit immer neuen Leuten zu spielen. Wir spielten

---

* Falls Sie das Spiel noch nicht gespielt haben, so sollten Sie dies zunächst tun. Sie finden die Anleitung und das Spiel in dem Buch «Der magische Kubus» (Scherz Verlag).

mit dem Publikum von Talkshows und den Zuhörern von Radiosendungen überall in den USA. Wir spielten das Spiel mit Leuten, die mit dem Auto von der Arbeit nach Hause fuhren und sich langweilten, während sie im Stau standen; wir spielten es mit Nachteulen, die nach Mitternacht noch auf waren und bei den Sendern anriefen, um uns ihre Imaginationsbilder zu schildern – und immer wieder wurden wir gefragt: «Was bedeutet das?»

Für uns war das eine erstaunliche Erfahrung, denn unter den Tausenden von Kuben, die uns geschildert wurden, waren nicht einmal zwei miteinander identisch. Wir lernten, daß auch die sprödesten und unauffälligsten Leute eine verblüffende Kreativität in sich tragen, daß niemand «durchschnittlich» ist, daß jeder Mensch einzigartig ist. Für unsere Zuhörer muß die Erfahrung jedoch manchmal frustrierend gewesen sein, denn sie wünschten sich mehr Hilfe für das Verständnis ihrer Imaginationsbilder, als wir ihnen geben konnten. Wir waren selbst noch dabei zu lernen.

Vielleicht haben auch Sie noch offene Fragen zu bestimmten Aspekten Ihres Kubus oder den Ihrer Mutter oder Ihres Chefs. Wenn das zutrifft, dann ist dieses Buch für Sie. In diesem Buch finden Sie die Früchte unserer Kubus-Exkursionen, die wir in mehr als drei Jahren (fast zehn in Slobodans Fall) mit Menschen aus allen Ländern der Welt zusammengetragen haben; im Lauf der Zeit erkannten wir universelle Muster, die durch den Wirrwarr der Individualität hindurchscheinen, allmählich lernten wir, die tiefe Weisheit, die sich in den imaginierten Bildern verbirgt, zu entschlüsseln, und wir entdeckten, wie hilfreich es für jeden einzelnen sein kann, dem Rätsel seiner persönlichen Vision auf die Spur zu kommen. (Trotzdem bleibt vieles geheimnisvoll. Der Kubus wird nie – und sollte auch nicht – vollends verstanden werden.)

Die meisten Probleme, denen wir im persönlichen Umgang mit Freunden, Partnern und Familienmitgliedern oder in Arbeitsbeziehungen begegnen, tauchen deshalb auf, weil wir – jede und jeder von uns – die Welt und andere Menschen durch einen subjektiven Filter wahrnehmen, dessen wir uns in aller Regel nicht bewußt sind. Während wir instinktiv versuchen, unsere Lebenswelt unseren eigenen Bedürfnissen und unserem Naturell gemäß zu strukturieren, bemerken wir häufig nicht, daß eine Freundin, ein Kollege, ein geliebter Mensch tatsächlich in einer ganz anderen Welt lebt. Wenn Sie Ihren Kubus kennen, sind Sie sich Ihrer eigenen inneren Dynamik und Architektur weitaus stärker bewußt. Wenn Sie den Kubus einer anderen Person kennen, können Sie buchstäblich sehen, aus «welchem Stoff» Ihr Gegenüber ist. Sie erhalten wichtige Anhaltspunkte über die seelische Verfassung dieser Person, die Ihnen für das Zusammenleben oder die Zusammenarbeit Orientierung bieten können. Sie werden durch die Lektüre der folgenden Seiten Geschicklichkeit darin erwerben, mit Hilfe des Kubus Ihre eigene innere Welt und die sehr andersgeartete, aber ebenso faszinierende innere Welt Ihrer Mitmenschen besser zu verstehen – und wo das Verständnis wächst, wachsen auch die Chancen für ein konstruktives Miteinander.

ERSTER TEIL

Reise in die Wüste

Die geheime Sprache des magischen Kubus

Zunächst einmal wollen wir Ihnen erzählen, wie unsere eigenen Imaginationsbilder aussahen und warum wir über die Stimmigkeit dieser Selbstportraits so verblüfft waren. Vielleicht sind unsere Kuben ja die ersten außer Ihrem eigenen, die Sie kennenlernen, also schauen Sie und staunen Sie, wie völlig anders geartet sie sind, wie sie sich unterscheiden, von Ihrem und voneinander. Und achten Sie darauf, wie wir die Verbindungen zwischen unseren Imaginationsbildern und unserem Leben herstellen, denn das erschien uns als die beste Art, andere in die Kunst der Kubus-Interpretation einzuführen und diese Kunst zu demonstrieren.

Annies Wüste sieht aus wie die Landschaft, die sie aus dem Südwesten der Vereinigten Staaten kennt: roter Sand, strahlend blauer Himmel, weiße Wolken. Ihr Kubus, obwohl «aus massivem Edelstahl und so groß wie ein halbes Haus», schwebt vor der Horizontlinie in der Luft, so daß sein unteres Drittel sich von der roten Erde und seine beide oberen Drittel sich vom blauen Himmel abheben. Seine Oberflächen sind geschliffen oder poliert; Himmel, Erde und Wolken spiegeln sich in mattem Glanz darin wider.

Die Leiter ist aus geschmirgeltem, aber unbehandeltem hellem Pinienholz, einfach und elegant proportioniert wie die Leitern in den indianischen Pueblodörfern des Südwestens. Sie hat nur drei oder vier Sprossen und schwebt vor dem Kubus. Eine optische Illusion läßt sie größer und dem Kubus näher erscheinen, als sie wirklich ist – tatsächlich ist sie kleiner und schwebt im Vordergrund, dem Blick des Betrachters näher.

Das Pferd, dunkelbraun, fast schwarz, trabt vor dem Kubus von links nach rechts durch das Bild. Sein Hals und sein Schwanz sind so elegant gebogen, und es hebt seine Hufe mit einer solchen Präzision, daß es nicht ganz real wirkt; es sieht eher aus wie die Silhouette einer alten schmiedeisernen Wetterfahne.

Der Sturm ist eine einzelne düstere Wolke am blauen Himmel; sie sendet einen peitschenden Wirbelsturm herab, der das Pferd verfolgt. Die kleine Leiter gerät ins Trudeln und kreiselt wild in der Luft, während der Sturm vorüberzieht. Das Pferd weicht dem Unwetter flink und geschickt aus, und der Kubus reflektiert einfach, was geschieht.

Die Blumen sind winzig und gelb und wachsen in dichten Büscheln auf salbeiähnlichen Sträuchern, die willkürlich überall in der Wüste verteilt sind.

Der Kubus: Annie erkennt sich selbst als «schwebend», als geistesabwesende Tagträumerin, die aber dennoch, wenn es nötig ist, Wasserhähne reparieren und den Videorecorder programmieren kann. Sie hat das Gefühl, daß der Hintergrund ihres Kubus – ein Drittel Erde und zwei Drittel Himmel – die Mischung von Wolkenkuckucksheim und solidem Realitätssinn in ihrer Seelenlandschaft sehr präzise wiedergibt. Stahl wird durch Feuer und Druck gehärtet und geglättet, und Annie glaubt, daß dieses Bild besser zu ihr paßt, als selbst ihre engsten Freunde wissen. (Denken Sie immer daran: Der Kubus ist in allererster Linie eine Botschaft für Sie. Auch wenn Sie das Spiel mit einer Gruppe von Fremden spielen – niemals kann ein anderer dabei so viel über Sie erfahren wie Sie selbst.) Die matt reflektierende Oberfläche ihres Kubus macht Annie ein bißchen traurig; sie erkennt darin, wie sehr sie sich auf sich selbst zurückgezogen hat. Zur Zeit zeigt sie nichts von ihrem kompakten Innenleben, sondern lenkt die Aufmerksamkeit von sich ab, indem sie andere in schmeichelhafter Weise spiegelt und ihnen sagt, was sie hören wollen. Auch physisch fühlt sie sich im Augenblick so: in sich selbst verkapselt, unwillig, sich berühren zu lassen.

Es ist wichtig zu sehen, daß Ihr Kubus Sie so widerspiegelt, wie Sie jetzt sind, in diesem Moment. Wenn Sie die Imaginationsübung zu einem anderen Zeitpunkt gemacht hätten, würden sich gewisse Aspekte anders darstellen, ähnlich wie auf Fotos, auf denen Sie sich immer wiedererkennen, aber auch nicht immer gleich aussehen. Die zentralen Qualitäten Ihres Kubus würden sich jedoch immer gleich bleiben.

Die Leiter: Annie hat nur einige Freundinnen, denen sie sich wirklich nahe fühlt (drei oder vier Sprossen). Ihre engste Freundin ist zierlich, blond, von natürlicher Eleganz und zu einem Viertel Mexikanerin. Und obwohl Annie die Bedürfnisse ihrer Freundinnen oft ihren eigenen Bedürfnissen voranstellt und alles stehen- und liegenläßt, um ihnen zu helfen, wenn sie sich in einer Krise befinden (die Leiter ist stärker im Vordergrund, und der Sturm wirbelt sie herum), hat die Verbundenheit ihrer Freundinnen mit ihr (ihrem Kubus) etwas von einer Illusion. Sie sind nicht wirklich «in Berührung».

Das Pferd und der Sturm: Der abgezirkelte, präzise Trab ihres Pferdes erinnert Annie an ihren Lebenspartner Jacques: sehr genau in allen Dingen, aus einer Dynastie österreichisch-ungarischer Militärs stammend. (Gleichzeitig gibt das etwas Künstliche und Unrealistische des Pferdes Annies frühere Neigung zu Phantasie-Liebhabern sehr schön wieder – typisch, wie wir später sehen werden, für den schwebenden Kubus.) Jacques wird tatsächlich von seinem eigenen, privaten Sturm verfolgt: Mit sechzehn Jahren wurde er verhaftet und in ein sowjetisches Arbeitslager deportiert, wo er zwei Jahre verbrachte; er überlebte eine aussichtslos erscheinende Flucht mitten im tiefsten Winter. Diese Erinnerungen verfolgen ihn immer noch – bedrohliche Bilder, die sich in sein jetziges Leben drängen wie eine unpassende düstere Wolke am strahlend blauen amerikanischen Himmel. Es ist gut, daß er wendig und geschickt ist und sich darauf versteht, Unwettern auszuweichen, denn Annie hat das Gefühl, daß sie nur hilflos zuschauen und alles empathisch spiegeln kann. (Wie wir bald sehen werden, sind Jacques' Gefühle völlig anders.)

Die Blumen: «Meine Katzen», sagt Annie sofort. Die Salbeibüsche haben die richtige Größe und Pelzigkeit. Einmal hatte sie sogar eine Katze, die sie «Salbei» nannte. Später wird sie erkennen, daß die Blumen auch ihre Arbeit repräsentieren.

Wir stellen Ihnen auch den Kubus von Jacques vor, denn es ist aufschlußreich zu sehen, wie sich die Kuben eines Paares unterscheiden, welche Züge sie gemeinsam haben (bei diesem Paar sind beide Kuben aus Metall) und wie unterschiedlich beide Partner ihre Beziehung wahrnehmen.

Jacques ist ein sehr großer, kräftiger Mann; er ist 1,90 m groß und wiegt 132 kg; früher war er Boxer in der Schwergewichtsklasse. Die meisten seiner Freunde wären wahrscheinlich sehr überrascht zu erfahren, daß sein Kubus kleiner ist als Annies (Annie ist schlank und zierlich). Aber die Größe eines Kubus muß nicht unbedingt die Körpermaße einer Person widerspiegeln. Der Kubus von Jacques ist gerade so groß, daß er sich darin verstecken könnte (er hat einmal gesagt, daß seine massive körperliche Gestalt eine «Verkleidung» sei) – aber Moment: Das Material, aus dem sein Kubus besteht, ist Titan, das superdehnbare und extrem widerstandsfähige Metall, das für moderne Kampfflugzeuge verwendet wird. Tatsächlich ist Jacques' Kubus durch eine Art Nabelschnur (ebenfalls aus Titan) mit einem SR-71 Blackbird verbunden, dem phänomenalen Kampf- und Aufklärungsflugzeug von Lockheed, das schneller fliegen kann als ein Projektil oder eine Rakete und auf eine Höhe von 30 000 m aufsteigen kann. Jacques' Kubus steht auf dem Boden, aber auf einen bloßen Wink kann der Blackbird ihn blitzschnell hochziehen und in die Stratosphäre schleudern.

Seine Leiter ist eine vielfach ausfahrbare Feuerwehr-Rettungsleiter. Sie ist oben auf dem Kubus angebracht und ragt weit in den Himmel auf. Ihr Ende ist nicht zu sehen.

Sein Pferd ist ein weißer Lipizzaner, das Dressur- und Paradepferd der Spanischen Hofreitschule in Wien.

Ein heftiger Sturm fegt über seine Wüstenlandschaft, mit Blitz und Donner, Wind und Regen. Aber das Pferd rennt dem Sturm davon und entkommt auf eine schöne grüne Wiese, auf der auch Blumen blühen.

Der Kubus: Jacques ist ein Mann der Extreme – und so ist es sehr typisch für ihn, daß sein Kubus sowohl fest auf dem Boden steht als auch in der Stratosphäre schwebt. Er ist viel fester in der pragmatischen Alltagsrealität verankert als Annie (und ärgert sich oft über ihre Zerstreutheit); er sagt, wenn man unter harten Bedingungen überleben muß, lernt man zwangsläufig, praktisch und realistisch zu sein. Aber wenn er sich entschließt, in seine Phantasiewelt einzutauchen, dann ist seine Abwesenheit von der Realität total. Auch das war ein Schlüssel zu seinem Überleben. Er erzählte, wie er im Lager in eisiger Kälte in der Baracke lag und geistig gleichzeitig äonenweit fort war, in einer der Phantasielandschaften aus den Abenteuergeschichten seiner Kindheit.

Auch zu dem Supermetall Titan und dem unbesiegbaren SR-71 Blackbird gibt es eine passende Assoziation: Annie nennt Jacques «den letzten der Titanen». Er stand mit einer Reihe von fast übermenschlich starken und energiegeladenen Männern in enger Verbindung, angefangen mit seinem eigenen Großvater (dem Grundherrn über neun karpatische Dörfer) und Vater über Omar «den Riesen», der ihm bei einem Grubenunglück in Rußland das Leben rettete, bis hin zu dem weltberühmten Karatemeister Masutatsu Oyama, seinem Lehrer und Freund. Auch in der Welt der Literatur und des Jazz sucht Jacques sich mit unfehlbarer

Sicherheit die «Titanen» aus, denn die Macht, Menschen aus dem Elend zu erretten, das die Wechselfälle des Lebens mit sich bringen, kann sowohl pragmatischer und physischer als auch ästhetischer und geistiger Natur sein. Der Blackbird (das Wort bedeutet «Schwarzdrossel») ist Jacques' Totem, ein Beispiel und ein Symbol der erlösenden Macht des Extremen, des nahezu Unmöglichen. (Vergessen Sie nicht: Jacques wußte nicht, daß er sein Selbstportrait entwarf.)

Die Leiter: Ein weiteres kraftvolles Bild für Jacques' zahllose Freunde und ihr lebensrettendes Potential.

Das Pferd und der Sturm: Annie liebt den Tanz und kann sehr gut tanzen. Die dressierte Eleganz, Geschicklichkeit und Disziplin des tänzelnden Lipizzaners könnte aber auch eine sehr treffende Metapher für das Schreiben sein. Und obwohl sie das Gefühl hat, Jacques bei der Zähmung seiner Dämonen nicht helfen zu können, sieht er das ganz anders: Er sagt, Annie besiegt den Sturm für sie beide; sie rennt den Schwierigkeiten davon, in einen sicheren Hafen der Ruhe und heiterer Schönheit.

Die Blumen: Sie sehen sofort, daß Sie es hier mit Leuten zu tun haben, die keine Eltern sind. Weder Annie noch Jacques zeigen in ihren inneren Landschaften die charakteristischen Bilder, die man bei liebenden, engagierten Müttern und Vätern antrifft: einige wenige leuchtend farbige Blumen in der schützenden Nähe des Kubus.

Slobodan wiegt gut fünfzig Kilo weniger als Jacques, aber Annies und Jacques' Kuben zusammengenommen würden sozusagen in den kleinen Zeh seines Kubus hineinpassen. «Ich sehe den Kubus von ganz weit oben», sagt er, «wie aus dem Weltraum, und so erscheint er verkleinert, vor dem Hintergrund dieser unendlich weiten minimalistischen Graslandschaft. Aber der Kubus ist riesig, seine Seitenlängen betragen bestimmt nicht weniger als dreißig Kilometer.» Ja, Sie haben richtig gehört: Kilometer! Slobodan hat den Giga-Kubus kreiert. «Vom

Boden aus gesehen, ist es eine endlose Wand, nach rechts, nach links, nach oben – so weit man sehen kann. Es ist eine Frage der Wahrnehmung, der Perspektive. Alle meine Filme sind so; ich wechsle immer die Perspektiven. [Erinnern wir uns: Er ist Regisseur.] Das Material ist schwarzer Labrador-Granit, eine der härtesten Gesteinsarten, die es gibt, glatt poliert, mit sehr feinen weißen Adern darin. Man muß sehr nahe herangehen, um sie zu sehen. Sonst sieht es einfach aus wie eine endlose schwarze Mauer.

Die Leiter ist aus Holz; sie ist an den Kubus gelehnt, an der rechten Seite, und geht ganz bis nach oben.

Das Pferd ist eigenartig. Ich weiß sofort, daß es eine Stute ist. Eine schöne schwarze Stute. Sie nähert sich dieser endlosen schwarzen Mauer, und sie ist nicht beeindruckt oder ängstlich – nichts dergleichen. Für sie ist es einfach: Hm, ah ja … Es ist ihr Territorium, und es ist schon ein Hindernis, zu groß, um es zu umgehen, aber es bringt nichts, sich darüber aufzuregen. Sie scharrt ein paarmal mit den Hufen und wirft Sand darauf, und dann … dann pinkelt sie auf den Kubus! Danach trabt sie stolz davon, nicht nach rechts, nicht nach links, sondern direkt in die Gegenrichtung, so als wollte sie sagen: Na und? Was soll's?

Der Sturm ist gewaltig – Donner, Wind, Wolken, die den ganzen Horizont ausfüllen. Der Kubus ist verschwunden. Es ist, als wäre ich über dem Kubus, jenseits davon oder darüberschwebend. Aber dann, in der nächsten Einstellung, sehe ich, daß der gewaltige Sturm im Verhältnis zum Kubus verkleinert wirkt. So groß und wild er auch ist, mit dem Kubus zusammen gesehen, ist er nur ein kleines Gekräusel.» (An dieser Stelle konnten die Freunde, die das Spiel mit Slobodan spielten, einfach nicht mehr an sich halten und sagten ihm, was das alles bedeutet, noch bevor sie zu den Blumen kamen.)

Der Kubus und der Sturm: Dürfen wir vorstellen: das megalithische Ego eines Filmregisseurs. Auf geheimnisvolle Weise scheint dieser Berufsstand riesig aufgeblähten Kuben förderlich zu sein. Als Filmregisseur, der in einem kommunistischen Balkanland arbeitete, brauchte Slobodan allerdings das unerschütterliche Selbstvertrauen, die Härte und die glattpolierte Oberfläche, um sich Hindernissen wie eine Mauer entgegenzustellen, jeden Sturm wie ein zarter Windhauch an sich abprallen zu lassen. Nur die Menschen, die ihm am nächsten standen, konnten die feinen Risse in seinem Panzer erkennen, die zarten weißen «Adern», die zeigen, daß dies ein lebendes, fühlendes Wesen ist und nicht nur eine schwarze Wand. Aber so groß sein Ego auch ist, er hat doch den Maßstab nicht verloren und sieht, daß es im Gesamtzusammenhang der Dinge eigentlich einen recht kleinen Raum einnimmt.

Die Leiter: «Meine Freunde bedeuten mir sehr viel, aber sie müssen eine lange Reise antreten, physisch oder mental, um auf die obere Plattform des Kubus zu gelangen und die Welt von dort aus zu sehen. Das haben nur einige geschafft.»

Das Pferd: Das Bild ist nur allzu stimmig. Slobodan ist von Frauen beeindruckt, die stark genug sind, sich nicht von ihm beeindrucken zu lassen.

Obwohl unsere eigenen ersten Kubus-Erfahrungen mehrere (bei Slobodan sogar mehr als zehn) Jahre zurückliegen, erinnern wir uns lebhaft an den Moment, als man uns offenbarte: «Der Kubus – das bist du!» Innerhalb eines einzigen Augenblicks verwandelte sich ungläubige Überraschung in staunende Gewißheit, und schon einen Herzschlag später riefen wir aus: «Ja, das stimmt, es ist wahr …!»

Intuitiv erfaßten wir: Dieses kleine Spiel weist uns auf geheimnisvolle Weise den Weg zu einer ganz persönlichen Wahrheit – zu einer Wahrheit, die uns zwar längst vertraut, aber dennoch nicht bewußt zugänglich ist. In dem von uns imaginierten Bild nahmen Gefühle, Ahnungen und Einstellungen, die wir kaum hätten in Worte fassen können, Gestalt an; sie präsentierten sich uns objektiv, unzensiert und vorurteilsfrei.

Wer auch immer dieses Spiel erfunden hat, muß sich mit der eigenwilligen Symbolsprache der Seele gut ausgekannt haben; er oder sie muß gewußt haben,

daß die Bilder mit großer Zuverlässigkeit ganz bestimmte Bedeutungsfelder an die Oberfläche bringen. Es mag vielleicht noch leicht nachvollziehbar sein, was das Pferd, der Sturm und die Blumen bedeuten; man kann sich sogar vorstellen, daß moderne Psychologen sich solche allgemein zugänglichen symbolischen Bilder ausdenken, aber der Kubus und die Leiter sind als Symbole alles andere als offensichtlich; sie haben eine archaische, mystische Qualität.

Wir fragten uns also: Warum ausgerechnet ein Kubus? Hätten eine Kugel oder ein Quader nicht dieselbe Funktion erfüllt? Hätten wir, als die instinktiv egozentrischen Wesen, die wir sind, nicht jedes beliebige Objekt, das als erstes in der Wüstenlandschaft auftaucht, als «Ich» identifiziert? Oder hat die Kubus-Form irgendeine besondere Qualität, die das Unbewußte sofort wiedererkennt? Laut C. G. Jung ist der Kreis – beziehungsweise die Kugel – ein Archetyp, ein universelles Symbol der Ganzheit oder des Selbst. Kommt vielleicht auch dem Kubus der Status eines Archetyps zu?

Der Kubus – ein universelles Symbol?

Alles deutet darauf hin, daß der Kubus im kollektiven Unbewußten der Menschheit ein universelles Symbol ist. Anders ist die universelle Reaktion der Menschen, die wir aufforderten, sich einen Kubus in einer Wüstenlandschaft vorzustellen, kaum zu erklären. Sie alle – unabhängig von ihrem spezifischen kulturellen Erbe – kreierten mit dem Kubus ein Selbstporträt, das sie auch als solches akzeptierten. Nur ein einziger Mensch, mit dem wir das Kubus-Spiel spielten, ein indianischer Heiler, Autor und Aktivist, beharrte darauf, daß der Kubus, den er in seiner Imagination sah, nichts mit ihm zu tun habe und ihn nicht repräsentiere.

Kein Mensch, der sich selbst in seinem Kubus erkannt hat, kann dieses Bild je wieder vergessen, auslöschen oder als bloßes Gedankenspiel abtun. Vom Bild des imaginierten Kubus geht eine Kraft aus, die mehr bewirkt als ein bloßes Sich-etwas-Vorstellen – eine magische Kraft, die unseren Geist und unsere Seele in ihren Bann zieht. Selbst Menschen, die sich für wenig phantasiebegabt hielten, sehen und spüren plötzlich innere Bilder von nie gekannter Intensität. Der Wirkungsmacht des magischen Kubus können wir uns nicht entziehen: Behutsam, aber unnachgiebig drängt er uns dazu, unsere Eigenarten und Eigenschaften zu erforschen, und er weist uns den Weg zu einem neuen Selbstverständnis.

Die These, daß der Kubus einen Archetyp verkörpert, wird auch dadurch erhärtet, daß sich seine Spur über die Jahrhunderte hinweg bis weit in die Vergangenheit zurückverfolgen läßt. In unterschiedlichsten Kulturen würdigte man seit alters die Ebenmäßigkeit seiner geometrischen Form und brachte ihm als geheiligtem Symbol Verehrung entgegen. Die Ägypter und Griechen führten die Schönheit des Universums auf die formgebenden Prinzipien einer «göttlichen Geometrie» zurück; in ihrer Architektur spiegelt sich nicht nur ihr mathematisches Genie, sondern auch ein vielfältiges esoterisches Wissen wider.

Die Form des Kubus spielt bei der Gestaltung von Altären, Tempeln, Moscheen, Kirchen, Orakel- und Kultstätten in allen Teilen der Welt eine herausragende Rolle. «Der Kubus symbolisierte das Königtum und die Herrschaft über das Irdische», schreibt Yronwode in *Sacred Landscape*. «Ein Gebäude, das einem Gott-König geweiht ist, trägt also oft Züge einer kubischen Geometrie.» In der Wüstenlandschaft des Mittleren Ostens steht die Kaaba, der Schrein in Mekka, der das Zentrum der islamischen Glaubenswelt bildet. Die Kaaba ist nicht nur ein großer schwarzer Kubus – das Wort «Kaaba» bedeutet Kubus. Auch die christliche Tradition bildete keine Ausnahme von der «kubischen Regel». In der Offenbarung des Johannes wird das «Neue Jerusalem» als perfekter Kubus beschrieben; und wenn man einen Kubus aufklappt und zweidimensional darstellt, erhält man den Grundriß der mittelalterlichen Kathedralen.

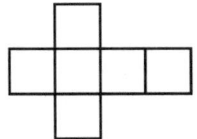

Die Renaissance feierte regelrechte Orgien der Symbolik und Metaphorik, die sie aus klassischen und mystischen Quellen, aus der Astronomie und Astrologie der «heiligen» Geometrie und der Alchimie übernahm und die später auch von den Rosenkreuzern und den Freimaurern aufgenommen wurden. Sonne und Mond, die Planeten, die vier Elemente, das mythische Bestiarium, die «Figur eines Menschen mit ausgestreckten Armen und Beinen, die sich präzise in ein Quadrat und/oder einen Kreis einfügt» (ein Symbol der Beziehung des Menschen zum Göttlichen oder des Mikrokosmos im Makrokosmos) – solche emblematischen Bilder wurden zum Gegenstand der Kontemplation und sollten die Transformation des Selbst herbeiführen.

In diesem Kontext finden wir die vermutlich erste explizite Beschreibung eines Kubus als Symbol für den Menschen.

Der Kupferstich auf Seite 24 stammt aus dem Werk des englischen Dichters George Wither *A Collection of Emblemes* (Eine Sammlung der Embleme) von 1635; die Bildunterschrift lautet: «Die Gestalt des vollkommenen Menschen.» Ein Wiederabdruck findet sich in William Alexander McClungs *The Architecture of Paradise* (Die Architektur des Paradieses). Der Autor bezeichnet die Kubus-Form als «Symbol der moralischen Vollkommenheit» und bemerkt zu Withers Kubus,

dieser sei «ein Symbol des vollkommenen Menschen, der zum Baustein des spirituellen Tempels werden wird» – vollkommen, in McClungs Worten, weil «die gleichbleibende Erscheinung des Kubus, wo immer es ihn hintragen mag, die Konstanz der unsterblichen Seele, wie immer sie auch geworfen werden mag, repräsentiert».

Die Liste ließe sich beliebig fortsetzen: Hinweise dafür, daß dem Kubus eine spirituelle Energie innewohnt, fanden wir bei den Sufis und Kabbalisten, in China und Indien ebenso wie bei den Geheimbünden der Freimaurer. Auch heutzutage vertreten unterschiedliche Theosophen, Mystiker und Esoteriker die Auffassung, daß der Kubus ein Symbol für die Persönlichkeit ist – eine Manifestation der Seele in einer dreidimensionalen Welt.

Alles weist also darauf hin, daß der Kubus in der Tat ein Archetypus der irdischen, inkarnierten Persönlichkeit ist. Aber es geht noch weiter: Wie ein Kubus hat auch eine Persönlichkeit einen Innenraum und eine äußere Fassade. Diese Fassade nannte C. G. Jung «die Persona», das Gesicht, das man der Welt präsentiert, und dahinter liegt das innere Gefühl vom «Ich», die vertraute Gedankenwelt, die Stimmungen, die Einstellungen. Als Objekt mit einer äußeren Oberfläche und einem Innenraum porträtiert der Kubus beides – wie Sie nach außen hin erscheinen und wie Sie sich selbst fühlen und wahrnehmen –, ob diese beiden Bilder in harmonischer Übereinstimmung sind oder in Widerspruch zueinanderstehen. Sind Sie, was Sie zu sein scheinen? Oder ist Ihre Oberfläche ein Schutzschild, eine Tarnkappe, eine täuschende Schicht Hochglanzlack? Wirklich erstaunlich am Kubus-Spiel ist die Entdeckung, wieviel wir in Wahrheit über uns wissen, über unser Erscheinungsbild und unsere Innenwelt.

Die Symbolik der Leiter ist ein Thema, auf das wir an anderer Stelle noch näher eingehen werden. Für den Augenblick soll es genügen zu sagen, daß auch dieses Bild offensichtlich tiefere Dimensionen anspricht. Einen eindrucksvollen Beweis für diese Behauptung lieferte uns ein Mann, der in seiner Imagination eine Leiter mit einer einzigen verrotteten und zerbrochenen Sprosse sah und uns erzählte, daß sein bester Freund vor nicht allzu langer Zeit ertrunken ist. Pferd, Sturm und Blumen sind Symbole, die jeder verstehen kann und die viele Menschen vielleicht unbewußt von sich aus wählen würden, um Liebe, Konflikte und Kinder oder eigene Schöpfungen anderer Art darzustellen.

Wir können darauf vertrauen, daß jedes der Bilder, die in diesem Spiel verwendet werden, eine archetypische Qualität hat – und tatsächlich scheinen praktisch alle Menschen auf einer tieferen als der bewußten Ebene zu erkennen, was die Bilder bedeuten. Jedes davon wirkt als unwiderstehliche Einladung, den korrespondierenden Aspekt des eigenen Lebens zu projizieren. Die Spielanweisungen haben also die klare Funktion, in jedem Menschen, ungeachtet seiner Herkunft und Lebensweise, eine Art Wachtraum hervorzurufen, der eine lebendige Studie seines Selbst und seiner Welt repräsentiert. Das gilt für Menschen aus jedem Kulturkreis. (Wir wissen es, weil wir das Spiel mit Menschen aus allen Teilen der Welt gespielt haben.) Die fünf Symbole des magischen Kubus (oder sechs, wenn man die Wüste dazunimmt) sind offenbar universell. An diesem Punkt unserer Spurensuche hatten wir das Gefühl, ein Segment der Ursprache der Seele dekodiert zu haben.

Wenn wir uns den Einzelheiten zuwenden – der Position und dem Material des Kubus und seinem Verhältnis zum Pferd, zur Leiter und so fort –, stellen wir allerdings fest, daß es keine zwei Visionen gibt, die einander gleichen. Wir müssen uns also fragen: Wo ist die Grenzlinie zwischen dem Universellen und dem Individuellen, zwischen dem kollektiven Unbewußten und dem persönlichen Unbewußten und seiner eigenen, privaten Symbolsprache? Und auf der pragmatischen Ebene: Wie weit können wir – oder wie weit kann überhaupt jemand – anderen Menschen bei der Interpretation von Kubus-Visionen Hilfestellung und Anregungen geben? Ein schlichtes Beispiel: Zwei Leute geben als Material ihres Kubus Aluminium an. Repräsentiert das Aluminium nun in beiden Fällen denselben Persönlichkeitstyp? Oder kann das Metall bei zwei unterschiedlichen Menschen völlig unterschiedliche Bedeutungen haben?

Mittlerweile haben wir die Kubus-Visionen Tausender von Menschen kennengelernt, und aus unserer Sicht liegt die Wahrheit irgendwo in der Mitte. Einerseits ist es keine Frage, daß gewisse Persönlichkeitsmerkmale sich mit ungewöhnlicher Regelmäßigkeit und Treue in bestimmten Positionen oder Materialien des Kubus ausdrücken. Wenn Sie beim Kubus-Spiel fünf- oder sechsmal auf Leute stießen, die als Material ihres Kubus «Aluminium» nannten, und wenn diese Leute – bei allen individuellen Unterschieden – alle hart im Nehmen, abenteuerlustig und ein wenig zynisch sind, dann fangen Sie an, daran zu zweifeln, daß diese Übereinstimmung Zufall ist. Wir haben die Muster, die wir hervortreten sahen, alle gesammelt und werden sie in den nachfolgenden Kapiteln mit Ihnen teilen, weil sie Ihnen sicherlich helfen können, Ihrer eigenen Kubus-Vision Sinn zu geben. Aber die Interpretationen, die wir hier vorschlagen, sollten keinesfalls als Dogma aufgefaßt werden, und sie sind nicht das letzte Wort, was das Gesamtbild Ihrer Kubus-Imagination angeht. Sie sind nur als Wegweiser für Ihre eigenen Erkundungen gedacht. Wir haben unsere Aufgabe ebensogut erfüllt, wenn unsere Interpretation Sie dazu provoziert zu sagen: «Nein, das ist es nicht! – In meinem Fall hat das Element diese Bedeutung.»

Mit der Interpretation einer Kubus-Imagination verhält es sich ähnlich wie mit der Traumdeutung: In letzter Instanz kann niemand außer Ihnen selbst mit Sicherheit sagen, was Ihr Traum bedeutet, denn seine Kompositionselemente sind so individuell und einzigartig, daß nur Sie Ihre wirklichen Quellen auffinden können. Es gibt natürlich Symbole, die bei nahezu allen Menschen eine ähnliche Bedeutung haben, aber selbst diese treten in zahllosen subtilen Varianten auf, und es gibt immer Ausnahmen von der Regel. Ein Mann, den wir kennen, sah seinen Kubus als Haus mit aluminiumverkleideten Wänden, und er ist durchaus nicht der harte, zynische Typ, sondern unprätentiös, fürsorglich und gesellig. Ein Kubus, der auf einer Spitze balanciert, kann in einem Zusammenhang wacklig und gefährdet, in einem anderen Kontext vollendet ausgewogen wirken. Die Bedeutung eines seelischen Bildes erschließt sich immer aus dem Gesamtzusammenhang.

«Mein Verfahren ist ja nicht so bequem wie das der populären Chiffriermethode, welche den gegebenen Trauminhalt nach einem fixierten Schlüssel übersetzt», schrieb Freud in seinem klassischen Werk *Die Traumdeutung*, «ich bin vielmehr darauf gefaßt, daß derselbe Trauminhalt bei verschiedenen Personen und in verschiedenen Zusammenhängen auch einen anderen Sinn verbergen mag.» Wie ein Trauminhalt kann auch dasselbe Kubus-Element bei einer Frau oder einem Mann, einem wohlhabenden oder armen, ledigen oder verheirateten Menschen, einem abgehobenen Intellektuellen oder handfesten Praktiker sehr unterschiedliche Bedeutungen annehmen. (Unserer Erfahrung nach ist es übrigens unmöglich, aus einer Kubus-Vision auf die Geschlechtszugehörigkeit der Person, die sie hervorbrachte, zu schließen. Hin und wieder, aber durchaus nicht immer, gibt das Pferd einen Hinweis darauf.)

In manchen der alten, tradierten Traumdeutungssysteme, wie zum Beispiel dem der Araber aus dem Mittleren Osten, war die Bedeutung des Kontexts wohlbekannt. Ein Schweizer Missionar, den Freud in seinem Werk zitiert, zeigte sich von der Kunst der arabischen Traumdeuter beeindruckt. Die Erfahrensten, so schrieb er, zogen auch die Lebensumstände jener, die sie konsultierten, in Betracht und befragten sie ausführlich nach allen Einzelheiten, die sie für wichtig erachteten, um den Traum präzise zu interpretieren und richtig zu erklären. Zu diesen Erkundigungen gehörten gewöhnlich Fragen nach den engsten Familienbeziehungen des Träumers, nach den Eltern, Ehepartnern und Kindern.

Wenn wir Ihre Kubus-Vision angemessen deuten wollten, müßten wir Sie also gut kennen oder Sie nach Ihren Lebensumständen fragen, um etwas über Sie zu erfahren. Ohne dieses Wissen können wir Ihren Kubus nicht in seinem Gesamtzusammenhang wahrnehmen – aber Sie können es. Daher schlagen wir Ihnen vor, an dieser Stelle innezuhalten (wenn Sie es nicht bereits vorher getan haben) und Ihre Kubus-Vision auf eigene Faust zu erkunden, bevor Sie weiterlesen.

Deuten Sie Ihre Seelenbilder

Manchen von uns fällt die Wanderung in den Landschaften der Seele von Natur aus so leicht wie das Atmen. Andere zögern, weil sie sich durch die surrealen Perspektiven dieser inneren Landschaft verunsichert fühlen. Wenn Sie sich zum Beispiel selten an Ihre Träume erinnern oder sie nicht verstehen, mag es Ihnen so erscheinen, als sei Ihre Kubus-Geschichte in einer Fremdsprache abgefaßt. Haben Sie Schwierigkeiten zu erkennen, in welcher Beziehung Ihre Wüste, Ihr Kubus, Ihre Bilder der Leiter, des Pferdes, des Sturms und der Blumen zu Ihrem Leben stehen? – Dann versuchen Sie es mit einer der folgenden Techniken:

1. Freies Assoziieren: Das ist die brillante Entdeckung Freuds, die er als zentrales Element in der Psychoanalyse und insbesondere der Traumdeutung einsetzte. Für die Deutung von Kubus-Bildern eignet die Methode sich genausogut, denn das «Kompositionsprinzip» dieser Bilder ist dasselbe wie das der Traumbilder. Freud wies seine Patienten an, «alles Nachdenken fahrenzulassen» und ihm zu berichten, was immer ihnen dann durch den Kopf ging, jeden Einfall, mochte er auch noch so abstrus erscheinen, jeden Gedanken, der ihnen im Zusammenhang mit ihrem Traum kam. Zwei wichtige Veränderungen sollten dadurch bewirkt werden: die Steigerung der Aufmerksamkeit, die wir unseren eigenen psychischen Wahrnehmungen entgegenbringen, und die Eliminierung der kritischen Instanz, der Zensur, durch die wir unsere Gedanken normalerweise filtern. Freud beharrte explizit auf diesem Punkt: Man solle auf jede Kritik der Gedanken, die man in diesem Augenblick wahrnimmt, verzichten, alles zulassen, was an die Oberfläche steigt, und keine Idee unterdrücken, weil sie irrelevant oder unverständlich erscheint. Wenn es gelingt, den Strom der Assoziationen auf diese Weise ungehindert fließen zu lassen, so Freud, dann steigen zahllose Bilder und Ideen in unser Bewußtsein auf, die wir unter anderen Umständen nie zu fassen bekämen. Außerdem wies Freud darauf hin, daß die Methode des freien Assoziierens nur dann wirksam und erfolgreich ist, wenn man sich auf einzelne Bilder konzentriert.

Schauen Sie also auf ein bestimmtes Detail Ihrer Kubus-Vision und beobachten Sie, was Ihnen dabei durch den Kopf geht, selbst wenn es unsinnig oder abwegig erscheint. Lassen Sie Ihre Gedanken frei wandern, und Sie werden wesentliche Hinweise auf die Bedeutung dieses Elements entdecken. Der Country-Music-Star Joe Diffie zum Beispiel gab die folgende Beschreibung der Leiter in seiner Kubus-Imagination:

«Also, als erstes fällt mir dazu dieser alte Film mit James Stewart ein, über einen Flugzeugabsturz in der Wüste. Sie hatten eine Leiter, und sie versuchten, das Flugzeug zu reparieren. Den Titel des Films habe ich vergessen ... aber das Flugzeug ist halb von verwehtem Sand bedeckt, und die Leiter steht auf einem der Flügel, an den Rumpf gelehnt. Sie hat rote Farbe an den Seiten und silberne Sprossen. Sie ist rechts vom Kubus und mehr in meiner Nähe.» Als wir ihm die Bedeutung der Leiter enthüllten, sagte Diffie: «Meine Freunde? Ach was! Das ist ja irre! Aber was bedeutet das nun, daß meine Leiter an einem Flugzeug lehnt?» – «Das müssen Sie uns sagen», antworteten wir wie die Sphinxen mit unbewegten Gesichtern. – «Hm ... vielleicht komme ich darauf, weil es etwas mit einem Team zu tun hat, einem Haufen Leuten, die zusammenarbeiten, um das Flugzeug wieder flottzumachen. Alle haben unterschiedliche Fähigkeiten, und jeder übernimmt seinen Teil und tut, was er kann, damit das Ding wieder abhebt.» – «Ist es so, wenn Sie eine Platte aufnehmen oder auf Tournee gehen?» – «Ja! Ganz genau!»

2. Wortspiele und Analogien: Wir haben bemerkt, daß Wortspiele und Analogien in den mystischen Traditionen des Mittleren Ostens, insbesondere bei den Sufis und den Kabbalisten, eine wichtige Rolle spielen – als «Intuitionstechniken», wenn man so will. Freud entdeckte, daß sie auch in der «Traumsprache» eine herausragende Position einnehmen, und wies explizit auf die Zusammenhänge zwischen einer eigenen Entdeckung und den Methoden der alten orientalischen Traumbücher hin. Die Interpretationen der arabischen Traumdeuter, so Freud, basierten zum großen Teil auf dem Gleichklang, der Ähnlichkeit oder der Doppelbedeutung von Wörtern. (Daß die europäischen Varianten dieser Traumbücher, die im 18. Jahrhundert populär waren, zum Teil so unsinnig erscheinen, führte Freud auf die Tatsache zurück, daß solche Subtilitäten in der wortwörtlichen Übertragung zwangsläufig verlorengehen.) Offenbar faßt die Seele den Gleichklang der Laute auch als Verwandtschaft der Bedeutungen auf und macht sich diese Methode zunutze, um dem bewußten Ich subtile, differenzierte Botschaften zu senden. (Denken Sie an gleichklingende Wörter wie «Wal» und «Wahl» oder an Wörter, die mehrere Bedeutungen haben können, wie «Flügel» – eine Vogelschwinge, ein Musikinstrument oder ein Gebäudeteil.)

Analogien können natürlich auch visuell sein. Ein Kubus, dessen Farbe «matt» ist, kann ausdrücken, daß Ihre körperlichen oder seelischen Kräfte zur Zeit erschöpft sind. Ein fliegendes Pferd repräsentierte in einem uns bekannten Fall einen Geliebten, der gerade in diesem Moment in einem Flugzeug saß.

3. Kinästhesie – Körpergefühl: Beschränken Sie sich nicht darauf, nur mit dem «geistigen Auge» wahrzunehmen. Der Körper mit seinen Empfindungen ist ein sehr feinfühliges Instrument der Intuition. Der Anblick Ihres Kubus sagt Ihnen etwas über Ihre Persona, die Art, wie Sie sich der Welt präsentieren. Aber seine taktile Qualität, die Art, wie er sich anfühlt, das ist Ihr Selbstgefühl, die Textur Ihrer Subjektivität. Und die Affinität beziehungsweise die Diskrepanz zwischen den beiden zeigt Ihnen, wieviel von Ihrem inneren Selbst Sie anderen enthüllen.

Gehen Sie in Ihr Kubus-Bild hinein und stellen Sie sich vor, daß Sie dieser Kubus sind (Sie sind es ja!). Wie fühlt es sich an, dieser Kubus zu sein? Spüren Sie

Ihre Position: Fühlen Sie sich stabil? Wacklig? Schwebend? Eingegraben? Versteckt? Oder zur Schau gestellt? Und wie steht es mit Ihrer Größe und Ihrem Umfang? Fühlen Sie sich klein und verloren in der weiten Wüste, oder fühlen Sie sich eher … monumental? Spüren Sie Ihre Materialqualität. Wie ist sie? Fest und dicht? Hart? Leicht, durchlässig, luftig? Kalt? Warm? Sind Sie transparent, lichtdurchlässig oder opak? Ist Ihr Inneres vor den Blicken anderer verborgen, oder sitzen Sie im Glashaus? Wo spielen sich in Ihrer Vision die entscheidenden Dinge ab – «hier drinnen» oder «dort draußen»? Gibt die Leiter Ihnen ein Gefühl der Sicherheit? Oder lastet sie zu schwer auf Ihnen? Liegt sie irgendwo nutzlos herum? Oder steht sie frei? Ist die Entfernung richtig, oder sollte sie mehr in Ihrer Nähe sein? Und wie verhält es sich mit dem Pferd …?

Wir werden alle diese Fragen und viele andere wieder stellen, wenn wir jedes Detail einzeln unter die Lupe nehmen. Wenn sich bei Ihnen im Zusammenhang mit den einzelnen Bildern Ihrer Kubus-Imagination Gefühle einstellen – auch wenn Sie diese Empfindungen noch nicht in Worte fassen können –, asszoiieren Sie frei dazu und lassen Sie sich überraschen, was Sie zutage fördern.

4. Fragen Sie Freunde und Familienmitglieder: Menschen, die mit Ihren Lebensumständen und Ihren Eigenarten vertraut sind und Sie gut kennen, sind nach Ihnen selbst die besten Kubus-Interpreten, die Sie bekommen können. Ihre Vertrauten sehen sicherlich nicht alles, was Sie sehen, aber sie könnten sehr wohl etwas bemerken, das Ihnen entgangen ist.

Der magische Kubus selbst – als Spiel – hat ebenfalls eine Außen- und eine Innenseite. Es ist vergnüglich und überaus faszinierend, das Spiel mit anderen zu spielen; so können Sie vergleichen, Unterschiede feststellen und die ganze Variationsbreite der menschlichen Phantasie erleben. Spielen Sie das Kubus-Spiel mit Familienmitgliedern, Freunden, Arbeitskolleginnen und -kollegen oder auch mit

Fremden auf einer Party. Sie werden feststellen, daß sich die Atmosphäre verändert – alle Beteiligten werden frischer, anregender, offener; die Gespräche sind nicht mehr so banal wie beim sonst üblichen «Small talk», aber auch nicht so intim wie persönliche Enthüllungen. Ihre Privatsphäre bleibt immer gewahrt. Was der magische Kubus anderen von Ihnen zeigen kann, hält sich in strikten Grenzen. In letzter Instanz ist Ihre Kubus-Vision – wie Ihre Träume – eine geheime Botschaft Ihrer Seele an Ihr bewußtes Ich.

Kapitel 2

Die Geheimnisse der Wüste

Warum hat der Kubus seinen großen Auftritt in einer Wüstenlandschaft und nicht auf einer Wiese oder in einem Wald? Abgesehen davon, daß das Spiel aller Wahrscheinlichkeit nach aus dem Mittleren Osten stammt, liegt die Antwort auf der Hand: Eine Wüstenlandschaft bildet einen idealen Hintergrund mit minimalen Ablenkungen von den Elementen, die man darin plaziert.

Zuerst machten wir uns keine weiteren Gedanken darüber, in der Annahme, daß eine Wüste die nächstliegende Entsprechung in der Natur zu einer leeren Leinwand ist. (Alle auf die Wüste spezialisierten Naturforscher, die dem entschieden widersprechen würden, bitten wir um Vergebung.) Aber dann überraschte uns jemand mit der Frage: «Und was bedeutet die Wüste?» Als diese Frage immer wieder auftauchte, wurden wir aufmerksam und bemerkten, daß Menschen ihre Wüstenlandschaft genauso individuell imaginieren wie alle anderen Elemente des Kubus-Spiels. Ihre Wüste ist natürlich ein integraler Bestandteil Ihrer Kubus-Vision.

Manche Leute behandeln sie allerdings als bloßen Hintergrund, wie wir es taten, und erwähnen sie kaum. Dieses Faktum als solches sagt wahrscheinlich etwas über ihre (und unsere) Einstellung zum Leben aus. Menschen, die leicht und mühelos Figuren von ihrem Hintergrund isolieren, werden in der kognitiven Psychologie als «feldunabhängig» bezeichnet; sie leben, denken und arbeiten auf eine überwiegend analytische, selbstmotivierte Weise, die mit den Funktionen der linken Gehirnhälfte assoziiert wird. «Feldabhängige» Typen dagegen, jene, die den Hintergrund ebenso lebendig wahrnehmen wie die Figur und in der Wertigkeit nicht so scharf zwischen beiden unterscheiden, gelten als stärker beziehungsorientiert und «globaler» in ihrem Denken – Eigenschaften, die man mit der rechten Gehirnhälfte in Verbindung bringt. Solche Menschen arbeiten in der Regel weniger im Stil von «Solisten» und reagieren stärker auf ihr Umfeld, während ihnen die laser-artige Konzentration der feldunabhängigen Person vielleicht fehlt, ist ihre Wahrnehmung für subtile, aber bedeutsame Hintergrunddetails besser ausgebildet. Der magische Kubus könnte beinahe ein entfernter Verwandter des Figur-Hintergrund-Tests sein, den Psychologen benutzen, um Feldabhängigkeit beziehungsweise Feldunabhängigkeit zu messen, und das «Wüstengewahrsein» wäre dann die entscheidende Variable.

Da rund siebzig Prozent aller Menschen eher feldabhängig zu sein scheinen, ist es kein Wunder, daß die meisten von uns bei diesem Spiel, wenn wir Kubus, Leiter, Pferd, Sturm und Blumen imaginieren, auch die umgebende Landschaft mit spezifischen Merkmalen und Eigenschaften ausgestalten. Als Sie hörten: «In dieser Wüste gibt es auch eine Leiter», schuf Ihre Phantasie da zum Beispiel sofort und unaufgefordert eine Palme, an der die Leiter lehnt, oder einen Felsen? Bei manchen Menschen ist das so. Und solche Menschen haben natürlich eine andere Einstellung zum Leben und zu Freundschaften als jene, die ihre Leiter an ihren Kubus gelehnt sehen oder erwarten, daß sie allein und ohne Stütze stehen kann.

Wenn wir zum Thema Freundschaften und Leitern kommen, werden wir auf diesen Punkt noch näher eingehen. Im Augenblick interessiert uns die allgemeinere Frage: Was bedeutet die Wüste also? Und was enthüllen wir über uns selbst durch die Art, wie wir sie bebildern?

Das ist Ihr Leben

Die Wüstenlandschaft ist die Bühne, auf der sich Ihr Seelenschauspiel entfaltet. Wie das Bühnenbild im Theater vermittelt sie eine bestimmte Atmosphäre – durch Wettererscheinungen, Landschaftsformen, Licht und Farben –, schon bevor der eigentliche Hauptakteur, der Kubus, auf der Szene erscheint. Und wie im Theater ändert sich das Bühnenbild auch bei jedem Szenenwechsel; der Auftritt des Pferdes belebt die Landschaft vielleicht, der Sturm verdunkelt sie, die Blumen geben ihr ein neues Gesicht. Oft sind auch die unterschiedlichsten Requisiten vorhanden oder werden im Verlauf der Handlung hinzugefügt – Kakteen, Dünen, eine Oase, eine Fata Morgana –, Elemente, die das Schauspiel als Hindernisse oder als Hilfsmittel aktiv beeinflussen.

«Die Wüste ist die Welt» – so haben wir es zuerst ausgedrückt, aber es ist zweifellos eine sehr subjektive Welt, die Welt, wie Sie sie sehen. Ist diese Welt ein gastlicher Ort, mit Wasserquellen und Schatten, genügend Nahrung und angenehmen Plätzen zum Ausruhen? Oder ist sie abweisend und feindlich, nichts als Sand und Steine, mit vereinzelten stachligen Kakteen? Ist sie öde und monoton, oder würden Sie sie eher beruhigend, harmonisch und heiter nennen? Vielleicht ist sie auch eine dramatische Landschaft, mit schroffen Felsen, steilen Hängen und tiefen Schluchten? Und wie ist das Licht? Zu welcher Tages- oder Nachtzeit sehen Sie Ihre Wüste? Wirkt der Sand im Spiel von Licht und Schatten harsch und grell oder sanft und seidig?

Die Landschaft in Ihrer Imagination ist sehr viel mehr als «Ihr Umfeld» oder

«Ihre Situation» – obwohl das auf einer bestimmten Ebene natürlich auch zutrifft. Aber das Bild ist unweigerlich durch Ihr spezielles Temperament, Ihre Art zu denken, Ihre gegenwärtige Stimmung gefärbt. Also wäre es wohl die beste Wahl zu sagen: «Die Wüste ist Ihr Leben.»

Können Sie das Gefühl, das Ihre Wüstenlandschaft vermittelt, in ein einziges Wort fassen? (Hier sind einige Beispiele, die wir gehört haben: Trost, Mühsal, Romantik, Abenteuer, Spaß, Langeweile, Spannung, Traurigkeit, Rätselhaftigkeit, Herausforderung.) – Dann haben Sie das Leitmotiv für Ihr Leben, so wie Sie es jetzt in diesem Augenblick sehen. Wahrscheinlich sind Sie sich der Tatsache bewußt, daß diese Sichtweise Ihre Lebensumstände sowohl widerspiegelt als auch beeinflußt. Ein Mensch, der seine Wüstenlandschaft als freundlichen Ort mit einer Oase, plätscherndem Wasser und üppigen Dattelpalmen imaginiert, ist offensichtlich optimistischer als jemand, der ein steinübersätes, glühendes, unfruchtbares Ödland vor sich sieht. Und so sehr beide Sichtweisen auch durch Erfahrung geprägt sein mögen, tendiert doch jede dahin, sich zu einer sich selbsterfüllenden Prophezeiung zu entwickeln. «Einzelkämpfer» – Typen, die mit der Überzeugung durchs Leben gehen, auf sich selbst gestellt zu sein und von nirgendwo Hilfe erwarten zu können, übersehen vorhandene Quellen von Hilfe und Unterstützung oft, während sie gleichzeitig mit Bitterkeit (und völlig korrekt) beobachten, daß jene, die das Leben mit Segnungen überschüttet, immer noch mehr davon anzuziehen scheinen.

Es ist ein Weckruf zu erleben, wie unterschiedlich andere Menschen die Wüstenlandschaft imaginieren und wie diese Bilder jeweils zum Grundtenor ihres Lebens passen. Im Vergleich erkennen Sie, wie zutiefst charakteristisch Ihr eigenes Wüstenbild für Sie ist, und nicht nur für die Art, wie Sie Ihr Leben betrachten, sondern auch, wie Sie damit umgehen. Wenn man – wie wir – miterlebt hat, wie Leute in ihrer imaginären Wüstenumgebung fließendes heißes und kaltes Wasser installieren, wenn ihnen danach ist, oder sich sogar eine Stern-warte einrichten, dann wird einem klar, daß die Macht, Dinge geschehen zu las-sen, wirklich im Geist beginnt, im Glauben an sich selbst und in der Haltung, die man dem Leben gegenüber einnimmt. Geformt wird diese Haltung zuerst durch das Wechselspiel von Lebensereignissen und persönlichem Temperament, und mit der Zeit verhärtet sie sich unweigerlich zu einer Gewohnheit. Aber sobald wir uns eine solche gewohnheitsmäßige Lebenseinstellung bewußtmachen, wird sie wieder zu einer Option. Vielleicht entscheiden wir uns, sie so zu akzeptieren, wie sie ist, aber wir können nie wieder verleugnen, daß wir die Wahl haben.

Wie hört sich das an? Ist dies nun eines der Bücher, die Ihnen sagen, wie Sie es schaffen, Ihr Leben in den Griff zu bekommen, Ihre Ziele zu erreichen und Ihre Träume zu verwirklichen? Werden wir eine psychologische Übung daraus machen, nach dem Motto: Verändern Sie Ihre Wüstenlandschaft – verändern Sie Ihr Leben? Der Geist ist so geheimnisvoll und so mächtig, daß es vermutlich sogar funktionieren würde. Bewässern und bepflanzen Sie Ihre imaginäre Wüste, brin-gen Sie alles hinein, was diese Landschaft für Sie zum schönsten, besten, bezau-berndsten Ort auf Erden macht, und vielleicht fühlen Sie sich befreit, gestärkt und ermutigt, die entsprechenden Veränderungen in Ihrem Leben vorzunehmen. Wer würde das nicht wollen?

Andererseits ... manche Leute finden, daß ihre Wüstenlandschaft, so wie sie liegt und steht, in sich stimmig und völlig in Ordnung ist, sogar in ihrer Leere und Ödnis. Und da diese Haltung in unserer «Tu was»- und «Nimm dir – ...»-Zeit aus der Mode gekommen ist, wollen wir auch für sie ein gutes Wort einlegen. Das ge-lassene Akzeptieren des eigenen Schicksals, die Bereitschaft, mit den Karten zu spielen, die man auf die Hand bekommen hat, wurde in vielen Kulturen als noble Haltung bewundert. Technologie und hoher Lebensstandard in den westlichen Industrienationen haben es uns in unserer Zeit leichter gemacht, unsere Wün-sche zu erfüllen. Die Haltung des Sich-Bescheidens ist unpopulär geworden und wird leicht als ein «Die Trauben sind mir zu sauer» abqualifiziert. Aber so machtvoll der menschliche Geist unbezweifelbar ist, so hat er doch in den Wechselfällen des Lebens einen würdigen und gerissenen Kontrahenten, und manche Leute empfinden es als die bessere, würdigere Haltung, sich als Schöpfungen – und nicht Schöpfer – ihres Schicksals zu verstehen. (In der Praxis versuchen die meisten von uns wahrscheinlich, einen Mittelweg zu gehen und ein Gleichgewicht zwischen beiden Polen zu erreichen.) Menschen mit dieser Einstellung sind vielleicht durch schwierige Lebensereignisse oder Schicksalsschläge zu diesem Fatalismus gekommen, oder aber ihr Fatalismus hat sie für solche Ereignisse empfänglicher gemacht; in jedem Fall aber verleiht ihre Haltung ihnen einen Ernst und eine Würde, die sie vielleicht nicht gegen die bloße Befriedigung von Bedürfnissen eintauschen wollen.

Der magische Kubus eröffnet Ihnen einen klaren Blick auf Ihr Leben. Was Sie damit anfangen – oder nicht anfangen – liegt ganz allein bei Ihnen.

Elemente der Wüstenlandschaft

Was immer Sie in Ihre Wüstenlandschaft hineinimaginierten, ist ganz und gar nicht zufällig da. Und obwohl die Gründe für dieses Vorhandensein bestimmter Elemente ganz individuell und persönlich sein mögen, konnten wir in vielen Jahren der «Kubus-Erfahrung» doch beobachten, wie sich bestimmte Muster manifestierten. Folgen Sie zuerst dem Strom Ihrer eigenen Assoziationen, und wenn Sie mögen, vergleichen Sie, was wir herausgefunden haben:

Kakteen stehen fast immer für **schwierige Menschen**. Sie können auch andere Arten von Hindernissen und Schwierigkeiten repräsentieren, aber ihre Stachligkeit und die menschenähnliche Gestalt insbesondere der großen, mannshohen Säulenkakteen machen sie offenbar zu einer unwiderstehlichen Metapher. Wenn Ihr Kubus von Säulenkakteen umstellt ist, schauen Sie sich in Ihrer unmittelbaren Umgebung um. Wir möchten wetten, daß unansprechbare Familienmitglieder, unkooperative, störrische Mitarbeiter oder launische, reizbare Freunde gegenwärtig ein unausweichlicher Teil Ihres Lebens sind.

Einer unserer Bekannten ist seinem Bruder, einem brillanten Künstler, der zu alkoholischen Exzessen neigt, und vielen anderen dieser Sorte, ein loyaler Freund; in seiner Kubus-Imagination war die Leiter buchstäblich aus Säulenkakteen gemacht. Eine weitaus häufigere und sehr aufschlußreiche Variante ist diese: Wenn die Blumen (Kinder) Kakteenblüten sind, hat es, wie wir feststellen konnten, fast immer eine Scheidung gegeben. Und weiß Gott, Scheidungen und zweite oder dritte Ehen können Familienbande in einen Irrgarten aus stacheligen Kakteen verwandeln.

Palmen bedeuten meistens **Schutz, Unterstützung, Hilfe** und **Fürsorge.** Gewöhnlich erscheinen sie auf der Szene, um der Leiter einen Platz zum Anlehnen zu bieten oder den Blumen Schatten zu spenden (manchmal wachsen die Blumen auch auf dem Stamm der Palme). Das kann ausdrücken, daß andere geschützt, versorgt und behütet sind, ohne daß der Kubus (Sie!) alles allein machen muß. Die Palme spricht für eine gesegnete Freiheit von überängstlichem Verantwortungsgefühl, Besorgtheit und Unsicherheit, für ein gesundes Vertrauen in die Vorsehung oder die Fülle des Lebens. Manche sehen in ihr den Baum des Lebens, eine unermüdliche Spenderin von Nahrung und Schutz. Zyniker nennen sie vielleicht den Geldbaum (siehe die Prominentenorte Palm Springs oder Palm Beach). Wie dem auch sei – eine oder mehrere Palmen in Ihrer imaginären Wüstenlandschaft können Wohlstand und Fülle bedeuten, oder sie verkörpern den Glauben an die unerschöpfliche Fülle des Universums.

Wasser in der Wüste bedeutet in den meisten Fällen **emotionale Ressourcen** – die Präsenz von Zuneigung, Aufmerksamkeit und Liebe. Manche Menschen imaginieren ihre Familie als Oase; das Pferd grast friedlich unter Bäumen und trinkt aus einer Quelle oder einem Teich, die Blumen sind Seerosen, behütet und geschützt von den Wassern der Liebe. Umgekehrt ist ein hungriges, durstiges Pferd in einer ausgetrockneten Wüste ein Warnsignal: Ihr geliebter Mensch braucht mehr Aufmerksamkeit und Zärtlichkeit! Manche imaginieren den Sturm als Wasserquelle. Das sind nicht selten Leute, die gern streiten und sich wieder versöhnen, die finden, daß ein ordentliches Gewitter die Luft reinigt und die Beziehung klärt und erneuert, oder die ihrem Liebespartner durch Konflikte und Schwierigkeiten erst wirklich nahegekommen sind. Eine Verlegerin von New-Age-Büchern, die wir kennen, sah die Wüste als breiten Strand, komplett mit rauschendem Ozean. Soviel Wasser kann eigentlich nur universelle, kosmische Liebe bedeuten oder eine unkomplizierte, sonnige Lebenseinstellung – nach dem Motto: «Das Leben ist eine einzige Ferienreise.»

Luftspiegelungen sind ein Symbol, das sich leicht erschließt: Sie repräsentieren natürlich die **Illusionen**, die uns in wechselnder Gestalt auf unserem Lebensweg begleiten. Die Präsenz einer Fata Morgana in Ihrer Wüste kann einfach bedeuten, daß Sie sich gern Phantasien überlassen und den Glanz des Mysteriösen und Phantastischen um seiner selbst willen lieben. Aber ein solches luftiges Bild, das vielleicht im nächsten Augenblick zerfließt, kann auch auf etwas Ernsteres hindeuten: daß Sie an der Erfüllung oder Realisierung Ihrer Hoffnungen und Träume zweifeln. Vielleicht haben Sie in der Vergangenheit Enttäuschungen erlebt, die Sie desillusionierten, und nun mißtrauen Sie allen neuen Aussichten, die am Horizont aufscheinen, aus Angst, daß auch diese sich beim Näherkommen wieder nur als heiße Luft erweisen könnten.

Sanddünen mit ihren sanften, seidigen, gerundeten Formen und weichen Übergängen sprechen für **Sinnlichkeit**. In der Landschaftsfotografie ist es schon fast ein Klischee, daß Sanddünen wie schöne, hingestreckte weibliche Körper aussehen. Dünen in Ihrer Wüstenlandschaft können auf ein erfülltes Liebesleben hindeuten oder einfach auf Sinnenfreude. Aber sie können auch ausdrücken, daß Sie die Welt als einen «mütterlichen» Ort erleben – freundlich, sanft und geborgen.

Berge legen dagegen den Gedanken an **Spiritualität** nahe. Schneebedeckte Gipfel am Horizont Ihrer Wüstenlandschaft deuten darauf hin, daß Sie sich auf ein geistiges Ziel hin ausrichten, daß Sie mit einer spirituellen Perspektive leben. Vielleicht hatten Sie transzendente Erfahrungen; vielleicht praktizieren Sie Meditation oder andere Formen des geistigen Trainings, und das Geistige ist zu einer permanenten, schützenden Präsenz in Ihrem Leben geworden.

Klippen und Schluchten vermitteln den Eindruck von Dramatik – entweder dramatischen Lebensereignissen oder **emotionalen Hochs und Tiefs**. Eine solche rauhe, wilde, zerklüftete Wüstenlandschaft gehört jemandem, dem extreme Stimmungsschwankungen nicht fremd sind oder der ein rauhes, ereignisreiches Leben voller Herausforderungen gelebt (und vielleicht bewußt gesucht) hat. (Umgekehrt kann eine Ebene, die sich flach dahinstreckt, so weit das Auge reicht, ein ereignisloses Leben bedeuten, Langeweile oder eine leichte Depression; eine Landschaft mit sanften, welligen Hügeln deutet auf ein ausgeglichenes Temperament hin oder auf eine friedliche Lebensphase, in der alles gut läuft.)

Nichts von alldem: Eine pure, leere Wüste, Sand und Himmel, ohne alle «Extras» – keine schattenspendenden Bäume, keine Wasserquellen, nichts zum Anlehnen – ist ein Zeichen extremer Unabhängigkeit. Ob gezwungenermaßen oder aus freien

Stücken: Sie gehen Ihren Weg allein. Sie erwarten keine Hilfe und bitten auch nicht darum. (Die Kompromißlosigkeit Ihrer unabhängigen Haltung ist gemildert, wenn Ihre Leiter an Ihren Kubus gelehnt ist. Dann heißt es eher: «Du und ich gegen den Rest der Welt.»)

Ein Wort zur Tageszeit

Es ist Nachmittag … Natürlich! Ich bin fünfundfünfzig Jahre alt», sagte unser wundervoller Freund Aleid Swieringa, der den «magischen Kubus» ins Holländische übersetzte. Die Tageszeit, die in Ihrer imaginären Wüstenlandschaft herrrscht, kann in der Tat die äquivalente Lebensstufe bedeuten, aber sie kann auch die Stimmung oder «Färbung» Ihres gegenwärtigen Lebensgefühls – der Lebensphase, in der Sie sich befinden – darstellen. Ein temperamentvoller junger Kanadier italienischer Abstammung sah seinen Kubus als Silhouette vor dem Hintergrund eines blutroten Sonnenuntergangs. Und ein philosophisch gesinnter japanischer Kampfsportler beschrieb seinen nur zur Hälfte – als Pyramide – sichtbaren Kubus als von Mondlicht übergossen.

Nun ist die Bühne bereitet … Scheinwerfer an … Auftritt: Der Kubus!

ZWEITER TEIL

Die Geheimnisse des Kubus

Positionen des Kubus

Kuben erscheinen in unserem Imaginationsspiel in allen erdenklichen Größenabstufungen und einer nahezu unbegrenzten Vielfalt von Materialien. Aber als Körper mit sechs quadratischen Seitenflächen kann der Kubus nur in einer begrenzten Zahl von grundlegenden Positionen auftreten. Um die grenzenlose Vielfalt der Kuben in ein begrenztes Typisierungssystem einzuordnen – ein System der Persönlichkeitstypen wie etwa die zwölf Sternbilder der Astrologie –, bieten die Positionen des Kubus also eine naheliegende, praktische Basis. Naheliegend und praktisch, aber ist dies auch die profundeste Basis? Ist die Position des Kubus in der Imagination wirklich so fundamental und enthüllend? Und vor allem: Spiegelt jede dieser grundlegenden Positionen grundsätzlich einen ganz bestimmten Persönlichkeitstyp?

Wir entdeckten mit Staunen und Faszination, daß wir alle diese Fragen mit Ja beantworten konnten.

Als Sie hörten oder lasen: «Steht der Kubus flach auf dem Boden, oder befindet er sich in einer anderen Position?», wußten Sie die Antwort sofort. Daß es jeder und jedem so geht, ist ein wichtiger Hinweis auf die große Bedeutung der Position. In dem Augenblick, in dem Sie Ihren Kubus in Ihrer Phantasie vor sich sehen, nehmen Sie auch wahr, *wo* er ist und wie er im Verhältnis zu Himmel und Erde ausgerichtet ist. Etwa zwei Drittel der Leute, mit denen wir das Spiel spielten, sagten: «Ja, er steht flach auf dem Sand.» Das restliche Drittel sagte mit derselben Entschiedenheit: «Nein, er schwebt!», oder «Er steht auf der Spitze» oder gab eine der anderen vier Positionen an. Wir identifizierten sieben grundlegende Positionen (mit einigen Varianten). Ein Kubus ist ein Kubus und bleibt ein Kubus, aber beachten Sie, wie er sich wandelt, wenn er seine Position verändert: Auf der Spitze stehend, ähnelt er einem Diamanten, und wenn seine untere Hälfte im Sand vergraben ist, wird er zur Pyramide – und wie andersgeartet seine Gewichtigkeit, seine Festigkeit und seine Stabilität in unterschiedlichen Positionen erscheinen. In der Anordnung, die unsere Phantasie wählt, liegt die Magie; sie gibt der simplen, unveränderlichen Kubus-Form die Freiheit, das ganze Spektrum der menschlichen Persönlichkeitstypen zu repräsentieren.

Erinnern wir uns: Die Weisheit des magischen Kubus liegt darin, daß er uns nicht in einem Vakuum, sondern im Verhältnis zu unserer Welt porträtiert. Und die Position unseres imaginären Kubus spiegelt die drei elementarsten Dimensionen unserer Art, uns zur Welt ins Verhältnis zu setzen: zum Himmel – dem Reich der Ideen, Ideale und Phantasien –, zur Erde – der praktischen Alltagsrealität – und zur Unterwelt – dem Reich des Unbewußten, der Mysterien, der Ahnen und alten Überlieferungen. In welcher dieser Dimensionen fühlen Sie sich am meisten zu Haus? Oder haben Sie das Gefühl, in einer dieser Dimensionen gefangen zu sein, und sehnen sich danach, mehr von Ihrem Leben in einer anderen zu verbringen? Jede Position des Kubus hat ihre eigenen Stärken und Schwächen, und jeder Typus generiert instinktiv sein ureigenes, charakteristisches Kraftfeld, seine ureigene Konfiguration von Leben, Liebe und Arbeit.

Wenn Sie über die sieben grundlegenden Positionen lesen und nachdenken, werden Sie erkennen, welche Schwierigkeiten und Vorzüge sich mit jedem Typus verbinden, was es für Sie bedeutet, einem bestimmten Typus zugehörig zu sein (oder mit einem Menschen dieses Typus zu leben), welchen Bedürfnissen Sie gerecht werden müssen und aus welchen Ressourcen Sie schöpfen können. Und wenn Sie dieses Wissen dann mit der Größe, dem Material, der Distanz oder Nähe Ihres imaginären Kubus (oder des Kubus-Bildes einer Person, an der Ihnen liegt) in Verbindung bringen, finden Sie ein anschauliches und aufschlußreiches Charakterporträt vor. Noch ehe die begleitenden Bilder der Leiter und des Pferdes Ihnen etwas über Ihre Art, sich zu anderen Menschen in Beziehung zu setzen, verraten, haben Sie bereits ein ziemlich klares Bild Ihrer Art, in der Welt zu sein, Ihrer Art zu stolpern oder über Hürden zu springen, in Ihrem privaten Umfeld oder im Berufsleben zu agieren.

Bevor wir anfangen, sollten wir Ihnen sagen, wie wir zu diesen sieben Persönlichkeitstypen kamen. Es war keineswegs so, daß wir die möglichen Positionen eines kubischen Körpers zum Ausgangspunkt nahmen und dann Hypothesen darüber aufstellten, was sie auf der symbolischen Ebene bedeuten könnten. Vielmehr traten die Korrelationen zwischen Position und Persönlichkeit aus dem Anschauungsmaterial Hunderter von Kubus-Imaginationen allmählich, aber schließlich immer deutlicher und mit überraschender Schärfe und Klarheit hervor. Von der Einzigartigkeit jeder Kubus-Imagination fasziniert, waren wir anfangs skeptisch, als wir unter den Kubus-Bildern der Menschen, die uns nahestehen, gewisse Muster wahrzunehmen begannen, und wir waren vorsichtig und beobachteten, ob diese Muster sich als konsistent erweisen würden oder rein zufällig auftraten. Als wir sie aber wie eine Gesetzmäßigkeit ständig wiederkehren sahen, fingen wir an, die Gültigkeit ihres symbolischen Gehalts an Kubus-Visionen von Leuten zu testen, die wir nicht persönlich kannten.

Wir hatten mit diesem Prozeß gerade begonnen, als wir das Spiel mit dem Country-Musiker Tim McGraw spielten. Sein Kubus war transparent, aber im

Inneren in «viele verschiedene kleinere, ineinander verschachtelte Kuben» aufge-
teilt – ein wundervolles Bild für die Art, wie seine Songs seine innere Komplexi-
tität wiedergeben. Wir fragten ihn, ob sein Kubus flach auf dem Boden stehe.
«Nein», sagte McGraw, «er ist in der Luft ... bewegt sich ein bißchen. Ja, er
schwebt.» – «Könnte das bedeuten, daß Sie mehr in der Welt der Ideen oder in
der spirituellen Welt leben als in der praktischen Alltagswelt?» wagten wir uns
vorsichtig vor. «Ha! Sie wissen gar nicht, wie recht Sie haben!» lachte McGraw.
«Ich bin überhaupt kein praktischer Mensch. Ich könnte Ihnen nicht mal sagen,
wie man eine Telefonrechnung bezahlt.»

Viele, unendlich viele solcher Bestätigungen gaben uns den Mut, die sieben
Haupttypen (und ihre Subtypen) zu definieren. Sie basieren auf unseren jahrelan-
gen Beobachtungen und unseren Bemühungen, mit Hilfe des Drei-Zonen-Kon-
zepts – Himmel, Erde, Unterwelt –, das in der Mythologie aller Völker (und in
der Handschriftenanalyse) eine so große Rolle spielt, zu verstehen, warum die
Psyche eine bestimmte Position auswählt, um eine bestimmte Haltung im Leben
und zum Leben symbolisch auszudrücken. Wir haben keine empirische Studie
erstellt – etwa in der Art, wie der französische Forscher Michel Gauquelin es in
bezug auf astrologische Zusammenhänge tat. Seine statistische Analyse zeigte
zum Beispiel, daß Spitzenathleten und hohe Militärs mit einer im Vergleich zum
Durchschnitt fünf Prozent höheren Wahrscheinlichkeit eine Mars-Dominanz in
ihrem Horoskop haben, daß in den Kosmogrammen von Dichtern der Mond eine
herausragende Position einnimmt, daß Politiker ungewöhnlich oft unter starkem
Jupiter- und Wissenschaftler unter Saturn-Einfluß stehen. Vielleicht macht einmal
jemand ein solche Studie. Wir sind sehr zuversichtlich, daß unsere sieben Positionen und ihre Bedeutungen bestätigt werden würden.

Denken Sie aber immer daran, daß es, was die Deutung Ihrer Kubus-Imagination
angeht, letztlich nur eine Autorität gibt: Sie selbst! Wenn Sie finden, daß der Per-

sönlichkeitstypus, der mit der Position Ihres imaginären Kubus assoziiert ist, auf
Sie nicht zutrifft, oder wenn die Position für Sie eine ganz eigene, individuelle Bedeutung hat, überlegen Sie, ob Sie der Typologie vielleicht neue Informationen
entnehmen können, die Ihr Selbstbild differenzieren, korrigieren oder erweitern
(oder ob Sie gegen eine solche Korrektur Widerstände haben). Wenn Sie dann
immer noch sicher sind, daß unsere Interpretation auf Sie überhaupt nicht paßt,
dann bleiben Sie bei Ihrer eigenen Deutung. Oder nehmen Sie sich aus unseren
Schilderungen das heraus, was Sie als stimmig empfinden, und verwenden Sie es
als Anregung für Ihre eigenen Variationen.

Die sieben Schlüsselpositionen

Realisten

Visionäre

Prinzipientreue

Perfektionisten

Entwurzelte

Stille Helden

Empfindsame

«Aber man kann dieses Spiel nur ein einziges Mal spielen», protestierte ein frisch «gekubuster» Freund, ein wenig enttäuscht darüber, daß die erste, überraschende, enthüllende Erfahrung kein zweites Mal wiederholbar ist. Er hat natürlich recht. «Spiel's noch einmal, Sam» ... und die Stimmung des ersten Males genauso authentisch wiedererleben, das ist nicht möglich. Möglich ist aber, in die eigene Kubus-Imagination nach einiger Zeit wieder «einzusteigen». Oder nehmen wir an, Sie könnten das Spiel neu und frisch erleben – in einem Monat, einem Jahr oder fünf Jahren –, würde Ihr imaginärer Kubus sich dann notwendigerweise in derselben Position befinden? Sind Menschen ein Leben lang Realisten oder Stille Helden, in der Art, wie sie aufgrund ihrer Geburtskonstellation astrologisch ein Leben lang Widder, Wassermänner (und -frauen) oder Skorpione sind? Oder können einschneidende Lebensereignisse und Wandlungen jemanden aus seiner Position herausschütteln und in einem neuen Winkel wieder absetzen? Apropos: Wenn wir es beobachten könnten, würden wir dann vielleicht sehen, wie unser imaginärer Kubus in Reaktion auf unterschiedliche Stimmungen oder wechselnde Anforderungen des Alltagslebens seine Position verändert? Und schließlich: Wie können wir diese Fragen überhaupt beantworten, wenn man dieses Spiel nur einmal spielen kann?

Daß ein imaginärer Kubus sich im Prinzip sehr wohl verändern kann, ist durch die Existenz des fünften Typus, des Entwurzelten, erwiesen. Niemand ist von Anfang an oder «von Natur aus» ein Entwurzelter. Wenn dieselbe Person vorher, in ihrem von Kindheit an vertrauten Umfeld, das Spiel gespielt hätte, wäre ihr imaginärer Kubus aller Wahrscheinlichkeit nach nicht auf einer Kante balancierend ins Bild gekommen. Diese prekäre Position spiegelt den seelischen Einfluß eines lebensverändernden Ereignisses: der Emigration. Das läßt darauf schließen, daß auch andere Ereignisse von vergleichbarer Wichtigkeit und Wirkung dem Kubus eine andere Ausrichtung geben könnten. Man kann sich zumindest vorstellen, daß ein etwas resignierter, aber weiserer Visionär oder ein ehemals Drogenabhängiger in der Genesungsphase «auf den Boden» kommt, daß ein «Stiller Held» Ambitionen entwickelt und sich ins Rampenlicht hineingestellt sieht, daß ein Perfektionist nach einer Therapie eine weniger angestrengte, entspanntere Haltung einnimmt. Wir haben übrigens entdeckt, daß man tatsächlich dabei zuschauen kann, wie sich das Kubus-Bild, das man in der ersten Imagination produzierte, verändert. Es ist ein lebendiges, bewegliches Bild, und wenn man hin und wieder einmal «einsteigt» und nachschaut, bemerkt man manchmal, daß nicht alles beim alten geblieben ist. Annie zum Beispiel sah einmal, als sie in eine Phase intensiver Arbeit eintrat, wie ihr Visionär-Kubus mit einem vernehmlichen «Rumms» auf dem Boden landete und sich dann auf die Spitze stellte und zu rotieren begann – was darauf hinweist, daß sie zwar in erster Linie eine Träumerin ist, aber auch realistisch oder sogar perfektionistisch sein kann, wenn die Anforderungen des Alltags- und Berufslebens es verlangen. Slobodans gigantischer Kubus veränderte zwar nicht seine Position, aber zeitweilig sein Erscheinungsbild; er transformierte sich zu einer hohen schwarzen Mauer, als der Regisseur mit einer Reihe von (teilweise selbstgeschaffenen) beruflichen Hindernissen konfrontiert war. Jacques hat den Positionswechsel des Titan-Kubus in seiner Imagination von vornherein mit angelegt: Der SR-71 Blackbird kann ihn in jedem Augenblick aus seinem durch Lebenserfahrung erworbenen Pragmatismus herausziehen und in die Stratosphäre des Visionären «abheben» lassen.

Astrologen gehen davon aus, daß der gesamte Tierkreis mit dem Potential aller zwölf Sternbilder in der Psyche jedes Menschen präsent ist; Jungfrau, Zwilling, Fisch oder Stier zu *sein* bedeutet, daß die Sonne in diesem Zeichen steht und daß es dadurch lediglich besonders betont und hervorgehoben ist. In Analogie dazu könnte man auch sagen, daß die sieben Schlüsselpositionen in jedem imaginären Kubus – jeder Persönlichkeit – als Potential angelegt sind; unter dem Einfluß bestimmter Umstände und Gegebenheiten wechseln wir unsere Position – nehmen eine andere Haltung zum Leben ein – und tendieren mal mehr zum Realistischen, mal mehr zum Visionären, sind mal empfindsamer und mal perfektionistischer. Wenn Sie über die sieben Persönlichkeitstypen lesen, finden Sie vielleicht in jedem ein wenig von sich selbst wieder. Und wenn Sie versuchen, sich in eine Position hineinzuversetzen, die Ihnen auf den ersten Blick sehr fremd erscheint, werden Sie vielleicht überrascht sein, wie Ihr Selbstbild sich verändert und differenziert. Stellen Sie sich vor, daß Sie Ihren imaginären Kubus neu positionieren. Lassen Sie ihn «abheben». Oder setzen Sie ihn auf dem Boden ab. Vergraben Sie ihn im Sand, so daß nur noch eine Spitze herausschaut. Stellen Sie ihn auf die Spitze oder balancieren Sie ihn auf einer Kante. Spüren Sie, wie jede Position auf Sie wirkt. Es ist spannend zu erfahren, welche Positionen sich «natürlich» anfühlen, in welchen man sich unbehaglich fühlt und welchen man Widerstand entgegensetzt.

MOBILITÄT

Es kommt zwar selten, aber dennoch vor: Manche imaginären Kuben sind in Bewegung. Sie kommen auf einer schiefen Ebene kullernd und rollend daher, stehen auf einer Spitze und rotieren wie Brummkreisel, schweben in der Luft und drehen sich langsam um ihre eigene Achse wie Planeten.

Diese Bilder treten zu selten auf, um sie als eigenständige Typen zu definieren. Aber die Art der Bewegung hat allem Anschein nach eine allgemeine und ziemlich leicht nachvollziehbare Bedeutung. (Wenn die Deutungen, die wir vorschlagen, auf Sie nicht passen, versetzen Sie sich in Ihren Kubus hinein; spüren Sie, wie die Bewegung sich für Sie anfühlt, und beobachten Sie, welche Assoziationen dieses Gefühl in Ihnen erweckt.)

Rollen läßt natürlich an Ungebundenheit und Unbekümmertheit und – auf der anderen Seite der Medaille – an Wurzellosigkeit und Bindungsunfähigkeit denken. Vielleicht sind Sie ein Mensch, der ständig auf der Suche ist, ein Nomade, Wanderer, Abenteurer, Entdecker. Oder Sie sind einfach noch nicht bereit, sich festzulegen oder niederzulassen und Moos anzusetzen. In einem solchen Kubus-Bild liegt auch etwas erfrischend Junges und Spielerisches. Man denkt an ein hüpfendes Kind oder einen umhertollenden jungen Hund. Anders sieht es aus, wenn der Sturm den Kubus ins Rollen bringt. Dieses Bild deutet eher auf Kontrollverlust hin, auf schwierige Lebensereignisse, die einem Menschen den Boden unter den Füßen wegreißen und ihn «ins Schleudern» bringen können.

Rotieren drückt gewöhnlich intensive, hektische Geschäftigkeit aus. So nennen wir es ja auch, wenn wir vor lauter Arbeitsanforderungen nicht mehr wissen, wo uns der Kopf steht (Rotation – «alles dreht sich» – kann allerdings auch Konfusion und Desorientierung bedeuten). Ein rotierender Kubus gehört in aller Regel einer Person, die vor nervöser Energie vibriert, ständig das Handy am Ohr hat, an einem Dutzend Projekten gleichzeitig arbeitet, drei Kinder aufzieht, einen Hund und zwei Katzen im Haus hat und mindestens dreimal in der Woche ins Fitneßstudio geht. Die Geschäftigkeit solcher Menschen ist meistens produktiv und unerhört eindrucksvoll, manchmal sogar etwas einschüchternd. Sie kann jedoch unter anderem auch dazu dienen, andere auf Distanz zu halten und sowohl Intimität als auch Introspektion zu vermeiden.

Drehen hat etwas Würdevolleres und Absichtsvolleres. Wenn Ihr imaginärer Kubus sich langsam um die eigene Achse (oder wechselnde Achsen) dreht, kann das bedeuten, daß Ihre Persönlichkeit unterschiedliche Facetten hat, die Sie abwechselnd hervorkehren oder in den Hintergrund treten lassen, daß Ihre Stimmungen, Interessen und Anschauungen von Zeit zu Zeit wechseln, daß Sie sich vielleicht in verschiedenen Freundes- oder Bekanntenkreisen bewegen. Zuviel Stabilität und Kontinuität – die Wiederkehr des immer Gleichen – langweilt Sie, und Sie sind wahrscheinlich der Überzeugung, daß geistige Beweglichkeit das beste Mittel gegen Verkalkung und Spießertum darstellt. Auf der anderen Seite der Medaille könnten eine gewisse Entscheidungsunfähigkeit und Unentschlossenheit stehen.

Kompatibilität

Wie die Persönlichkeiten, die sie porträtieren, unterscheiden imaginäre Kuben sich in vielerlei Hinsicht – nicht nur hinsichtlich ihrer Position, sondern auch hinsichtlich ihrer Größe, ihres Materials, ihrer Dichte oder Durchlässigkeit, ihrer Farbe, ihres Gewichts, ihrer Ruhe oder Beweglichkeit. Es scheint schier unmöglich, alle denkbaren Kombinationen in Liebes- und Arbeitsbeziehungen zu beschreiben. Jeder Kubus ist einzigartig, und so ist auch jede Beziehung zwischen zwei Kuben einzigartig. Dennoch hat die Erfahrung uns gezeigt, daß es, bis zu einem gewissen Grad zumindest, durchaus möglich ist vorauszusagen, wie zwei Kuben in verschiedenen Positionen miteinander zurechtkommen, wie sie sich ergänzen und aneinanderstoßen. Oft fühlt ein Realist sich zum Beispiel zu einem Visionär hingezogen, weil er dessen Vorstellungskraft bewundert und schätzt, kann aber andererseits gar nicht fassen, wie unpraktisch, untüchtig, weltfremd und zerstreut die visionäre Person sein kann und wie «abgehoben» sie oder er sich gebärdet. Umgekehrt braucht der Visionär die Lebenstüchtigkeit und Weltlichkeit der realistischen Person vielleicht unbedingt, um sich zu «erden», ist aber dennoch enttäuscht, daß der andere manchmal so phantasielos und materialistisch ist.

«Du kannst nicht alles haben» ist die schlichte und stets unwillkommene Wahrheit, die das Reibungspotential in jeder Beziehungsdynamik auf den Punkt bringt, und für Beziehungen zwischen sehr unterschiedlichen oder gegensätzlichen Persönlichkeitstypen gilt das in ganz besonderem Maß. In der Liebe sucht der visionäre Typus zum Beispiel immer nach seinem Phantasie-Liebespartner, *braucht* aber eine reale Person. Die Arbeit der Selbsterkenntnis, für die das Kubus-Spiel ein so geeignetes Werkzeug ist, wird durch Frustration und Enttäuschung ebenso stark vorangetrieben wie durch Erfüllung, denn was wir am meisten brauchen, ist Einsicht in uns selbst. Für einen Menschen, der dem Typus des Visionärs entspricht, ist es weder sinnvoll, seinem Wesen abzuschwören und sich zu einem Realisten umzumodeln, noch, darauf zu beharren, daß seine Phantasien sich in der Realität manifestieren. Um zu reifen und sich weiterzuentwickeln, muß er vielmehr begreifen und akzeptieren, daß er beide Dimensionen braucht, jede zu ihrer Zeit und an ihrem angemessenen Ort.

Wir haben für jede der sieben Schlüsselpositionen die augenfälligsten, charakteristischen Muster der Anziehung und Abstoßung im Kontakt mit Partnern in anderen Positionen beschrieben. Der magische Kubus stellt uns eine Anatomie der menschlichen Komödie der Beziehungen zur Verfügung und hilft uns auch, ihre Lektionen zu lernen, statt unsere alten Fehler endlos zu wiederholen.

REALISTEN

Sonnenseiten:
Lebenstüchtigkeit
Kompetenz
Vielseitigkeit

Schattenseiten:
Phantasielosigkeit
Selbstzufriedenheit
Zynismus

Flach auf dem Boden stehend, ist die häufigste Position, die ein imaginärer Kubus einnimmt. Die meisten Menschen (etwa zwei Drittel) sehen ihren Kubus in dieser Position oder einer ihrer Varianten (leicht geneigt, eingegraben, teilweise eingegraben, mit einer Seitenfläche nach vorn zeigend, mit einer Kante nach vorn zeigend). Daß diese Plazierung gewissermaßen die Norm darstellt, ist nicht überraschend. Wenn die Majorität nicht vernünftig, pragmatisch und in der materiellen Realität zu Hause wäre, dann wäre die Spezies Mensch längst ausgestorben. Wenn wir andererseits *alle* und immer auf das Pragmatische ausgerichtet wären, dann wäre unser Streben nach Innovation, Weiterentwicklung und Verbesserung, nach Transformation und Transzendenz ausgestorben.

Unter jenen, deren imaginäre Kuben auf dem Boden stehen, herrscht allerdings eine ungeheure Vielfalt von Unterschiedlichkeit. Ein riesiger Sandstein-Kubus, ein winziger Eiswürfel, ein Plastik-Kubus von der Größe einer Umzugskiste und ein in allen Farben des Prismas schimmernder Kristall scheinen auf den ersten Blick so gut wie gar nichts miteinander gemein zu haben. Und natürlich kann man auch nicht behaupten, daß es realistisch ausgerichteten Persönlichkeitstypen grundsätzlich an Phantasie und Kreativität mangelt. Fest auf dem Boden stehende Kuben können in vielfältigster Weise durch das «Himmelselement» der Inspiration aufgelockert und ausgeglichen sein: durch Wolken, die sich in ihren Seitenflächen spiegeln, Regenbögen, die sich über ihnen wölben, bis hin zu zuckenden, knisternden Blitzen, die sie aufleuchten lassen. Manchmal sind sie dem Himmel – der Ideenwelt – durch ihre Leitern verbunden, was darauf hindeuten kann, daß sie ihre Inspiration von Freunden und Mitarbeitern beziehen – oder von einem inneren, geistigen Begleiter. Und wenn Sie Ihren Kubus so vor der Horizontlinie stehen sehen, daß er sich halb vom Himmel, halb vom Wüstensand abhebt, dann kann man von Ihnen vielleicht sagen, daß Sie «mit beiden Füßen auf dem Boden stehen», aber «den Kopf in den Wolken» haben – mit anderen Worten: daß kreative Phantasie und pragmatische Alltagsvernunft in Ihrer Persönlichkeit in einem gut ausgewogenen Verhältnis stehen. In der Beschreibung des visionären Persönlichkeitstypus werden Sie zweifellos auch etwas von sich selbst wiederfinden.

Viele erfolgreiche Künstlerinnen und Künstler aus der Welt des Theaters, des Films, der Malerei oder der Literatur haben flach auf dem Boden stehende Kuben, und vielleicht ist das ein Schlüsselelement ihres Erfolgs. Denn was Realisten unterschiedlichster Couleur miteinander gemein haben, ist nicht platter Pragmatismus, sondern Einsicht in die Notwendigkeit, Akzeptanz der Welt so, wie sie ist, und sogar Freude am Hier und Jetzt.

Realisten in der Welt

Realisten sind tüchtig und kompetent und leben mit vollem Engagement in dieser Welt mit all ihren Unvollkommenheiten. Das heißt nicht, daß sie an den realen Verhältnissen nichts auszusetzen haben, aber sie ziehen sich nicht von der Welt zurück. Mit der Welt zu hadern und gegen unbefriedigende Verhältnisse anzugehen ist eine Art Vollkontakt-Kampfsport für Realisten, eine Facette ihres Engagements. Wenn es andererseits darum geht, etwas «mitzunehmen», sei es eine gute Gelegenheit, seinen Lebensunterhalt zu verdienen, oder ein Vergnügen, ein saftiger Genuß, dann handeln Realisten auch ohne Zögern einen Waffenstillstand aus. Sie fühlen sich nicht zu gut für diese Welt, sie haben keine Angst, ihre Seele zu verlieren oder sich die Hände schmutzig zu machen. Sie fühlen sich wohl mit dem Materiellen, mit dem Erdelement – sei es der Körper, sei es Geld oder der handfeste, praktische Part von Arbeiten, die zu erledigen sind – und gehen ohne Unbehagen damit um. Würfel in dieser Position sind auch in anderer Hinsicht praktisch: Sie lassen sich bequem stapeln, ordnen und zusammenstellen. Im übertragenen Sinn bedeutet das: Realisten sind gut darin, sich auf unkomplizierte Weise in die soziale Ordnung einzufügen; das Dazugehören, Mitmachen, mit anderen Zurechtkommen bereitet ihnen keine allzu großen Schwierigkeiten. Relativiert wird das allerdings, wenn ein imaginärer Kubus einen extrem großen Umfang hat oder räumlich auffällig isoliert dasteht.

Realisten haben keine eskapistischen Neigungen. Auch wenn persönliche Probleme, Verluste oder Enttäuschungen ihnen schwer zu schaffen machen, bewältigen sie ihr Alltagsleben in gewohnter Weise, erledigen, was zu erledigen ist, arbeiten, sorgen für ihre Familien, bezahlen ihre Rechnungen. Ganz gleich, in welchem Umfeld, welcher Situation sie sich wiederfinden, sie tüfteln einen Weg aus, damit klarzukommen. Sie haben sich mit dem Realitätsprinzip (wie Freud es nannte) ausgesöhnt, und das heißt, die Dinge zunächst so zu akzeptieren, wie sie sind, und sie dann, soweit es möglich ist, den eigenen Wünschen gemäß zu modifizieren und zu verändern. Diese Haltung macht Realisten zu fähigen, produktiven Arbeitern, zuverlässigen Freunden und Nachbarn und verantwortungsbewußten Eltern. Realisten halten die Welt in Gang, meistern sie, spiegeln sie (als Künstler oder führende Köpfe) klar und differenziert wider, aber ohne einen kräftigen Schuß Luft- und Himmelselement ist es unwahrscheinlich, daß sie die Welt verändern.

Apropos: Wir kennen vier echte Weltveränderer, deren imaginäre Kuben flach auf dem Boden stehen: drei erfolgreiche Autoren beziehungsweise Autorinnen (eine davon, Katherine Neville, war früher im Bankgeschäft) und einen Zukunftsforscher und Erfinder (der außerdem das Immobiliengeschäft seines verstorbenen Vaters leitet). Die Kubus-Bilder dieser vier Menschen haben eine geradezu unheimliche Ähnlichkeit: Drei davon sind Varianten des mysteriösen, evolutionäre Transformationen bewirkenden schwarzen Monolithen aus dem Film «2001», und der vierte, Katherine Nevilles Kubus, ist die Kaaba, der schwarze Schrein in Mekka, der, wie es heißt, in seinem Inneren einen Meteoriten birgt. Diese Kuben stehen fest auf dem Boden ... aber sie kamen aus dem Weltraum zur Erde.

Realisten bei der Arbeit

Kompetenz, Produktivität, Gründlichkeit, Verantwortungsbewußtsein, totales Absorbiertsein in den Arbeitsprozeß, aber auch die Fähigkeit, die Arbeit beiseite zu legen, sich zu vergnügen und zu spielen – das sind die charakteristischen Merkmale des realistischen Persönlichkeitstyps in allen Lebensbereichen (zumindest so lange, bis der Sturm aufzieht). Realisten arbeiten hart, aber was sie antreibt, sind nicht Zwänge, Ängste oder ein unbarmherziges Über-Ich, sondern

Schwung und «Biß», ein natürlicher, nüchterner Drang, etwas zu schaffen. In aller Regel sind sie ziemlich zufrieden in ihren Berufen und mit ihrer Arbeit. Da sie sich auf ihren jeweiligen Fachgebieten, in der Berufswelt und in der sozialen Welt gut auskennen, großen Wert auf finanzielle Sicherheit legen, stetige Arbeitsgewohnheiten und eine gute Einschätzung ihrer eigenen Fähigkeiten haben, sind sie in der Lage, entweder aus dem Job, den sie haben oder bekommen können, das Beste zu machen oder – wenn sie ehrgeizig sind – (was sich in der Größe und im Material ihrer imaginären Kuben ausdrückt) zu erreichen, was sie erreichen wollen. Wenn Sie mit einem Menschen, der große Träume hat, aber in einem Sackgassen-Job ohne Aufstiegschancen vor sich hin kümmert, das Kubus-Spiel spielen, werden Sie selten erleben, daß sein – oder ihr – imaginärer Kubus fest auf dem Boden steht. Realisten leisten sich keine großen Träume, und wenn sie es doch tun, dann leben sie diese Träume auch aus. Im Rückblick auf sein Leben sagte der große Jazzmusiker Louis Armstrong: «Ich habe mir nichts gewünscht, was ich nicht bekommen konnte, und ich habe so gut wie alles bekommen, was ich wollte, weil ich dafür gearbeitet habe.»

Wenn Sie dem Typus des Realisten entsprechen, haben Sie aller Wahrscheinlichkeit nach Ihren Weg zu einer passenden, befriedigenden beruflichen Existenz gefunden (oder sind noch dabei, ihn zu finden), indem Sie sich durchschlugen, sich in unterschiedlichen Jobs erprobten, allerlei Abenteuer eingingen und sich, wo Sie gingen und standen, neue Kenntnisse und Fähigkeiten aneigneten. Realisten fliegen selten wie ein abgeschossener Pfeil auf ein erwähltes Ziel zu, sondern tendieren eher dahin, sich von den mäandernden, gewundenen Pfaden des Lebens zu ihrer Aufgabe, ihrem Lebenswerk führen zu lassen. Realisten sind nicht selten ausgesprochene Multitalente mit vielseitigen Fähigkeiten, und nach einigem jugendlichem Dilettieren in den Künsten entschließen sie sich oft, ihren Begabungen auf eine weniger spektakuläre, indirekte Weise Ausdruck zu verleihen, in Berufsfeldern wie dem Bau- und Ingenieurswesen, der Verlagswelt, dem

Unternehmertum, dem Rechtswesen, dem Talent-Management oder dem Marketing. Gut geerdet, ausgewogen, stabil und ebenmäßig wie ein auf einer Seitenfläche stehender Kubus, scheint es Realisten eher wesensfremd zu sein, daß eine spezielle Fähigkeit oder Begabung den Primat genießt, alle anderen übersteigt und die Psyche dominiert.

Selbstverständlich gibt es unter den Realisten große Künstlerinnen und Künstler, herausragende Denkerinnen und Denker. Aber wenn ein Realist mit einer Weltklasse-Idee hervortritt, hat er sie gewöhnlich aus der scharfen Beobachtung bestimmter Aspekte der realen Welt herausdestilliert. Realisten sind hervorragende Beobachter und kluge Analytiker, aber keine abstrakten Theoretiker. (Freud und Darwin waren vermutlich Realisten, Einstein dagegen war dem Vernehmen nach alles andere als ein Realist.) Als Künstler müssen Realisten nicht notwendigerweise «Realismus» produzieren, aber das Spiel mit der Textur von Material und Farbe, lebensnahe Fiktion und politisches Kabarett, Fotografie und Film passen zu ihnen. Was sie auch tun, ist in der einen oder anderen Weise fast immer eine Auseinandersetzung mit der «Welt da draußen». Sie können erfolgreich sein, wenn ihnen das wichtig ist, aber es ist ihnen nicht immer wichtig. Sie sind genauso produktiv, wenn sie nur für ihre private Befriedigung arbeiten oder für ein kleines Publikum und ihren Lebensunterhalt mit anderen Beschäftigungen verdienen. Blockiert zu sein ist nicht ihr Problem. Ihr Ehrgeiz steht in einem gesunden Verhältnis zu ihren Fähigkeiten, ihre Maßstäbe sind nicht hoffnungslos hoch, ihre Ausgangsmaterialien sind handhabbar, nicht atemberaubend und einschüchternd, und ihre Ideen fließen leicht in die gewünschte Form.

Im Wirtschafts- und Geschäftsleben zeichnen Realisten (ob auf der Führungs- oder der Mitarbeiterebene) sich dadurch aus, daß sie informiert und auf dem laufenden sind, Situationen sachlich einschätzen, vernünftige Ziele setzen, Termine einhalten und das Verhältnis von Einnahmen und Ausgaben sorgfältig im Auge behalten. (Ob jemand besser für eine leitende oder zuarbeitende Position geeignet ist – oder am besten damit fährt, sein oder ihr eigener Boss zu sein –, zeigt sich in der Imagination oft an den Größenverhältnissen und der Plazierung von Kubus und Leiter.) Jeder Firmenchef wird sich gewiß für den Realisten entscheiden – und nicht für den Visionär – , wenn es um die Verwaltung der Finanzen geht. Realisten sind gut darin, Strategien zu entwickeln und auszuführen, Ideen in die Tat umzusetzen. Aber Inspiration oder Innovation kommt vielleicht eher von Mentoren, Kollegen und Partnern, die dem Typus des Visionärs entsprechen. Auch an Reformfreudigkeit mangelt es ihnen gelegentlich, denn Realisten neigen manchmal allzu bereitwillig dazu, den Status quo zu akzeptieren, einschließlich der allgegenwärtigen Ungerechtigkeit und Korruption. Sie machen mit, um voranzukommen, oder sie haben Bauchschmerzen, unternehmen aber nichts.

Zwei Situationen können Realisten zum Wahnsinn treiben: nichts zu tun zu haben oder zuviel zu tun zu haben. Einerseits brauchen Realisten das produktive Engagement in der realen Welt wie die Luft zum Atmen. Durch Beschneidung ihres Aktionsradius oder Aufgabenbereichs sind sie nicht lange zu bremsen; sie *finden* etwas zu tun. Schlimmer ist jedoch, besonders für junge Menschen dieses Typus, unentschlossen zu sein, weil zu viele Optionen offenstehen. Mit vielen Talenten ausgestattet, aber ohne Fokussierung auf einen einzelnen, besonderen Bereich, der als «Berufung» oder «Mission» auserwählt wird, kann ein solcher Mensch paralysiert reagieren – und furchtbar darunter leiden. Aber dann wird er – oder sie – durch Geldnot, eine Gelegenheit, die sich zufällig auftut, oder andere Menschen wieder in den Strom des Lebens hineingeschwemmt und segelt auf dem durch die Umstände vorgegebenen Kurs mit frischem Wind davon. Und das ist gut so. Einige der eindrucksvollsten Realisten-Karrieren haben durch Zufall begonnen. Andererseits leiden Millionen von Realisten unter der erzwungenen Hyperaktivität des Computer-Fax-Handy-Zeitalters. Sie sind willige, gute, produktive Arbeiter, aber keine Workaholics. Was sie mögen und worin sie gut sind, ist ein ausgewogenes Verhältnis von Berufs- und Privatleben, Arbeit und Spiel. Sie können «abschalten» und Arbeitsprobleme hinter sich lassen, wenn sie die Büro- oder Studiotür hinter sich schließen. Aber sie sind dem Zeitgeist auch hilflos verfallen, denn sie sind so gewissenhaft und wollen alles erledigt haben, bevor sie pausieren. So lassen sie sich von einer vom Zeitdruck geprägten Arbeitskultur mitschleifen und hassen diesen Zustand wie die Pest. Da sie die Majorität darstellen, könnten sie, wenn sie in den Streik träten, das total überdrehte Tempo unserer Kultur wahrscheinlich drosseln. Nur sind sie leider auch die ersten, die sagen werden: «Was soll man machen? Wir leben nun mal in dieser Welt!»

Realisten und die Liebe

Um ein vollständiges Bild Ihrer emotionalen Dynamik (oder der Ihres geliebten Menschen) zu erhalten, empfiehlt es sich, die Konstellation von Leiter, Pferd und Blumen in Ihrer Imagination zu betrachten – diese einzigartige räumliche Anordnung von Beziehungselementen, die das Kraftfeld der Seele sichtbar macht wie Eisenspäne das Kraftfeld eines Magneten. Einige Grundzüge scheinen jedoch auf die meisten Realisten zuzutreffen.

In der Liebe wenden Realisten sich offenbar gern einer von zwei polaren Positionen zu. Oft sind sie in Gefühlsdingen nüchtern und vernünftig, wählen ihre Partnerinnen und Partner nach den handfesten Kriterien, die der «gesunde Menschenverstand» vorgibt, und stürzen sich nicht in wilde Affären. Die Bindungen, die sie eingehen, sind ebensosehr durch gemeinsame Interessen, Verständnis, Zuneigung und Zärtlichkeit geprägt wie durch sexuelle Anziehung. Für viele ist die Liebe jedoch auch der undurchschaubare Bereich, in dem das Irrationale in ihr Leben einbricht. Ausbrüche von Obsession und Eifersucht (ihrer eigenen oder

der ihrer Partner) können ihre praktische, wohlgeordnete Existenz so heftig durcheinanderschütteln, daß sie schließlich mit Zittern und Zähneklappern aus dem Feld gehen und ihr inneres Gleichgewicht wiederherstellen, indem sie ihr Liebesleben in platonische Freundschaften und flüchtige sexuelle Abenteuer aufteilen. Selbst neurotische Realisten ziehen der Agonie und der Ekstase die Selbsterhaltung vor; statt sich den Stürmen einer leidenschaftlichen Liebe auszusetzen, bleiben sie lieber allein. Zu einer glücklicheren Versöhnung der Gegensätze kann es kommen, wenn ein erdgebundener Realist sich in eine Person verliebt, die einen Hauch von Magie in sein – oder ihr – Leben hineinträgt, eine Person, die in der Imagination als fliegendes Pferd oder Einhorn abgebildet erscheint oder die sich in ihrer eigenen Vision als schwebenden Kubus sieht.

Realisten gehen verantwortungsbewußt mit Geld um und würden nie zulassen, daß die geliebte Person Mangel leidet. Abgesehen von ihren eigenen Sicherheitsbedürfnissen legen sie unter anderem deshalb so großen Wert auf eine gutbezahlte, feste Anstellung, weil sie die Menschen, die ihnen am Herzen liegen, absichern und versorgen wollen. (Andererseits können sie sehr besitzergreifend sein, was ihre eigenen Errungenschaften angeht – und auf einem ausgeklügelten Ehevertrag beharren, bevor sie sich zu einer Heirat entschließen.) Ein Realist, der finanziell unsicher dasteht, verzichtet vielleicht lieber darauf, eine feste Bindung einzugehen.

Wenn Sie mit einem Menschen dieses Typus in einer harmonischen Beziehung leben, können Sie ziemlich sicher sein, daß er – oder sie – nie «durchhängen» und Ihnen auf der Tasche liegen wird. Im Gegenteil, der Realist wird immer einen handfesten Beitrag zum gemeinsamen Lebensunterhalt beisteuern oder gar die Familie allein versorgen, Sparkonten anlegen und für den Notfall eine Lebensversicherung abschließen. Außerdem sind Realisten ungemein praktisch und bringen alle Arten von nützlichen Fähigkeiten in einen Haushalt ein, vom Kochen bis zum Tischlern und Verlegen von Elektroleitungen. Es ist ein Nachhall der alten Geschlechterrollenverteilung, daß Frauen dieses Typus sich oft in vernünftige, verantwortungsbewußte Männer verlieben, während männliche Realisten es oft genießen, eine weniger lebenstüchtige Frau zu unterstützen. Aber in unserer Zeit bestehen mehr und mehr Frauen darauf, ihr eigenes Geld zu verdienen, und angesichts der gegenwärtigen Wirtschaftslage finden mehr und mehr Männer diese Unabhängigkeit sehr attraktiv.

Erotik und Sex

Realisten fühlen sich gewöhnlich wohl in ihren Körpern und haben einen gesunden Appetit auf sinnliche Genüsse – sei es gutes Essen, seien es ästhetische Sinnenfreuden (Musik, Kunst und schönes Design eingeschlossen) oder sexuelle Vergnügungen. Inkarnierte Wesen, Geschöpfe des Fleisches zu sein, stellt für sie kein Problem dar, obwohl sie als Kinder ihrer Zeit und ihrer Kultur vielleicht pflichtschuldig gegen Übergewicht kämpfen ... und verlieren (den Kampf, nicht das Gewicht). Aber Realisten sind nicht in derselben Weise wie Perfektionisten auf Disziplin und Selbstkontrolle versessen. Entweder sind sie nachsichtig mit sich selbst und versöhnen sich mit ihren Schwachpunkten, oder sie treffen schließlich in bezug auf das Zuviel-des-Guten eine Vernunftentscheidung.

Wenn bei Realisten sexuelle Probleme auftauchen, handelt es sich in Wahrheit meistens um emotionale Probleme. Vermeidung von Nähe oder Abhängigkeit kann sich zum Beispiel in der räumlichen Isoliertheit des Kubus in der Imagination zeigen oder in der Unfähigkeit, ein Pferd zu erblicken. Das Problem liegt dann nicht im Verhältnis dieser Person zu ihrer eigenen Sexualität, sondern in ihrem – oder seinem – Verhältnis zu anderen Leuten. Aber selbst wenn sie Bindungs-Phobien entwickeln, entschließen Realisten sich selten zu einer zölibatären Lebensweise. Sie genießen das Leben des Körpers und machen nicht viel

Umstände. Sex ist einfach ein willkommener Teil des Lebens, der den Raum einnimmt, der ihm zukommt – nicht weniger, aber auch nicht mehr. (Für eine Partnerin oder einen Partner vom Typ des Visionärs, der sehr wohl Umstände und eine große romantische Inszenierung daraus machen will, oder für einen stimmungsabhängigen, hypersensiblen Perfektionisten kann das sehr frustrierend sein.) Realisten können in sexueller Hinsicht sehr sachlich sein – direkt und deftig in ihrem Appetit, aber dann auch schnell wieder mit anderen Dingen beschäftigt.

Realisten beim Spiel

Realisten spielen genauso eifrig und gewissenhaft – und genauso unverbissen –, wie sie arbeiten. Sie sind aktive Menschen, von furchtloser Neugier auf die Welt erfüllt, und finden es viel angenehmer und entspannender, etwas zu unternehmen, als vor dem Fernseher in Trance zu fallen und zu träumen. Sie lieben es auszugehen, ins Restaurant, zu Partys, zu kulturellen Ereignissen. Vielseitig wie sie sind, haben sie oft mehrere Hobbys, meistern – auf einem guten Amateur-Niveau – mehrere Sportarten, Künste oder Handwerkszweige und sind oft daran interessiert, Neues dazuzulernen. Einer unserer Freunde, der diesem Typus entspricht, jetzt Mitte Vierzig, hat vor kurzem erfolgreich einen Kurs im Tiefseetauchen absolviert und nimmt gegenwärtig Unterricht im Segelfliegen und im Kochen. Eine andere Freundin, die über achtzig ist, hält sich körperlich und geistig beweglich, indem sie ihr Haus putzt, kleinere Reparaturen selbst in die Hand nimmt, für Familienmitglieder, die sie in den Ferien besuchen, köstliche Mahlzeiten kocht, mit Freunden in mehreren Ländern regelmäßig korrespondiert, anspruchsvolle Zeitschriften liest und eine Familienchronik zusammenstellt.

Realisten entspannen sich in der Bewegung. Anfänger zu sein oder Mitspieler zu haben, die besser sind, macht sie nicht ängstlich oder gehemmt, denn sie haben Zutrauen zu ihrer grundlegenden Tüchtigkeit und erwarten nichts Unmögliches von sich selbst (ganz anders als Perfektionisten). Eine Partnerin oder ein Partner dieses Typus wird ständig und gegen heftige Widerstände versuchen, einen Visionär (der gern liest und Tagträumen nachhängt) aus seinem Schneckenhaus herauszulocken oder einen Perfektionisten dazu zu bringen, daß er lockerläßt und sich entspannt. Wie wir im folgenden noch sehen werden, liegt darin sowohl das Potential für Konflikte als auch für Bereicherung und Komplementarität. Nur wenn Sie wirklich verstehen, wie und worin Sie und der andere sich unterscheiden, können Sie einander eine frische Brise sein, statt ein Quell permanenter Nörgeleien und Vorwürfe.

Varianten

STILLE REBELLEN

Stichworte: *Nonkonformismus, subversiver Humor, skurrile Launen*

Wenn jemand ausdrücklich betont, daß sein imaginärer Kubus etwas schräg steht, setzt er – oder sie – einen gewissen Stolz darein, auf subtile, aber bezeichnende Weise von der Norm abzuweichen. Ohne großes Aufhebens davon zu machen, ist diese Person einfach nicht bereit, sich in allem anzupassen und ein praktischer, würfelförmiger Baustein der Gesellschaft zu sein. Innerlich geht sie ihren eigenen Weg. Achten Sie auf unabhängiges Denken, milde Formen von Exzentrizität, Spaß an den eigenen Marotten, subversiven oder skurrilen Humor.

STANDHAFTE

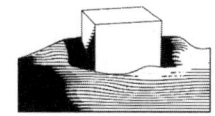

Stichworte: *Stabilität, Hartnäckigkeit, feste Überzeugungen, Loyalität*

Leute, die ihre imaginären Kuben teilweise in den Sand eingegraben sehen, haben ein starkes Gefühl dafür, wer sie sind und wo sie stehen. Diese Position kann feste Verwurzelung in Familientraditionen, ethnischen Traditionen oder dem gegenwärtigen sozialen und kulturellen Umfeld bedeuten. Sie kann aber auch darauf hinweisen, daß jemand «stur wie ein Maulesel» ist, nicht bereit, von einer einmal gewonnenen Überzeugung auch nur einen Millimeter abzuweichen. Das kann bei einem geliebten Menschen, Freund oder Mitarbeiter eine wundervolle Eigenschaft sein, denn solche Leute sind fähig, für ihre Überzeugungen einzustehen. Dieselbe Eigenschaft kann aber auch sehr anstrengend und ermüdend sein.

Ein Mensch dieses Typus ist vielleicht wenig kompromißbereit, gibt nicht gern Fehler oder Irrtümer zu, ist streitlustig und hat Schwierigkeiten, sich in die Position Andersdenkender hineinzuversetzen. Anderseits ist er – oder sie – unerschütterlich loyal und wird sich ohne Zögern in die Bresche werfen, wenn es darum geht, Sie zu verteidigen.

Stichworte: *Zurückhaltung, Vermeidung von Aufmerksamkeit, Heimlichkeit, Subversivität*

Imaginäre Kuben, die ganz oder fast ganz im Sand vergraben sind, gehören gewöhnlich Menschen, die nicht gern Aufmerksamkeit auf sich ziehen, «mit dem Hintergrund verschmelzen», in der Unsichtbarkeit Freiheit finden. Es gibt unterschiedliche Gründe dafür, sich so bedeckt und verborgen zu halten. Das Material und das Erscheinungsbild des Kubus können Hinweise auf diese Gründe geben. Eine Künstlerin, die wir kennen, eine Emigrantin aus Osteuropa, hält sich am liebsten im Hintergrund, nicht nur aus Selbstschutz, sondern auch, weil Unauffälligkeit für sie Freiheit bedeutet, unter anderem die Freiheit, Menschen zu beobachten und zu skizzieren. (Ihr imaginärer Kubus ist sandfarben – so perfekt getarnt, daß man ihn leicht übersehen kann, wenn man nicht weiß, daß er da ist.) Der scharfkantige kleine schwarze Kubus einer anderen Frau erschien in seiner Tarnung dagegen so absichtsvoll, als läge er auf der Lauer. Wenn jemand *diesen* Kubus übersähe und versehentlich daraufträte – Autsch! –, das wäre wohl eine Lektion, die im Gedächtnis haftet.

Eine ganz andere Bedeutung kann es haben, wenn der Sturm daherkommt und den Kubus in einer Sanddüne begräbt.

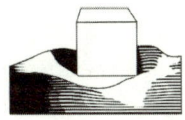

Stichworte: *Kontrolliertheit, Reserviertheit, strikte Trennung von «öffentlich» und «privat»*

Gewöhnlich werden flach auf dem Boden stehende Kuben in der Imagination aus einem kleineren oder größeren Winkel heraus gesehen, so daß neben der Front zumindest ein Teil einer anderen Seitenfläche ins Blickfeld kommt. Die meisten Realisten sehen ihre imaginären Kuben auf diese Weise und verlieren kein Wort darüber; sie fühlen sich wohl damit, verschiedene Facetten von sich selbst zu zeigen. Gelegentlich sagt jemand ausdrücklich, daß zwei Seiten zu sehen sind; eine solche Person genießt es bewußt, «unterschiedliche Seiten» zu haben und von anderen in ihrer «Vielseitigkeit» gewürdigt zu werden.

Aber wenn ein Kubus sorgfältig so plaziert ist, daß nur eine Fläche, eine quadratische Front zu sehen ist, signalisiert das ein starkes Bedürfnis, Kontrolle darüber zu haben, wie man gesehen wird, nach außen ein perfektes Bild abzugeben oder das öffentliche und das private Selbst strikt getrennt zu halten. Wenn eine solche Person die verborgenen Seiten überhaupt beschreibt, zeigt sich oft, daß sie aus einem anderen Material bestehen oder andere Farben haben. Sie oder er verfügt über ein ungewöhnliches Maß an Selbstkontrolle, hat oft Routine im öffentlichen Auftreten – und gewisse Schwierigkeiten oder eine Abneigung, Emotionen zu zeigen, außer in der Gegenwart einer Handvoll enger Vertrauter.

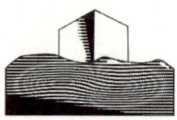

Stichworte: *Energie, Dynamik, Aktivität, Pioniergeist*

Wenn ein imaginärer Kubus ausdrücklich als mit der Kante nach vorn zeigend beschrieben wird, dann sind zwei Seiten deutlich sichtbar, aber das ist in diesem Fall nicht das entscheidende. Kennzeichnend ist hier die aggressive Energie: Ein solcher Kubus kommt auf den Betrachter zu wie ein Schiff unter vollen Segeln. Menschen, die ihren Kubus auf diese Weise imaginieren, sind gewöhnlich ungemein vital – körperlich und geistig –, unternehmungslustig, furchtlos, ungeduldig, immer in Aktion. Sie sind «Macher», Leute, die neues Terrain erobern, das rote Band durchschneiden, sich an die Spitze setzen. Bei der Arbeit ist eine Person dieses Typus ein Dynamo, der nicht zu stoppen ist. Es ist nützlich, wenn der Arbeitsplatz genug Raum für physische Bewegung bietet und das Arbeitsfeld so weit angelegt ist, daß neue finanzielle oder kreative Welten erobert werden können.

In persönlichen Beziehungen kann diese schiere Energie überwältigend sein und den anderen überrollen, es sei denn, die Partnerin oder der Partner hat ihr etwas Entsprechendes entgegenzusetzen. Ein Mensch dieses Typus kann anstrengend (und manchmal enervierend) sein, aber es macht großen Spaß, mit ihm oder ihr etwas zu unternehmen.

Einer unserer Freunde, dessen imaginärer Kubus so aussieht, ist ein ungemein aktiver Immobilienmakler, der sich fast immer im Laufschritt bewegt und buchstäblich mit flatternden Rockschößen «angesegelt» kommt.

VISIONÄRE

Sonnenseiten:
lebhafte Phantasie
Originalität
romantische Verträumtheit

Schattenseiten:
Ungeschicklichkeit in praktischen Dingen
Zerstreutheit
Resignation

Sagen Sie schnell und ohne lange zu überlegen: Was ist das Gegenteil von «vernünftig» und «realistisch»? Gibt es irgendeinen Begriff, der nicht abwertend oder negativ klingt? Wir haben den Persönlichkeitstypus, der durch einen schwebenden Kubus repräsentiert wird, hier als «Visionär» bezeichnet, obwohl ein Wort, das wir aus dem Jiddischen kennen, das aber nicht so allgemein gebräuchlich ist, uns viel passender erschien: *Luftmensch.*

Als «Luftmensch» wird im Jiddischen jemand bezeichnet, der frei über den Hausdächern des vernünftigen, pragmatischen Alltagslebens dahinfliegt wie die Liebenden, Träumer, Gelehrten und Geigenspieler Chagalls. Ein solcher Mensch findet sein Zuhause nicht im Alltag, in der allgemeinverbindlichen Realität und der pragmatischen Vernunft, sondern in der schöneren, luftigen Welt des Intellekts, des Geistes oder der Phantasie. Ideen, Träume, Visionen sind für ihn oder sie realer als die Einkaufsliste, die Abendnachrichten oder die monatlich fällige Miete. Diese Eigenart verbindet Leute, die sonst nicht sehr viel miteinander gemein haben: brillante Wissenschaftler, visionäre Künstler, messianische Führer, religiöse «Spinner». Drogensüchtige (ja, dieser Kubus ist «high») und unverbesserliche Träumer – die Schmetterlinge und Paradiesvögel dieser Welt.

Das Ausmaß der Weltfremdheit eines Visionärs steht in direkt proportionalem Verhältnis zur Entfernung seines – oder ihres – imaginären Kubus vom Erdboden, und die Positionen auf diesem Kontinuum, von einem Pol zum anderen (einen halben Meter über dem Boden schwebend oder in der Stratosphäre kreisend) sind unterschiedlich genug, um klar voneinander abweichende Subtypen zu definieren. Aber die Majorität der Visionäre erhält irgendeine Art von Verbindung zur Erdebene aufrecht, wie dünn und ambivalent diese auch sein mag. Vielleicht ist die Horizontlinie hinter dem Kubus zu sehen, so daß zumindest ein Drittel oder Viertel von ihm einen «Erdhintergrund» hat. (Das ist Annies Situation, und sie findet die Idee, ein praktischer Mensch zu sein, sehr reizvoll. Sie ist nur noch nicht dazu gekommen, sie zu realisieren.) Oft ist es die Leiter, die den Kubus am Boden verankert, oder ein vitales, kraftvolles Pferd, dessen Anziehungskraft stärker ist als die Schwerkraft. Dieses Band – wie es auch immer aussehen mag – ist von elementarer Bedeutung für das Überleben und die Erfüllung in der Realität, denn hier, auf dieser Welt, müssen die Visionen und Ideen des Visionärs ihren Ausdruck finden, mitgeteilt und verwirklicht werden, wenn sie nicht bloße Hirngespinste bleiben sollen. Und allzuoft ist das der Fall.

... «nicht von dieser Welt»... nur unter Protest hier ... von der Wirklichkeit, die mit der reinen Schönheit humanitärer Ideale, spiritueller Visionen, politischer Utopien oder romantischer Träume keine Ähnlichkeit hat, bitter enttäuscht – das gilt für die Mehrheit der Menschen dieses Typus. Visionäre wurden durch die Verhältnisse der realen Welt verletzt, oft sehr früh in ihrem Leben. Diese Position wird in dem Augenblick gewählt, in dem ein tief gekränktes oder zurückgewiesenes Kind die glitzernden Tröstungen der Phantasiewelt entdeckt. In der Kindheit und Adoleszenz fühlten die meisten Visionäre sich als Außenseiter. Aber zogen sie sich in ihre Traumwelten zurück, weil sie von anderen als Außenseiter behandelt wurden ... oder wurden sie als Außenseiter behandelt, weil sie von Anbeginn an etwas von «Paradiesvögeln» an sich hatten? Wie immer bei solchen Fragen nach der Henne und dem Ei trifft wahrscheinlich von beidem etwas zu.

Visionäre erfüllen für den realistischeren Rest der Welt eine wesentliche Funktion. Die rätselhafte, oft mit Leiden verbundene Fähigkeit, eine Welt zu imaginieren, die viel schöner, gerechter, gastlicher und freundlicher ist als die reale, in der wir zu leben haben, ist uns Menschen mitgegeben. Und die Visionäre unter uns sind diejenigen, die den größten Teil dieser überhöhten Ideen produzieren. In diesem Prozeß gelingt es ihnen entweder, andere mitzureißen, mit Begeisterung, Hoffnung, Motivation, Trost oder auch eskapistischen Neigungen zu erfüllen, oder sie sind wieder einmal zutiefst frustriert und enttäuscht über die hartnäckige Mittelmäßigkeit der Realität. Es kommt aber dennoch selten vor, daß sie sich davon zermalmt oder erdrückt fühlen. Visionäre sind auf eine seltsame Weise resistent – geschützt durch ihre Fähigkeit, sich in eine eigene Welt zurückzuziehen. Dort angekommen, entschließen sie sich entweder, die allgemeinverbindliche Realität zu ignorieren, oder sie verfolgen die schnöde Welt mit ihrem Groll. Der sogenannte Unabomber, der seine Flugblattpakete auf eine aus seiner Sicht schreiend ungerechte und gleichgültige Welt herabregnen ließ, begann seine Karriere als theoretischer Mathematiker – im Eldorado der abstrakten Ideen. Besuchen Sie eine Person vom Typus des Visionärs zu Hause, und Sie werden entweder ein bezaubernd versponnenes Ambiente vorfinden oder ein unübersichtliches, unentwirrbares Chaos, das ein Realist oder Perfektionist keine Minute lang ertragen würde. Und irgendwo unter dem Wirrwar liegt ein Stapel unbezahlter Rechnungen. Visionäre blenden solche trivialen Dinge einfach aus, geben sich mit dem Luxus des Lebens im Geiste zufrieden oder sind davon überzeugt, daß sie diese Woche garantiert im Lotto gewinnen werden.

Visionäre bringen für das Geldverdienen oder einen geordneten, organisierten Umgang mit ihren Mitteln gewöhnlich wenig Interesse auf; sie geben lässig und mit leichter Hand Geld aus und sind anfällig für die Verlockungen von Lotterien, Spielkasinos, Pferdewetten und windigen Investitionsangeboten. Der einzige Grund für einen Visionär, nach Geld zu streben, ist, von den Zwängen des Geldes frei zu sein. Die Freiheit, die durch sorgfältiges Planen und Wirtschaften mühsam erworben werden kann, erfordert zuviel Aufmerksamkeit, zuviel Konzentration auf etwas so Triviales. Wenn Geld die Aufmerksamkeit des Visionärs erzwingt, dann sieht er es eher als boshafte Laune im Gewebe der kosmischen Zusammenhänge, die dazu ausersehen ist, ihn zu frustrieren. Wenn sie könnten, würden die Visionäre dieser Welt einander die Hände reichen und das Geld einfach wegwünschen. Dennoch gibt es die wenigen Auserwählten, die mit Träumen Millionen machen und mit diesen Millionen immer neue Träume kreieren. Oder glauben Sie vielleicht, daß die drei Produzenten, die das Steven-Spielberg-Filmimperium *Dream Works SKG* gründeten, alle eingefleischte Realisten sind?

Andere Aspekte der Alltagswelt – wie Computer, Badewannenabflüsse und ähnliche Installationsprobleme, Bohrmaschinen, Autos, Haushalt, Kochen und so fort – sind zunächst eher neutral; sie haben das Potential, entweder Freund oder Feind zu werden. Viele Visionäre betrachten diese Dinge mit Indifferenz oder

Verwunderung, als Phänomene, die nur bedingt «real» sind, weil sie außerhalb der Welt des Geistes stehen oder in dieser eigentlichen, höheren Wirklichkeit nur Hindernisse und grobe Störungen bedeuten. Aber wenn ein Visionär die Überzeugung gewinnt, daß eine materielle Sache oder Fähigkeit dazu beitragen kann, seine Traumwelt auszubauen und zu beschützen, dann tritt dieses Segment der Außenwelt mit hyperrealer Schärfe hervor, als wäre ein Punktscheinwerfer darauf gerichtet, und er – oder sie – stürzt sich mit Verve darauf und meistert die Aufgabe mit der Schnelligkeit und Gründlichkeit eines Feuers, das Zunder verbrennt. So lernen zerstreute Wissenschaftler im Handumdrehen den Umgang mit komplizierten Labortechnologien, verträumte Sängerinnen die Handhabung von Keyboards und Verstärkeranlagen, technikfeindliche Schriftstellerinnen und Schriftsteller das Arbeiten mit dem PC und Misanthropen die Zimmermannsarbeiten, die zum Ausbau einer Berghütte notwendig sind. Ein Mann, den wir kennen – eigentlich der ganz weit abgehobene Exzentriker-Typ –, kaufte sich ein altes Segelboot, setzte es tatsächlich selbst instand und lernte perfekt segeln. Wie sein imaginärer Kubus ist dieses Boot eine Welt für sich, ein unabhängiger kleiner Planet. Annie hat ein ähnliches Verhältnis zu ihrem Auto; sie ist eine wendige, geschickte Fahrerin, und wenn sie unterwegs ist und dabei Musik aus dem Autoradio hört, ist dieses Fahrzeug für sie keine mechanische Blechkiste, sondern ein fliegender Teppich.

Visionäre bei der Arbeit

Visionäre haben wundervolle Ideen. Ob diese Ideen je das Licht der Welt erblicken, ob sie ihren Urhebern selbst oder sonst irgend jemandem je von Nutzen sind, hängt davon ab, ob es gelingt, mit der Erdebene eine Arbeitsallianz oder zumindest diplomatische Beziehungen zu etablieren. Die größte Hürde für Visionäre ist das Manifestieren ihrer luftigen Träume, die Übersetzung ihrer Ideen in eine allgemein verständliche Sprache oder eine materielle Form. Immer scheint bei der Übertragung zuviel verlorenzugehen, in der Art, wie nächtliche Träume verblassen, wenn man im hellen Mondlicht erwacht. Visionäre lassen sich durch den unausweichlichen Kampf mit der zähen, resistenten Materie oder mit menschlicher Indifferenz und Beschränktheit leicht entmutigen – ganz anders als streitbare Realisten, die eben in diesem Kampf erst zur Hochform auflaufen. Es ist so mühelos, so angenehm und erfüllend, einfach in den eigenen Phantasien dahinzuschweben, die Luken des Raumschiffs zu schließen und die Alltagswelt mit ihrem würdelosen Gerangel auszublenden. Visionäre, die dieser Versuchung erliegen, geben die Art von Arbeitskollegen ab, die einen großen Teil der Zeit, wenn niemand sie rüttelt und schüttelt, «geistig weggetreten» sind. Sie brauchen entweder einen reinen Routinejob, der ihnen das Lebensnotwendige einbringt, aber wenig Aufmerksamkeit verlangt, oder eine kleine Erbschaft, ein eigenes Vermögen oder einen Realisten als Partner, der die verträumte Person unterstützt, beschützt und würdigt, als stets gegenwärtige Erinnerung an den Leitsatz: «Der Mensch lebt nicht vom Brot allein.» Visionäre können zufriedene Hausfrauen respektive Hausmänner sein, denn Tagträume und ein Abwasch oder Bügelberg lassen sich ganz nett miteinander vereinbaren.

Andere Visionäre, die sich als Unternehmer, Investoren oder Künstler in der Welt versuchen, fechten immer wieder tragikomische Kämpfe aus, um ihre fabelhaften Ideen wahr werden zu lassen. Die Patentämter in aller Welt, die Kleinunternehmerverbände, die Bühnen, die Zentren der Fernseh- und Filmproduktionen, allen voran die Traumfabrik Hollywood, sind stumme Zeugen des hoffnungsschwangeren Stapellaufs und oft schnellen, unspektakulären Versinkens von Tausenden solcher hausgemachter Traumschiffe. Die Unermüdlichkeit dieser Kategorie von Visionären hat oft etwas Don-Quijote-haft Heroisches.

Ihre Genialität ist für den Rest der Welt vielleicht alles andere als offensichtlich, ihren Präsentationsfähigkeiten mangelt es vielleicht an Schliff, aber ihre Vorstellungskraft ist fruchtbar wie ein Maiengarten, und ihr Optimismus sprudelt aus einer Quelle, die nie versiegt. Ihnen ist schließlich sonnenklar, warum die Welt ihre phantastische Vermarktungsidee, ihr Wundergerät, ihr aserbeidschanisches Restaurant dringend braucht, und dieses Mal wird es sich durchsetzen, überzeugen, Kreise ziehen. – Und manchmal klappt es tatsächlich. Dem Vernehmen nach wurde Sylvester Stallones Drehbuchidee zu «Rocky» Dutzende von Malen zurückgewiesen ... (Wir wüßten gern, wie sein imaginärer Kubus zu dieser Zeit wohl ausgesehen haben mag und ob dieser aller Wahrscheinlichkeit nach in den Lüften schwebende Kubus in den Jahren des stetig wachsenden Erfolgs auf dem Boden landete.)

Wenn Sie von sich wissen, daß Sie zum Typus des Visionärs gehören – eine in Tagträumen verbrachte Kindheit ist ein guter Indikator –, dann sollten Sie (sofern Sie das nicht bereits getan haben) ernsthaft darüber nachdenken, folgende Errungenschaften anzustreben, die Ihnen das Leben unermeßlich erleichtern werden: eine Nische, ausgefeilte Kenntnisse auf einem Spezialgebiet und/oder einen lebenspraktischen Partner.

Es gibt Nischen für Visionäre. Eine davon ist die akademische Welt, ein Zufluchtsort für puristische Denkerinnen und Denker, der ihnen Arbeitszimmer und Büros mit Sekretärinnen, Laboratorien, relativ viel Spielraum und unverplante Zeit und eine willige Zuhörerschaft bietet. Es ist ein schrumpfendes Biotop, aber es existiert immer noch. Das Problem dabei ist allerdings: Wahre Visionäre stehen mit Institutionen und Orthodoxien auf Kriegsfuß. Besonders in konservativen oder von Dogmen beherrschten Feldern wie den Naturwissenschaften müssen sie ihre Originalität vielleicht jahrelang zügeln, bevor sie sich (wenn es ihnen denn gelingt) einen Ruf erwerben und sich mit ihren Ideen durchsetzen können. Die New-Age-Welt der Workshops und holistischen Therapien andererseits ist ein noch immer in stetigem Wachstum begriffenes Biotop, das Visionäre sehr gastlich aufnimmt (oder ihnen, wie man auch sagen könnte, einen fruchtbaren Nährboden bietet, auf dem sie sich vermehren wie Pilze). Eine weitere Möglichkeit – muß man sie eigens erwähnen? – ist natürlich das Reich der vernetzten Computer, Datenautobahnen und virtuellen Räume und Realitäten.

Die Art von Fähigkeiten, die zu entwickeln für Visionäre ratsam ist, sind Ausdrucksfähigkeiten. Eignen Sie sich das Handwerkszeug an, werden Sie Schriftstellerinnen und Malerinnen, Redner, Performance-Künstler, Musiker, Architektinnen, und es wird Ihnen gelingen, der Welt Ihre inneren Visionen mitzuteilen – und dabei auch noch Ihren Lebensunterhalt zu verdienen. Im Gegensatz zu dem Glauben, dem Visionäre anzuhängen pflegen, ist es keine Frage des «Talents», in solchen Dingen gut zu werden, sondern eine Frage stetiger, disziplinierter Übung und Arbeit. Als Gruppe verfügen Visionäre vermutlich über mehr «Talent» als Realisten, erreichen aber weitaus weniger als diese. Das liegt nicht daran, daß Visionäre generell eine faule Bande wären. Nein, ihre inneren Visionen sind so differenziert, so glänzend und vollkommen, daß sie sehr schnell geneigt sind, alles verzweifelt hinzuwerfen, wenn ihre ungeschickten Finger die kristallklare Konzeption ihres Geistes auf der Leinwand in Gestalt von Palettendeck wiedergeben. Der größte Schaden wird jungen Menschen dieses Typus zugefügt, wenn ihnen niemand erklärt und demonstriert, wie hart angehende Künstlerinnen und Künstler arbeiten müssen und daß die Anstrengung sich schließlich auszahlt. Sie brauchen Anleitung und Ermutigung, um durchzuhalten, hartnäckig zu trainieren und weiterzuüben, bis sie schließlich die wundervolle Erfahrung machen, daß ein kleines Stück der ursprünglichen Vision sich in Klängen, Worten, Bewegungen oder Lehm und Stein manifestiert. Dann haben sie «angebissen» und bleiben bei der Stange.

Ein «lebenspraktischer Partner» – das kann der geliebte Mensch sein, mit dem man zusammenlebt, aber auch eine Kollegin, ein Geschäftspartner – oder, in der

Unternehmenswelt, der Mitarbeiterstab, der die Ideen eines Visionärs einsammelt und bebrütet, bis sie reif zum Schlüpfen sind. Imaginäre Kuben, die in den Lüften schweben, sind nicht selten durch die Leiter mit der Erdebene verbunden, und das zeigt, daß Visionäre zumindest in ihrem tiefsten Inneren um ihre symbiotische Abhängigkeit von einem oder mehreren Realisten wissen, Personen, die sie «erden», ihre Ideen verwirklichen helfen und sie mit einem ständigen Vorrat an belegten Broten und Büroklammern versorgen. Die Wissenschaftlerin ersinnt Experimente, um ihre Theorien zu testen; ihre Doktorandin und Laborassistentin führt sie aus. Der Architekt zeichnet die Pläne des futuristischen Traumgebäudes; die Statiker und Ingenieure sorgen dafür, daß es errichtet wird und stehen bleibt. Die Künstlerin malt die Bilder, und der Galerist verkauft sie. Das sind ideale Szenerien für Visionäre, geeignete Modelle für ihr Überleben und möglicherweise sogar Prosperieren in der Wirtschaftswelt.

Visionäre sind gut im «Brainstorming», geben inspirierte Anführer bei kreativen Gruppenunternehmungen ab und tun sich auf Gebieten wie Werbung und Produktentwicklung hervor. Meistens brauchen sie aber jemanden, der ihre Ideen auf den Boden der Realität herunterbringt und ins Machbare übersetzt. Und wehe, wenn ein Visionär sich dagegen sperrt, die Detailarbeit zu delegieren! Der inspirierte Direktor oder Spitzenmanager, der darauf beharrt, das alles *genau* so ausgeführt wird, wie er es sich vorstellt, kann eine Firma oder zumindest den Mitarbeiterstab zugrunde richten. Zahlen, Quoten, Statistiken und Tests sind nicht die stärkste Seite einer solchen Person, und auch das Budget sollten lieber andere festlegen. Es gibt unter den Visionären seltene Ausnahmeerscheinungen, die sich allein kraft ihrer Persönlichkeit mit der Erdebene verbinden. Diese Menschen sind fähig, ihre Visionen direkt in andere Köpfe hineinzuprojizieren – oder wie virulente Erreger zu verbreiten – und die Welt zu verändern, zum Besseren oder zum Schlimmeren – durch schiere Willenskraft und das, was man Charisma nennt. Sie sind Magier, Prediger, Heilige, Stars oder auch Diktatoren;

sie haben die Macht, andere Menschen, zeitweilig zumindest, in ihre Traum- oder Albtraumwelten hineinzuziehen. Es ist nicht unbedingt angenehm, ein solcher Mensch zu sein oder in der Nähe solcher Menschen zu sein, aber es hat etwas Elektrisierendes.

Visionäre und die Liebe

Die meisten Visionäre sind unverbesserliche Romantiker. (Selbst die zerebralen Luftmenschen, die ganz im Intellekt leben, hegen im Verborgenen gewöhnlich romantische Sehnsüchte.) Liebe, vor allem ihr erstes Stadium, die Verliebtheit, liegt direkt auf ihrer Linie, und sie können süchtig danach werden, denn Verliebtheit ist die überzeugendste Form der Bezauberung, die wir kennen. Die ganze Welt wird transformiert und beginnt zu glitzern wie ein Feenpalast. In unserem durch körpereigene Endorphine induzierten Drogen-High sind wir überzeugt, der Traum unseres Lebens sei nun endlich Wirklichkeit geworden – und genau das ist der Zustand, den Visionäre ersehnen und den sie nie aufgeben wollen.

Visionäre haben durchaus nicht das Monopol auf idealisierende Phantasien – wir erwähnten jene unter den Realisten, die Einhörnern oder fliegenden Pferden verfallen. Aber Realisten streben selbst mit einem Einhorn eine diesseitige «Du-kannst-meine-Zahnbürste-benutzen»-Beziehung an, während Visionäre sich auf Phantasie-Beziehungen spezialisieren. Unerwiderte Liebe paßt ihnen im Grunde ganz gut ins Konzept, denn die imaginierte Seligkeit der Vereinigung mit der oder dem unerreichbaren Angebeteten wird nie dadurch zerstört, daß der Wunsch sich tatsächlich erfüllt. Sollte die irdische Manifestation der Traumgeliebten unerwartet Bereitschaft zeigen, ihren Anbeter zu erhören, wendet er sich plötzlich ab; sollte der verheiratete Liebhaber tatsächlich die Scheidung einreichen, ergreift die Träumerin verwirrt die Flucht, denn es ist ihr wichtiger, der Phantasiewelt, der sie sich verschrieben hat, die Treue zu halten. Frauen dieses Typus finden nette, «normale», warmherzige und hingebungsvoll liebende Männer oft einfach zu langweilig; sie wollen konstante, warme Zuneigung *plus* dramatische Leidenschaft (ein Widerspruch in sich). Visionäre Männer legen oft ausgesprochene Beziehungs-Phobien an den Tag; sie halten sich frei für die makellos schöne, magisch anziehende, unendlich tolerante «ideale Frau», die sich in der Wirklichkeit nie vollständig manifestiert. Trotz dieser eskapistischen Neigungen kann es Visionären schließlich gelingen, gute Ehen zu führen, befriedigende Beziehungen zu leben – und das brauchen sie auch. In Ausnahmefällen fusionieren zwei Visionäre in einer selig abgehobenen oder feuersprühenden Folie à deux. Oder ein Mensch dieses Typus findet nach Jahren der Unentschlossenheit oder nach mehreren Scheidungen endlich jemanden, der anbetungswürdig genug erscheint (für den älteren männlichen Visionär ist es fast unvermeidlich eine zwanzig oder dreißig Jahre jüngere Frau). In den meisten Fällen ist der Partner jedoch eine gut geerdete Person, die einen Ankerplatz, Schutz und Sicherheit bietet. Sobald Visionäre sich (mehr oder minder resigniert) eingestehen, daß sie diese Dinge brauchen, können sie es ertragen, gebunden zu sein, wenn auch mit einem Gefühl von Kompromiß und Konzession. Und in ihrem tiefsten Inneren halten sie immer etwas zurück. In vielen, wenn nicht den meisten Beziehungen liebt eine Person intensiver, und die andere läßt sich mehr lieben. Visionäre stehen oft auf der letzteren Seite; sie rechtfertigen ihre Bereitschaft, sich mit der etwas glanzlosen Alltagsrealität zufriedenzugeben, gern mit der Erklärung «Er (sie) braucht mich» – statt die Wahrheit einzugestehen: «Ich brauche ihn (sie).» Eine andere Variante: Wenn Visionäre soweit gekommen sind, einen irdischen Partner zu akzeptieren, übergießen sie die moderaten Tugenden dieser Person mit einer goldenen Aura, so daß sie in heroischem Glanz erstrahlen. Eine Japanerin, mit der wir befreundet sind (ihr Kubus schwebt und ist kanariengelb), hielt mit Mitte

Dreißig immer noch an einer schwärmerischen Leidenschaft für einen amerikanischen Rockmusiker fest, dem sie ein einziges Mal persönlich begegnete. Erst als alle ihre Versuche, mit dem Rockstar Verbindung aufzunehmen, scheiterten, entschloß sie sich, ihren beharrlichen Verehrer, einen soliden, gleichmütigen, zwanzig Jahre älteren Mann zu heiraten. Sie hat seinen Gleichmut und seine Nüchternheit zu seltenen, auserlesenen menschlichen Qualitäten hochstilisiert, und wenn er sie strahlend anlächelt, erscheint er ihr teuflisch attraktiv. Er ist ihr Fels in der Brandung, aber den Rockstar liebt sie auch, immer noch. Unter ihrem Kubus weiden zwei Pferde – ein braunes und ein weißes.

Das ist ein klassisches Happy-End für diesen Persönlichkeitstyp. Eine insgeheim fortgesetzte loyale Bindung an die Traumwelt – in Gestalt einer unvergessenen ersten Liebe oder Schwärmerei, eines Flirts am Arbeitsplatz, eines Liebesromans pro Woche – macht es dem Visionär – ihm oder ihr – möglich, in einer realen Beziehung zu leben. Auf diese Art kann man den Kuchen essen und ihn behalten. Weniger glücklich endet es, wenn Visionäre unentwegt weiterversuchen, den Traum wahr werden zu lassen. Nicht wenige neigen zu Affären oder serieller Monogamie; sie verfolgen den flüchtigen Traum durch eine Aufeinanderfolge realer Körper. Reif und weise geworden, hat ein Visionär vielleicht gelernt, daß die ideale Liebe tatsächlich existiert – in der Phantasie – und daß sie dort auch bleiben muß, weil sie sonst stirbt wie ein Fisch auf dem Trockenen.

EROTIK UND SEX

Anders als für Realisten, die Sex wie einen knackigen Apfel genießen, in den man mit Lust hineinbeißt (oder wie ein saftiges T-Bone-Steak), ist die sexuelle Begegnung für Visionäre wie Nektar und Ambrosia – nicht einfach ein fleischlicher Sinnengenuß, sondern ein Sturm der Gefühle, ein spiritueller Rausch. Selbst ein notorischer Frauenheld, der dem Typus des Visionärs angehört, sucht mehr als die bloße physische Lust; Spannung muß da sein, oder das Gefühl der Gefahr, etwas Vibrierendes, Elektrisierendes, und das Objekt der Begierde muß die Phantasie in Wallung bringen, nicht nur die Hormone. Fühlen, Begehren, Berauschtsein sind wichtiger als der Orgasmus und von zentraler Bedeutung für die Erlebnisintensität der sexuellen Begegnung. Der intensivste Moment einer leidenschaftlichen Vereinigung ist für Visionäre häufig nicht der Orgasmus, sondern etwas Subtileres, eine erste zärtliche Berührung oder der Augenblick der Penetration. Der Fleetwood-Mac-Song «Seven Wonders» könnte die Hymne der Visionäre sein – ein ganzes Musikstück, das einen solchen einzigartigen Augenblick feiert: «You touched my hand.» Phantasie und Rollenspiel sind für manche Visionäre ein willkommenes Mittel, um die Einsätze und das Spannungsniveau beim Sex zu erhöhen. Alles Drastische oder Pornographische stößt sie jedoch ab. Weibliche Visionäre möchten gewöhnlich nicht daran erinnert werden, daß diese sublime Musik auf einem so absurden Klavier gespielt wird. Männliche Visionäre teilen vielleicht die Obsessionen anderer Männer in bezug auf Körperpartien, ziehen es aber vor, sie mit poetischem Blick zu betrachten.

In langfristigen Beziehungen, besonders mit Partnern vom Typus des Realisten, finden die subtileren erotischen Bedürfnisse von Visionären vielleicht keine Erfüllung, es sei denn, sie können die sexuelle Begegnung durch Phantasien (private oder geteilte) zum Prickeln bringen. Der verletzte Partner, der fragt: «Was? – Bin ich dir denn nicht genug?», muß verstehen, daß Sex – schon das bloße Wort «Sex» – der mystischen Aura entbehrt, von der Visionäre sich nähren. Zärtlichkeit und ehrliche Lust sind *nicht* genug. Eine Prise «Casablanca» oder «Wuthering Heights» als Würze ist unentbehrlich. Natürlich kann das unermüdliche Streben nach Intensität auf die Dauer ermüdend werden. Es ist ein gutes Zeichen, wenn ein Visionär – er oder sie – lernt, im Bett zu lachen.

Visionäre beim Spiel

Visionäre sind Artisten des Eskapismus, immer auf der Suche nach dem magischen Tor in eine andere Welt. Sie lieben Ferien in der Karibik, dicke Paperback-Wälzer, die man am Strand lesen kann, Opern (echte und Seifenopern) und ihre eigenen Phantasien und Träume. Anders als Realisten, die am liebsten immer beschäftigt sind und Neues ausprobieren, können Visionäre in ihren Mußezeiten träge und ungesellig wirken. Aber sie sind sich einfach selbst genug. Sie brauchen die Spielzeuge und Reize der Außenwelt kaum oder gar nicht. In ihrer inneren Welt schwirrt es nur so von Aktivität, Gefühl und Erfindungsgeist, und genau so haben sie es gern.

Aber gehen Sie mit einem Visionär ins Kino, und wenn es ein guter, dramatischer Film ist, wird die Stimmung, die er vermittelt, Sie beide stundenlang einhüllen. Wenn Sie wollen, daß der andere sich vom Sofa erhebt und mit Ihnen ausgeht und spielt, gehen Sie zum Multi-Kulti-Straßenfest, zum nächsten Aquarium oder Planetarium, ins Watt, Wasservögel beobachten, in ein Varieté, in den Zirkus, in ein Restaurant mit Spiegeln, Kerzenschein und Zauberkünstlern. Visionäre und mehr diesseitig orientierte Persönlichkeitstypen finden Berührungspunkte in Aktivitäten, die phantasieanregend sind und ein Element von «... einer anderen Wirklichkeit» enthalten. Realisten gehen tauchen, weil es sportlich ist, Können erfordert und Spaß macht, Visionäre, weil man im Wasser schwebt und weil die Unterwasserwelt so eigenartig und traumähnlich ist. Der Realist will gut sein, sich auskennen, ein versierter Taucher werden; der Visionär malt sich aus, wie es sich wohl anfühlen mag, ein Oktopus zu sein. In dieser Hinsicht sind Visionäre sehr kindlich. Sie sind dann am glücklichsten, bei der Arbeit oder beim Spiel, wenn sie die Welt als wiederverzaubert erleben; die Spaltung zwischen Traum und Wirklichkeit ist für eine Weile aufgehoben, und sie können sich frei und ungehindert zwischen den Welten bewegen.

Intuitive

Stichworte: *Zielsichere Intuition, Impulsivität, Offenheit für verschiedene Optionen*

Ein Mensch, dessen imaginärer Kubus eine Handbreit oder einen halben Meter über dem Boden schwebt, ist beinahe ein Realist, aber doch nicht ganz. Er oder sie ist durchaus fähig, die Fakten zu sehen und sich daran zu halten, navigiert aber nach dem Kompaß der Intuition durch die Wirklichkeit. Die kleine Lücke, das Luftpolster zwischen dem Kubus und dem Erdboden, ist ein Bild für die Assoziationssprünge, die einen Intuitiven auf Pfaden, die nicht der rationalen Logik folgen, zu korrekten Schlußfolgerungen führen können. Diese Mischung von Realismus und Intuition kann ein Erfolgsrezept sein; solche Menschen können auf eine Weise ins Schwarze treffen und «Fortüne» haben, die andere in Staunen versetzt.

Andererseits hat dieser Typus auch etwas Unberechenbares. Wie ein Luftkissenboot plötzlich abheben und davonschießen kann, geben Intuitive impulsiv einen Job auf, stürzen sich in ein neues Projekt, entschließen sich über Nacht, irgendwohin zu reisen. Sie haben eine Vorliebe für das Unerwartete, das Improvisierte, das Paradoxe. Auf der anderen Seite der Medaille stehen oft Unentschlossenheit, Bindungsmangel, Unfähigkeit, sich festzulegen, oder Konfusion angesichts zu vieler offenstehender Optionen.

EXZENTRIKER

Stichworte: *Betonte Unabhängigkeit, Absorbiertheit, Eigenwilligkeit*

Um den imaginären Kubus eines Exzentrikers zu erblicken, braucht man manchmal ein Teleskop. Weit, weit oben kreist er in seinem eigenen Orbit, außerhalb der Reichweite gesellschaftlicher Konventionen, und nimmt zur Bodenstation nur gelegentlich Funkverbindung auf. Das heißt nicht notwendigerweise, daß Exzentriker mit der Welt nicht zurechtkommen. Es bedeutet aber, daß Unabhängigkeit für sie oberste Priorität genießt. Menschen dieses Typus unterliegen gesellschaftlichen Einflüssen nur wenig und sind nicht daran interessiert, Einfluß auf die Gesellschaft auszuüben. Sie haben sich der Gravitationskraft des Kollektivs entzogen, und alles, was sie wollen, ist, ihren eigenen Weg zu gehen. Sie sind angenehm im sozialen Kontakt und effizient im Umgang mit dem Alltag – in dem minimalen Ausmaß, das notwendig ist, um ihre Autonomie zu sichern und Einmischungen abzuwehren. Aber die Meinungen anderer lassen sie emotional unberührt.

Gehen Sie nicht davon aus, daß Exzentriker Spinner sind. In einer durchgedrehten Welt kann wahre geistige Klarheit sehr wohl exzentrisch wirken. Exzentriker sind oft selbstbewußt, gelassen und heiter. Sie haben ihre eigenen anspruchsvollen Interessen, die sie um der Sache selbst willen verfolgen und nicht, um materielle Anerkennung zu finden oder Status zu erlangen. Manche entwickeln eine Art persönliche Religion, ein selbstverständliches Vertrauen in die leitende Hand des Schicksals. Gott versteht sie – was macht es also schon aus, wenn die Welt sie nicht versteht? Andere sind überzeugte Atheisten. Im einen wie im anderen Fall hat der Exzentriker ein unerschütterliches Glaubenssystem, das für ihn oder sie funktioniert.

Wie Saint-Exupérys kleiner Prinz leben Exzentriker auf ihren eigenen Miniaturplaneten. Daran ändert sich auch nichts, wenn sie Beziehungen eingehen. Die meisten Menschen dieses Typus haben die Kunst der Koexistenz gemeistert. Wenn Sie einen Exzentriker auf seinem Planeten besuchen, wird von Ihnen erwartet, daß Sie nach seinen Regeln spielen. Aber von diesem Ausnahmefall abgesehen, können Sie ganz ungestört Ihr eigenes Leben führen. Sehr viel Einfühlung und Verständnis können Sie von Exzentrikern nicht erwarten; sie sind zu sehr auf ihren eigenen, abweichenden Rhythmus eingestimmt, um darauf lauschen zu wollen, welcher Pulsschlag den anderen bewegt. Aber sie haben die seltene und oft unterbewertete Fähigkeit, präsent zu sein und dem anderen dennoch seine Freiheit zu lassen.

Kapitel 6

PRINZIPIENTREUE

Sonnenseiten:	**Schattenseiten:**
Idealismus	*Selbstgerechtigkeit*
Aktivität	*Übereifer*
Integrität	*Neigung zum Ausbrennen*

Wenn Ihr imaginärer Kubus auf einem erhöhten Platz steht – einem Hügel, einer Klippe oder Düne – hat er zwar festen Bodenkontakt, erhebt sich aber dennoch über die Ebene des Gewöhnlichen. (Besonders betont wird diese Bedeutung, wenn der erhöhte Platz ein Podest ist.) Sie werden selbst wissen, was dieses Über-den-Dingen-Stehen in Ihrem Fall heißen kann: ein Gefühl der Überlegenheit vielleicht, Weitblick, die Fähigkeit, Abstand zu nehmen, um Objektivität zu gewinnen. Bei den meisten Menschen ist diese Position des imaginären Kubus jedoch Ausdruck sehr hoher persönlicher Maßstäbe – in ethischer, moralischer und beruflicher Hinsicht. Ein Kubus in dieser Position gehört jemandem, der fest auf dem Boden der Tatsachen steht, aber ebenso fest entschlossen ist, diese Welt zu einem besseren Ort zu machen oder zumindest ein integres und an klaren Prinzipien ausgerichtetes Leben zu führen, selbst mitten in einem Sumpf von Korruption, Verlogenheit und Verrat.

Ein prinzipientreuer Mensch ist jemand, zu dem man aufblicken kann – wenn er oder sie vielleicht auch eine gewisse Neigung hat, auf andere herunterzublicken. Leute, die Kreuzzüge führen, um soziale Reformen voranzutreiben, die nicht müde werden, Ungerechtigkeiten und Mißstände anzuprangern, der Polizist, der *kein* Schmiergeld annimmt, der Verleger, der ein echter Literaturliebhaber ist, der sozial verantwortungsbewußte Firmendirektor, der Ehepartner, der wirklich immer treu bleibt – sie sind die Prinzipientreuen, die Felsen und Leuchtfeuer inmitten der Schlammfluten einer korrupten Zeit, eindrucksvoll durch ihre vorbildliche Haltung, einschüchternd durch ihre unverhüllte, gerechte Empörung. Ihre charakteristische Eigenschaft ist Redlichkeit, die sich auf der anderen Seite der Medaille als Selbstgerechtigkeit äußern kann.

Prinzipientreue in einer prinzipienlosen Welt

Uns erinnert diese Position des Kubus an eine resolute, couragierte Heldin in einem Western, die in einer verlotterten Goldgräberstadt ankommt, ihre Röcke hebt, wenn sie den schlammigen Sumpf durchschreitet, der hier «Hauptstraße» heißt, schnurstracks den Saloon betritt und jedem, der da grölend und lallend umhertaumelt, sofort gehörig die Meinung sagt. Prinzipientreue tun ihr Bestes, um über dem Schlamm und dem dummen Gezänk zu bleiben und sich dennoch energisch einzumischen. Die betonte Naivität des weltfremden Visionärs ist ihnen unbekannt; sie sind weltliche Menschen, die sich für weltliche Anliegen einsetzen. Sie wissen sehr wohl, in welcher Realität sie leben. Aber sie zucken nicht sarkastisch-resigniert die Achseln, wie Realisten es häufig tun, und sie ziehen sich auch nicht wie Visionäre in eine Traumwelt zurück. Sie kämpfen für Veränderungen und Verbesserungen, indem sie ihren eigenen Part untadelig spielen und, wenn notwendig, andere aufrütteln und agitieren.

Prinzipientreue haben starke Überzeugungen und sind oft politisch engagiert, ob auf der linken oder der rechten Seite des Spektrums. «Soziale Gerechtigkeit» und «die Werte der Familie» sind keine bloßen Schlagworte für sie, sondern dringend benötigte Medizin für die Gebrechen der Gesellschaft. Korruption ist eine Geißel, die sie niemals tolerieren werden, ganz gleich wie oft resignierte Realisten ihnen sagen, daß der Kampf gegen dieses allgegenwärtige Übel dem Versuch gleicht, einen Strand Sandkorn für Sandkorn abzutragen. Aktiv, engagiert und generös, wenn es gilt, die Sache, an die sie glauben, zu unterstützen, sind Prinzipientreue die Staatsbürgerinnen und Staatsbürger par excellence.

Wenn Ihr imaginärer Kubus auf einem erhöhten Platz steht, haben Sie vermutlich einige wahre Freunde, die Ihre Wertschätzung genießen und von denen Sie respektiert werden, während Sie außerhalb dieses kleinen Zirkels bei Ihren Mitmenschen vielleicht auf extreme Reaktionen stoßen: sowohl Feindseligkeit, Ablehnung oder ungläubige Verblüffung als auch Verehrung und ehrfürchtige Bewunderung. Sie müssen sich darüber im klaren sein, daß Menschen, die konsequent ihren anspruchsvollen Überzeugungen gemäß leben und handeln, andere oft beschämen, ein schlechtes Gewissen bei ihnen auslösen und sehr unbequem sein können. Jemandem zu begegnen, der tatsächlich nach einem Ehrenkodex lebt, kann ein belebender Schock sein, so als träte man aus einem warmen, muffigen Raum plötzlich hinaus in die klare, kalte Winterluft, aber wenn man in bezug auf die eigenen Ehrbegriffe allzu kompromißbereit war, kann diese Konfrontation auch so wirken wie ein Schlag ins Gesicht. Prinzipientreue werden oft bespöttelt, man sagt ihnen nach, sie seien «päpstlicher als der Papst», und betitelt sie als «Saubermänner». Das fängt auf dem Schulhof an und setzt sich fort bis in die Chefetage, denn andere fühlen sich manchmal durch die bloße Präsenz solcher Menschen in die Defensive gedrängt oder fürchten, daß ihre kleinen Intrigen und Betrügereien durch die Wachsamkeit und Unbestechlichkeit der Prinzipientreuen ans Licht kommen. Sind Prinzipientreue «zu gut für diese Welt» – und stolz darauf? Oft plazieren sie ihre Leiter auf einem Niveau unterhalb des Kubus, auf dem Boden oder gegen den Hügel gelehnt. Stellen sie ihre moralische Überlegenheit gern zur Schau? Tragen sie ihre Nasen hoch, bilden sie sich auf ihre Integrität etwas ein? – Nun ja … ein wenig schon. Aber wenn Sie zu diesem Typus gehören, dann wissen Sie, daß diese kleinen Eitelkeiten der Ausgleich für eine Lebensführung sind, die Ihnen sehr viel abverlangt. Von anderen erwarten Sie nur, was Sie selbst permanent zu geben bereit sind. Da Sie wissen, daß man diese Art der Selbstdisziplin aufbringen kann, wenn man nur will, ist ihre Empörung über Drückeberger und Schaumschläger verständlich.

Wenn Sie in eine Beziehung mit einem Prinzipientreuen involviert sind, sei es beruflich oder privat, haben Sie die Erfahrung gemacht, daß die Haltung und die Handlungsweisen des anderen Sie wieder und wieder mit Ihrem eigenen Gewissen konfrontieren. Entweder inspiriert Sie das, in sich zu gehen und Ihre eigene Haltung zu überprüfen, oder Sie werden ernsthaft wütend. Zuweilen auch beides zugleich.

Prinzipientreue bei der Arbeit

Menschen mit Prinzipien zahlen im Berufsleben für ihre Integrität oft einen hohen Preis und nehmen das bewußt in Kauf, wenn sie auch alles andere als glücklich darüber sind. Wenn es dazu kommt, daß sie zwischen dem, was richtig, moralisch vertretbar und ehrenhaft ist, und dem, was ihrem beruflichen Vorankommen dient, wählen müssen, sind sie konstitutionell unfähig, Gewissensbisse beiseite zu schieben und sich den fetten Brocken zu schnappen. Unter den Immobilienspekulanten, Devisenhändlern, Börsenhaien und Aufkäufern maroder Firmen sind sie mit Sicherheit nicht zu finden, und sie gehören auch nicht zu den Führungskräften, die eine Umstrukturierung des Betriebs, die Hunderte von Arbeitsplätzen kostet, «locker durchziehen». Auf dem Feld des ungebremsten Raubkapitalismus spielen sie nicht, und Profitsteigerung um jeden Preis ist eine Maxime, die sie sich niemals zu eigen machen würden. Qualität hat für sie grundsätzlich Vorrang vor Quantität, Ethik hat Vorrang vor Strategie und Loyalität vor Machtgewinn.

Das heißt nicht, daß Prinzipientreue sich nichts aus Effizienz, Karriere und Erfolg machen, aber sie beharren darauf, diese Dinge auf ehrlichem Weg zu erreichen – oder gar nicht. Mit anderen Worten: Sie sind altmodisch. Und oft sprechen sie mit nostalgischer Sehnsucht über Zeiten, in denen noch Ritterlichkeit, Arbeitsmoral und Ehrbegriffe herrschten, in denen die Menschen Befriedigung darin fanden, ihre Arbeit gut zu machen, selbst wenn es eine einfache, schlichte Tätigkeit war. Wenn Sie zu den Prinzipientreuen gehören, arbeiten Sie wahrscheinlich auf genau diese Weise und nehmen sich selbst in unserer hektischen, auf schnelle Erfolge fixierten, profitorientierten Arbeitskultur die Zeit, die notwendig ist, um jede anfallende Aufgabe mit größter Sorgfalt zu erledigen. Sie unterstützen Projekte, die kein offensichtliches kommerzielles Potential haben, an die Sie aber glauben. Sie sind unverbrüchlich loyal gegenüber alten Verbündeten, Mitarbeitern und Partnern, die sich Meriten erworben haben, aber erfolglos geblieben sind. Das macht Sie zu einer Art Anachronismus in unserer Zeit und kann Ihre materiellen Erfolgsaussichten einschränken, aber auf der seelischen Ebene ist es sehr befriedigend und erfüllend.

Als Mitarbeiter oder Mitarbeiterin in einer abhängigen Position sind Sie sowohl ein Gottesgeschenk als auch eine Zeitbombe. Ihr Arbeitgeber kann Ihnen blind vertrauen – es sei denn, er wäre ein Gauner. Dann wird er sein blaues Wunder erleben! Sie fühlen sich dem Typus des Journalisten verbunden, der die Wahrheit ans Licht bringt, auch wenn es ihn seinen Job kostet, oder der Rechtsanwältin, die Immigranten und sozial Schwache vertritt und ihnen keine Rechnung stellt. Der zynischere Typ des Realisten nennt einen Boß, der krumme Geschäfte macht, vielleicht ein «gerissenes Schlitzohr» und bleibt dennoch auf seinem Posten – «ein Job ist ein Job» –, aber Sie ziehen dem schnellen Erfolg den bittersüßen Geschmack der Integrität vor. Am glücklichsten sind Sie, wenn Sie selbständig sind, mit einem Handwerksbetrieb oder Kleinunternehmen nach Ihrem Geschmack, oder als Aktivist für eine gute Sache, eine Menschenrechts- oder Umweltorganisation, oder als Mitarbeiterin in einem alternativen Unternehmen, das eine Balance zwischen stetigem, moderatem Profit und hervorragender Qualität der Produkte und Leistungen, demokratischer Betriebsführung und sozialer Verantwortung anstrebt. Wenn Sie sich für eine Position in der Industrie, in einer großen Organisation oder in der Politik entscheiden, gewinnen Sie natürlich mehr Einfluß (und mehr Macht, Dinge zu verändern), aber die Fallen, die dort auf Sie lauern, sind Ausgebranntsein, Verbitterung und eine selbstgerechte Märtyrerhaltung. Das alles soll natürlich nicht heißen, daß es in den Führungsetagen der mulitnationalen Konzerne und auf den Bestsellerlisten keine prinzipientreuen Männer und Frauen gäbe. Konsequent an den eigenen Überzeugungen festzuhalten ist nicht notwendigerweise der Weg zur noblen Verkanntheit oder vornehmen Armut, sondern kann vielmehr auch der Königsweg zum Erfolg sein. Ähnlich wie Exzentriker werden auch Prinzipientreue manchmal «entdeckt» und gelangen zu Ruhm und Ehren. Die Bestätigung kommt dann vielleicht in Form einer Preisverleihung, großen öffentlichen Interesses, lukrativer Angebote. Sie sind so rar wie schwarze Schwäne, aber es gibt sie: Prinzipientreue in hohen Ämtern, führende Köpfe in Unternehmen und Institutionen, die beweisen, daß man an die Spitze kommen kann, ohne sich zu korrumpieren und seine Seele zu verkaufen, daß Integrität und Erfolg miteinander vereinbar sind. Solche Männer und Frauen sind das dringend benötigte Gegengift für den Zynismus einer von Korruptionsskandalen geschüttelten Zeit, unentbehrliche Rollenmodelle für Verantwortungsbewußtsein in Führungspositionen.

Prinzipientreue und die Liebe

In Beziehungen legen Prinzipientreue dieselben hohen Maßstäbe an wie im Arbeitsleben. Ehrlichkeit, Treue und altmodische Verehrung, kombiniert mit modernem Respekt für die Freiheit der anderen Person, machen das Liebes- und Eheleben mit einem prinzipientreuen Partner zu einer guten Sache – wenn man sie kriegen kann. Imaginäre Kuben in dieser Position kommen ungefähr so häufig vor wie Leute, die das Eheversprechen «… in guten wie in schlechten Tagen …» ganz aufrichtig meinen und eine Ehe wirklich und wahrhaftig als lebenslange Gemeinschaft betrachten.

Aber wir sprechen nicht über platonische Körper, sondern über lebendige Menschen, und die sind nun einmal nicht vollkommen. Das Herz ist ein beweglicher kleiner Muskel, wie Woody Allen sagt, und der einzige Weg, es unter die Kontrolle gerechter und vernünftiger Prinzipien zu bringen, ist, seine Leidenschaften ein wenig abzukühlen. In dem Ausmaß, in dem es prinzipientreuen Menschen gelingt, nach ihren Prinzipien zu lieben, sind sie denn auch eher lauwarm in ihren Gefühlen – oder es scheint zumindest so. Die verborgene Intensität ihrer Emotionen kommt ans Licht, wenn sie sich verletzt fühlen. Und sie werden verletzt. Scheu, galant und rücksichtsvoll wie sie sind, ziehen sie im Spiel der Liebeswerbung vielleicht den kürzeren, wenn ein forscher Mistkerl daherkommt und die Wunschpartnerin mit seinem Charme einwickelt. (Denken Sie an die ernste Ehrfurcht, mit der Ingrid Bergman in «Casablanca» Paul Henreid – «Victor Lazlo» – ansah, und an die schmelzenden Blicke, die sie «Rick» alias Humphrey Bogart zuwarf.) Oder sie vertrauen dem Partner so blind und lassen ihm so viel Freiheit, daß er eines Tages einfach davonläuft. Oder sie sind so obsessiv in einen beruflichen oder politischen Kreuzzug involviert, daß ihre Ehe an Auszehrung stirbt (wenn sie nicht von vornherein Single bleiben, weil sie mit dem Kampf um ihr Anliegen verheiratet sind).

Obwohl sie im beruflichen und öffentlichen Leben weltklug, argwöhnisch und hart sein können, bleiben Prinzipientreue oft erstaunlich naiv, was das Intrigenspiel der Liebe angeht. Es trifft sie meist völlig unvorbereitet, wenn die Partnerin oder der Partner aus der Beziehung ausbricht; sie sind zutiefst schockiert und fühlen sich vernichtet, betrogen und verraten. Für den Prinzipientreuen war es doch ausgemacht, daß man sich liebt, aneinandergebunden ist und zusammenlebt, und er – oder sie – kann nicht begreifen, daß diese Bindung für den anderen nicht genauso selbstverständlich und unverbrüchlich war. Manche dieser Verlassenen geben sich selbst die Schuld; andere reagieren mit selbstgerechter Empörung und verhalten sich bei Scheidungsverhandlungen kleinlich und rachsüchtig oder sagen der untreuen Seite den Kampf bis aufs Messer an, besonders wenn es um die Interessen von Kindern geht.

Andererseits, wenn es der prinzipientreue Partner selbst ist, der aus der Beziehung ausbricht, fühlt er sich von der Gegensatzspannung zwischen seinen Wünschen und seinen Ehr- und Moralbegriffen buchstäblich zerrissen und leidet furchtbar unter Scham- und Schuldgefühlen. Der Glaube an rückhaltlose Ehrlichkeit zwingt diese Person vielleicht, ein voreiliges und taktloses Geständnis abzulegen, das mehr Schaden anrichtet, als es Nutzen bringt. Sie oder er opfert vielleicht eine wirklich leidenschaftliche Liebe, um die Ehe aufrechtzuerhalten, oder leistet bei den Scheidungsvereinbarungen eine Form von Verzicht, die einer Selbstbestrafung gleichkommt.

Ein anderer, cleverer Schachzug ist es, die «offene Ehe» selbst zu einem hehren Prinzip zu erheben und der Wahrheit des Herzens lebenslange Treue zu schwören.

Tatsache ist trotz alledem, daß ein prinzipientreuer Mensch einen wundervollen Partner abgibt, wenn Sie reif und vernünftig genug sind, um Integrität, Ehrlichkeit, Aufmerksamkeit, Rücksicht und Engagement zu würdigen. Sie oder er ist jemand, den Sie bewundern, dem Sie vertrauen und auf den Sie zählen können, der Versprechen einhält und sich nie vor der Verantwortung drückt. Wenn Sie selbst der oder die Prinzipientreue sind, wurden Sie beim erstenmal vielleicht tief verletzt, aber das nächstemal werden Sie jemanden wählen (oder Sie haben schon einen Menschen gefunden), der Ihre Hingabe verdient und erwidert.

EROTIK UND SEX

Prinzipien und Sex – paßt das zusammen? Diese Begriffe kann man eigentlich nicht in einem Atemzug nennen. Menschen dieses Typus können durch ihre Ritterlichkeit und wesensgemäße Vornehmheit physisch gehemmt sein. Es fällt ihnen schwer, sich dem Element von ungestümer Gier und Kontrollverlust, dem kleinen bißchen Egoismus und Rücksichtslosigkeit, das selbst dem zärtlichsten Sex die Würze gibt, zu überlassen.

Das wird jedoch, zumindest teilweise, durch ihre Aufmerksamkeit kompensiert. Ein Liebhaber oder eine Geliebte dieses Typus will wissen, was Ihnen gefällt, und legt Wert darauf, daß Sie das erotische Erlebnis genießen. Er oder sie wird das Erwünschte geduldig meistern und ein zärtlicher und geschickter – wenn vielleicht auch nicht genialer – erotischer Gegenpart sein. Interessanterweise werden Menschen dieses Typus, die in der Liebe Verletzungen davongetragen haben, oft besser im Bett. Diese Wunde, diese Wut, öffnet die dunklere, irrationalere Seite der Psyche und erlaubt ihm oder ihr, weniger kontrolliert, spontaner und instinktiver zu reagieren.

Problematisch wird es, wenn die prinzipientreue Person sich in den Kampf um eine gerechte Sache verbeißt und frustriert wird. Dann kann das Sexualleben völlig zum Erliegen kommen. Jeder Versuch, den Streß wegzustreicheln, die eisenharte Schultermuskulatur zu lockern, Zerstreuung, Entspannung oder Trost anzubieten, wird zur Sisyphusarbeit und ist oft völlig vergeblich. Prinzipientreue, die sich um ein wichtiges Projekt Sorgen machen oder gegen harte Widerstände ankämpfen müssen, um ein Anliegen durchzufechten, können so unbeeinflußbar sein wie ein Bullterrier, der einen Einbrecher bei der Jacke gepackt hat. Sie grämen sich bis zur völligen Erschöpfung, sitzen um drei Uhr nachts grübelnd am Küchentisch, den Kopf in den Händen vergraben, während Sie allein und schlaflos im Bett liegen. Eine Partnerin oder ein Partner kann in dieser Situation oft nichts anderes tun als abwarten – zunächst mitfühlend, dann zunehmend ungeduldig und ärgerlich und schließlich verzweifelt, weil es so scheint, als hätte der andere sich endgültig abgewandt. Aber er kommt zurück. Die Sache muß ihren Lauf nehmen. Am Ende wird Ihre Heldin oder Ihr Held triumphierend oder geschlagen in Ihre Arme zurückkehren, wenn diese Arme dann immer noch offen sind. Diese Einschränkung sollte Prinzipientreuen zur Warnung dienen – möge sie nicht auf taube Ohren treffen. Monomanie kann Monogamie leicht zerstören. Haben Sie ein Auge darauf, sonst könnte es geschehen, daß Sie, wenn Sie bereit sind, von Ihrem Feldzug heimzukehren, das Heim nicht mehr vorfinden.

Prinzipientreue beim Spiel

Während Realisten beim Spiel durch Neugier und Abenteuerlust motiviert sind, und Visionäre durch (eskapistische) Phantasien und Träumerei, ist die Hauptmotivation der Prinzipientreuen das Kultivieren ihrer Persönlichkeit, die Arbeit an sich selbst. Was sie in ihrer Freizeit am meisten genießen, ist, in Muße mit ihrer Familie zusammenzusein, an kulturellen Ereignissen teilzunehmen (klassische Musik ist ein sicherer Tip), Vorträge, Kurse, Workshops zu besuchen und – obwohl man das nicht wirklich als spielerische Aktivität bezeichnen kann – freiwillig an Projekten mitzuarbeiten.

Kreuzworträtsel zu lösen oder im Fernsehen «Jeopardy» anzuschauen ist ungefähr das tiefste Niveau, auf das ein Prinzipientreuer sinken kann. Wenn solche Menschen auf eine Kreuzfahrt gehen, ist diese Reise garantiert mit einem Archäologie-Seminar verbunden, und zum Strand nehmen sie nicht nur den Feldstecher, sondern auch ein Bestimmungsbuch mit, um ihre Kenntnisse der lokalen Wildvogelpopulationen zu vertiefen. Prinzipientreue sind gewöhnlich Leser, und auf ihren Bücherregalen teilen die Klassiker der Literatur sich den Platz mit wissenschaftlichen Werken und seriösen, informativen Sachbüchern. Jeder Moment der Muße wird als Gelegenheit genutzt, etwas zu einer guten Sache beizutragen oder etwas dazuzulernen. Dieselben Imperative werden Familienmitgliedern auferlegt, die vielleicht einfach herumalbern oder Löcher in die Luft gucken möchten.

Prinzipientreue Menschen schätzen das Familienleben und legen großen Wert darauf, daß man gemeinsam Dinge plant und unternimmt. In gewissem Sinn sind sie bei der Gestaltung ihrer Mußestunden weniger selbstbezogen als die von ihren Abenteuern und Erkundungen absorbierten Realisten oder die in anderen Welten schwebenden Visionäre. Und wenn der Preis für diese Gemeinsamkeit ein bißchen Bemühen um Vervollkommnung ist – nun, das kann doch nicht schaden. Die Kinder prinzipientreuer Eltern sträuben sich vielleicht gegen das Übermaß an pädagogischem Eros und quengeln und jammern, aber wenn sie mit guten Arbeitsgewohnheiten, guten Manieren und einem soliden Fundus an Wissen in ihr Erwachsenenleben eintreten, werden sie letztlich dankbar sein.

Varianten

EINSAME KÄMPFER

Stichworte: *Edelmut, Kompromißlosigkeit, Isolierung, Verbitterung*

Oben auf einem Hügel oder einer Klippe ist immerhin noch Platz für Gesellschaft und Raum zum Manövrieren. Aber ein Kubus, der nicht nur über den Dingen, sondern auch auf seinem eigenen, privaten Podest steht, läßt an einen Säulenheiligen denken, einen Menschen, der mit seinen anspruchsvollen Idealen und hohen moralischen Prinzipien allein dasteht und sich isoliert fühlt. Wir kennen tatsächlich zwei Leute, die auf der mittleren Management-Ebene in Hollywood im Filmgeschäft arbeiten und deren imaginäre Kuben so aussehen. Beide nehmen sich als einsame Inseln der Integrität in einem Meer von Verlogenheit, Korruption und moralischer Verkommenheit wahr. (Wir sollten sie miteinander bekannt machen.)

Ein solches reines, nobles Selbstbild kann inneren Halt geben, aber auch sozial isolierend sein und der Verbitterung Vorschub leisten. Menschen dieses Typus orientieren sich an außergewöhnlich hohen ethischen Maßstäben und erwarten nicht, daß andere diese Haltung teilen oder diesen Standards gemäß leben. Ein Psychoanalytiker würde vielleicht sagen, daß sie sich mit ihrem Ich-Ideal identifizieren. An Prinzipien festzuhalten ist in diesem Fall nicht nur eine Frage der Ehre oder des Stolzes, sondern auch der Identität. Daher fällt es einsamen Kämpfern so schwer, von ihrem hohen Roß herunterzusteigen. Sie empfinden es als entwürdigend, ihre Ziele zu erreichen, indem sie um Kompromisse «feilschen», und wenn sie sich in Verhandlungen nicht durchsetzen können, ohne Zugeständnisse zu machen, gehen sie lieber gleich aus dem Feld.

PRINZIPIENTREUE PERFEKTIONISTEN

Stichworte: *Alles Obengenannte in Hochpotenz*

Hier ist die moralische Rechtschaffenheit des einsamen Kämpfers mit dem Ehrgeiz, dem Wettbewerbsgeist und dem ungeheuren Arbeitseifer des Perfektionisten vereint. Nur wenige Menschen verlangen soviel von sich selbst und sind fähig, sich derartig anzutreiben. Daraus können einsame Spitzenleistungen resultieren, aber auch totales Ausgebranntsein.

PERFEKTIONISTEN

Sonnenseiten:
Ehrgeiz
Autonomie
starke Motivation

Schattenseiten:
Streß
Rivalität
Depression

Ein Kubus, der auf einer Spitze balanciert, gibt ein völlig anders Bild ab als ein auf einer Seitenfläche ruhender regulärer Würfel. Zum einen ragt er höher auf als ein Kubus derselben Größe, der flach auf dem Boden steht. Der auf der Spitze stehende Kubus strebt himmelwärts und gibt seine natürliche Stabilität auf, um so hoch hinaufzureichen, wie er kann. Auch sein Aussehen verliert das Handfeste und Robuste; er wirkt schwebend, akrobatisch, elegant wie eine klassische Ballerina, und von außen erkennt man nicht, daß hinter der scheinbar gewichtslosen Grazie Streß und enorme Anspannung steht. Zum anderen kann man einen Kubus in dieser Position nicht mehr mit anderen Würfeln zusammenbauen oder stapeln. Er muß allein stehen, im Scheinwerferlicht hoher Erwartungen.

Bei all diesen spitzen Ecken und schrägen Flächen ist es schwierig (wenn auch nicht unmöglich), eine Leiter an ihn zu lehnen. Und sein gesamtes Gewicht ist präzise auf einen Punkt konzentriert; es ist, als setzte er seine Energie ein wie ein Laserstrahl oder wie ein Diamant, der Glas durchschneidet.

Das ist das Porträt eines Perfektionisten: immer strebend, nie zufrieden, übertrieben genau, ein Solist, der sich durch äußerst anspruchsvolle Standards von anderen abhebt, introvertiert, ehrgeizig, arbeitswütig. Wenn Ihr imaginärer Kubus auf der Spitze steht, kann das Ziel, dem Sie entgegenstreben, weltlicher oder spiritueller Natur sein, aber es ist immer unerreichbar und treibt Sie zu unermüdlichen Anstrengungen an, die Sie nie völlig zufriedenstellen. Und dennoch ist dieses rastlose Streben das einzige auf dieser Welt, was Ihnen Befriedigung gibt, auch wenn es Sie für Depressionen und Unzulänglichkeitsgefühle anfällig macht – die charakteristischen Fallstricke dieser Position. Perfektionisten haben nie das Gefühl, daß sie genug leisten oder daß ihre Leistungen gut genug sind. Sie neigen dazu, an vermeintlichen Schwächen und Mängeln ihrer eigenen Arbeit herumzumäkeln, selbst wenn andere diese Leistung einfach brillant finden. Und so erreichen sie routinemäßig ein hervorragendes Leistungsniveau, während sie gleichzeitig permanent in einem Zustand angsterfüllter Spannung leben. Das macht den Umgang mit ihnen schwierig und zugleich faszinierend; sie sind energetisch hoch aufgeladen, aufbrausend, launisch, charismatisch und überzeugend. In ihnen verbindet sich rührende Zerbrechlichkeit mit eisenharter Willensstärke.

Perfektionisten in der Welt

Beachten Sie, daß der imaginäre Kubus des Perfektionisten die Erde nur an einem einzigen Punkt berührt. Ein solcher Mensch hat mit anderen nicht viele Gemeinsamkeiten; er oder sie lebt auf der vertikalen Achse des Überragenden

und Außergewöhnlichen. Das Motto der olympischen Athleten «citius, altius,
fortius» – schneller, höher, stärker – könnte auch die Maxime der Perfektionisten
sein. Wenn Sie zu diesem Typus gehören, sind Sie aller Wahrscheinlichkeit nach
so ausschließlich darauf fokussiert, etwas zu leisten, Ihre Leistungen zu steigern
und nicht zu versagen (nicht umzukippen, wie ein Kreisel, der das stabilisierende
Drehmoment verloren hat), daß sie über den Kreis des Scheinwerferlichts, das Sie
immer auf sich gerichtet fühlen, nicht weit hinausschauen. Während Ihr Leben
eine permanente Weltklasse-Vorstellung ist (unterbrochen durch ungeduldiges
Warten hinter den Kulissen), bleiben die Gesichter des Publikums wie im Theater
im Dunklen. Die Reaktionen anderer sind weitgehend irrelevant; Sie machen
sich nicht viel daraus, denn die meisten Leue sind viel zu leicht zufriedenzustel-
len. Im Grunde sind Sie da oben auf der Bühne allein, und nur Ihr anspruchs-
vollster, härtester Kritiker beobachtet Sie: Sie selbst.

Der Anspruch auf absolute Perfektion verfolgt Sie, quält Sie und kann nie wirklich erfüllt werden. Realisten nehmen die Welt so, wie sie ist, Visionäre geben
sich damit zufrieden, eine schönere Welt zu imaginieren, Prinzipientreue versuchen, diese unvollkommene Welt zu verbessern, indem sie von der Basis aus
hartnäckige Aufbauarbeit leisten, Stück für Stück und Stufe für Stufe. Aber Sie als
Perfektionist suchen nicht nach einer anderen Wirklichkeit oder einer verbesser-
ten Welt. Sie wollen ein verwirklichtes Ideal. Sie denken von oben nach unten;
gute Arbeit oder physische Attraktivität ist in Ihren Augen nicht besser als der
Durchschnitt, sondern immer noch weniger als perfekt. Und es reicht Ihnen
nicht, sich Vollkommenheit vorzustellen und diesen Traum an andere weiter-
zugeben (wie Visionäre es tun würden). Nein, *Sie* müssen Perfektion sichtbar,
fühlbar, faßbar, greifbar machen, das Ideal in dieser Welt verwirklichen. (Das
ausgeprägte Bedürfnis, durch Selbstdisziplin und Kontrolle Makellosigkeit zu erreichen, kann zuweilen selbstzerstörerische Züge annehmen wie bei Magersüch-
tigen, die bekanntlich oft perfektionistische Charaktere sind.) Es ist Ihre undurch-

führbare Mission, mit all Ihrer Willenskraft und allen verfügbaren Fähigkeiten hinaufzureichen, ein Stück der idealen, perfekten Welt, von der diese nur eine schäbige Kopie ist, zu ergreifen und es auf diese Erde herunterzubringen, komplett in allen Details. Die Augenblicke, in denen Ihnen das fast gelingt, sind Ihre reinsten Glücksmomente.

Sind Perfektionisten rivalisierende, konkurrenzorientierte Menschen? Das ist eine interessante Frage, denn eine vertraute, von hoffnungsloser Rivalität geprägte Kindheitskonstellation scheint in vielen Fällen der Nährboden für die Entwicklung einer perfektionistischen Persönlichkeit zu sein. Nicht selten sind Perfektionisten jüngere Geschwister, und der Altersunterschied zwischen ihnen und den bewunderten und beneideten älteren Brüdern oder Schwestern war so groß (oder groß genug), daß sie nie das Gefühl haben konnten, mit ihnen mithalten oder es ihnen gleichtun zu können. Ganz gleich, wie sehr sie sich reckten und streckten und auf die Zehenspitzen stellten, sie wuchsen nie schnell genug, um den anderen einzuholen. Ganz gleich, wie eifrig sie in der Schule lernten, sie konnten es mit den Kenntnissen und Fähigkeiten des Älteren nie aufnehmen. Lange nachdem beide erwachsen geworden sind und der große Bruder oder die ältere Schwester als bloße Sterbliche demaskiert wurden, bleibt dieser unerreichbare Maßstab als innerseelische Instanz dennoch erhalten. Es bedarf nun keines konkreten, lebenden Rivalen mehr, um die perfektionistische Person in ihren Bemühungen anzutreiben; die Rivalität, der Wetteifer ist verinnerlicht und wurde zu einer abstrakten Größe. Aber wenn ein unerschrockener Konkurrent daherkommt, jemand, der alles, wonach der Perfektionist strebt, mühelos (!) zu erreichen scheint, dann wird dieser anfällig für zehrenden Neid oder verzweifelte Gefühle des Versagens. Konfliktfamilien oder Familien, in denen ein Elternteil Alkoholiker ist, scheinen ebenfalls ein fruchtbarer Nährboden für die Entwicklung perfektionistischer Persönlichkeiten zu sein. Das Kind, das zu schnell erwachsen werden muß, das für den unzuverlässigen, unberechenbaren Elternteil

Verantwortung übernimmt, das in der Schule hervorragende Leistungen erbringt, um das Chaos zu Haus zu verbergen, lebt vielleicht ständig in dem Gefühl, ohne Netz auf einem Hochseil zu balancieren. Kontrolliertheit ist eine Frage von Leben und Tod – verliere deine Balance, und du wirst abstürzen und zerschellen. Solche Kinder wachsen nicht selten zu ausgesprochenen Leistungsmenschen heran, ehrgeizig, arbeitswütig, erfolgreich – und mit einer Neigung zum Depressiven. Und oft imaginieren sie ihre Kuben in dieser auf der Spitze stehenden Position. Gloria Steinem, die über ihre von der Fürsorge für eine psychisch instabile Mutter geprägte Kindheit geschrieben hat, schilderte ihren Kubus mit folgenden Worten: «Ich habe das Gefühl, daß er schwebt und daß man durch ihn hindurchsehen kann, obwohl er auf einer Spitze steht ... Entweder steht er dort, in der Ferne, oder er schwebt – ich bin nicht sicher ... Die Horizontlinie schneidet gerade die untere Spitze. Ich weiß nicht, ob er überhaupt materiell ist – vielleicht ist es nur der Umriß eines Kubus, wie in einem Magritte-Gemälde.»

Perfektionisten bei der Arbeit

Anders als Realisten sind Perfektionisten geborene «Workaholics». Sie machen lange Überstunden, auch wenn es niemand verlangt, einfach um alles mit größter Genauigkeit zu erledigen, so wie es sein soll. Gründlichkeit, Pünktlichkeit, Präzision und Aufmerksamkeit fürs Detail sind von allerhöchster Bedeutung, ja, sie können geradezu zur Obsession werden. Ähnlich verhält es sich mit dem Moment der Herausforderung. Wenn ein Gipfel erreicht ist, legen sie kaum eine Pause ein, um die Aussicht zu genießen, sondern halten gleich nach dem nächsten – vorzugsweise höheren – Berg Ausschau. Die intimen Vertrauten eines Perfektionisten bekommen vielleicht oft zu hören, wie furchtbar überarbeitet er sich fühlt, wie unsicher er ist, ob er (oder sie) diese neueste, monströse Aufgabe bewältigen kann. Und wenn Sie selbst die perfektionistische Seite sind, sagen Sie sich vielleicht, daß Sie diese eine Sache noch zu Ende führen – und dann hat sich's, dann ziehen Sie sich endgültig auf eine tropische Insel zurück und legen sich in die Hängematte. Wer's glaubt, wird selig. Perfektionisten leben davon, ihre Kräfte bis zu den äußersten Grenzen auszureizen. «Schaff ich's oder schaff ich's nicht?» – das ist immer der Beginn einer Kletterpartie, aufregend und spannend. Aufgeben oder versagen würde bedeuten, in den Abgrund zu stürzen, also muß man einfach triumphieren. Es ist eine Frage von Leben und Tod. Jedesmal wenn es gelingt, fühlen Sie sich erlöst, erleichtert, wie neugeboren. Und dann visieren Sie die nächste Eiger-Nordwand an. Man mag über einen solchen Lebensstil sagen, was man will – langweilig ist er jedenfalls nicht.

Der perfektionistische Arbeitsstil kann sich in jedem Berufsfeld entfalten, in jede erdenkliche Aufgabe eingebracht werden. Wir kennen eine Frau, die als Lektorin für einen wissenschaftlichen Verlag arbeitet. Sie öffnet jedes gelehrte Manuskript mit Zittern und Zagen – und mit der Entschlossenheit einer Löwenbändigerin. Als ihre jüngste Tochter soweit war, daß sie zur High School ging, fing diese Frau wieder an zu studieren und holte ihren College-Abschluß nach. Eine beachtliche Leistung für eine Hausfrau von fünfzig Jahren? Nicht für diese spät erblühte Perfektionistin. Sie ruhte nicht, bis sie zunächst ihren Magister in Anglistik gemacht und schließlich promoviert hatte – mit Mitte Fünfzig. Sie war eine zweite Tochter. Ihre eigene zweite Tochter ist die einzige in einer Reihe von sechs Geschwistern, deren imaginärer Kubus auf der Spitze steht, und die einzige in der Familie, die promovierte und eine steile Karriere machte. Diese Perfektionistin studierte Medizin und absolvierte ihre Assistenzzeit und ihre Ausbildung zur Fachärztin, während sie gleichzeitig drei Kinder aufzog. Danach bemühte sie sich erfolgreich um ein Forschungsstipendium und arbeitet jetzt als Wissenschaftlerin auf dem Gebiet der Infektionskrankheiten.

Es juckt immer wieder, sooft man auch kratzt; das ruhelose Bedürfnis nach immer höheren, immer besseren Leistungen bleibt von allen errungenen Erfolgen unberührt.

Viele Perfektionisten suchen sich ein Arbeitsfeld, in dem sie sich an einer tradierten, etablierten Leistungsskala messen können. Klassische Musik und klassisches Ballett, die großen Opern- und Theaterbühnen, der olympische Sport und konservative akademische Professionen wie die Medizin und die Naturwissenschaften sind Berufsfelder mit klar definierten Idealen und rigorosen Kriterien für die Aufnahme und das Vorankommen. Hier herrscht wenig Ambivalenz in bezug darauf, was unter Perfektion verstanden wird, wie weit man davon entfernt ist, was der nächste Schritt ist, sie zu erreichen. Wenn man beim erstenmal den Sprung nicht schafft, die Vene nicht trifft, die Sonate nicht fehlerlos spielt, dann kann man immer noch üben, üben, üben und es wieder versuchen. Nur mit der Sicherheit eines fortgeschrittenen Trainings im Rücken erhält man ein wenig Freiraum zur Entfaltung der eigenen Individualität, und selbst dann ist es nur eine kleine Variation auf ein großes, ehrwürdiges Thema.

Dieses hohe Maß an Vorgaben und Struktur gibt Perfektionisten Sicherheit und Trost, sie empfinden sich als Teil einer großen, zeitübergreifenden Gemeinschaft und fühlen sich nicht so allein, und es erlöst sie ein wenig von ihrem angsterfüllten Bedürfnis, wissen zu wollen, auf welcher Stufe sie stehen und was sie leisten *sollten*. Originalität bei Perfektionisten ist eine besondere Qual, denn das Ideal der Meisterschaft und der Maßstab der Annäherung daran existieren nur in ihrem eigenen Geist. Für Cézanne, Giacometti und einige der abstrakten Expressionisten bedeutete die Berufung zum Künstler einen lebenslangen Kampf des Schaffens und Verwerfens, Versuchens und Mißlingens, das unermüdliche, oft als qualvoll erlebte Bemühen, in Farbe oder Metall zu reproduzieren, was sie mit dem Auge ihres Geistes sahen. Was für den Rest der Welt wie ein grandioses Œuvre aussieht, ist für den perfektionistischen Künstler eine Chronik mehr oder minder eklatanter Fehlschläge, eine Reihe von Abfallprodukten der großen Sehnsucht. In einem Unternehmen oder einer Institution fühlen Perfektionisten sich weder in einer abhängigen Position wohl, noch liegt es ihnen besonders, Anweisungen zu geben – und für Teamarbeit sind sie auch nicht gerade geschaffen. Wer einen solchen einsamen, auf der Spitze stehenden, nicht praktisch verbaubaren Kubus für sich imaginiert, braucht seine eigene Arbeitsdomäne, über die er die alleinige Kontrolle hat, so daß die Qualität der Leistungen und Produkte eine unmittelbare Spiegelung seiner eigenen Standards und Anstrengungen ist. Ein Vorgesetzter, der Sie antreibt oder einengt, Untergebene, die schlampig arbeiten, oder Team-Mitglieder, die Ihren Beitrag vereinnahmen, so daß er innerhalb der Gruppenleistung nivelliert wird – das alles mindert Ihre Befriedigung im Beruf und unterminiert Ihre Produktivität. Andererseits können Sie Ihr Leben lang für einen Vorgesetzten arbeiten, der darauf vertraut, daß Sie «den Laden schmeißen», und die Qualität Ihrer Arbeitsleistungen zu würdigen weiß. Wir vermuten, daß so manche hochgeschätzte Chefsekretärin eine Perfektionistin ist, die auf diesem Posten genau das fand, was sie suchte. Wenn Sie selbst die Chefin oder der Chef sind, delegieren Sie nicht gern und neigen dazu, alles bis ins kleinste Detail vorzugeben und zu bestimmen, weil Sie Ihren meisten Untergebenen nicht zutrauen, daß sie die Dinge so gut machen, wie Sie sie haben wollen. Nur wenn Sie entdecken, daß sich unter Ihren engsten Mitarbeitern eine verwandte Seele befindet, ein Mensch, der ebenso perfektionistisch ist wie Sie selbst, können Sie sich manchmal entspannen und die Zügel aus der Hand geben. Als Führungskraft sind Sie eher ein bewunderungswürdiges (und manchmal einschüchterndes) Vorbild und eher nicht «die Feuerwehr», die gerufen wird, wenn es mal brennt, oder die «Mutter der Kompanie», bei der jeder ein offenes Ohr findet. Sehen wir den Tatsachen ins Auge: Sie arbeiten am besten allein oder vorn, an der Front. Unter den Perfektionisten gibt es «Solisten» von zweierlei Art: jene, die unter Lampenfieber leiden und ihre besten Leistungen im stillen Kämmerlein erbringen, und

jene anderen (weiblichen und männlichen) Primadonnen, die erst richtig auf-
drehen, wenn sie im Scheinwerferlicht stehen und sich vor Publikum entfalten
können.

Perfektionisten und die Liebe

Bei der Arbeit setzen Perfektionisten ihre Unsicherheit in Leistung um, immer
wieder durch die Herausforderung gefesselt, sich selbst zu beweisen, wozu sie
fähig sind. Aber in der Liebe ist diese Methode nicht anwendbar. Gefühle – die
eigenen oder die des anderen – kann man nicht durch Willenskraft oder antrai-
nierte Fähigkeiten unter Kontrolle bringen. Das perfektionistische Rezept zur Be-
wältigung von Ängsten ist nutzlos, wenn es um Herzensdinge geht. Und das sorgt
im Liebesleben von Perfektionisten für Aufruhr und Tumult.

Von dem unbedingten Drang getrieben, das Unkontrollierbare unter Kontrolle
zu bringen, arbeiten Menschen dieses Typus instinktiv mit den Materialien, die
sie zur Hand haben, und versuchen, aus Gefühlsaufwallungen, denen man hilflos
ausgeliefert ist, raffinierte, emotionale Waffen zu schmieden. Alles ist erlaubt in
diesem archaischen Kampf um Aufmerksamkeit und Bestätigung: Türen knallen,
Szenen machen, Tränen vergießen, sich in ein dräuendes Schweigen zurückziehen, das unmöglich zu ignorieren ist. Und als ob das nicht schon reichte,
kommen als Unterbrechungen dieser Sturmtiefs regelrechte Absenzen vor – ein
Perfektionist, der sich einem Abgabe- oder Abschlußtermin nähert, könnte ebensogut gar nicht vorhanden sein – und periodische Depressionen, die der Weg
dieses Persönlichkeitstyps sind, sich auszuruhen (die einzige Rechtfertigung,
nichts zu leisten, ist die absolute Unfähigkeit, überhaupt irgend etwas zu tun).
Wenn Sie selbst die Perfektionistin oder der Perfektionist sind, wissen Sie, daß

nichts, was der andere sagt oder tut, Sie lange beruhigen, trösten oder beschwichtigen kann. Und wenn Sie einen Perfektionisten lieben, sind Sie abwechselnd fasziniert, irritiert, verblüfft und erschöpft. Da sie zu den attraktivsten Persönlichkeiten auf diesem Planeten gehören, kriegen Perfektionisten ihre Erwählten leicht an den Angelhaken – und drehen sie dann durch die Mangel. Manche Partnerinnen und Partner lernen, sich zur Wehr zu setzen, indem sie Aufmerksamkeit und Bestätigung verweigern – todsichere Wege, Perfektionisten aus der Bahn zu werfen. Denn die Wahrheit ist: Hinter ihrer phänomenal eindrucksvollen Fassade sind Perfektionisten bedürftige Wesen, die Angst vor dem Verlassensein haben. Das ist eine der dunklen Bedrohungen, vor denen sie in die Geschäftigkeit fliehen. Im irrationalen Reich der Liebe verlieren sie leicht die Balance. Machtvolle Sehnsüchte, Bedürfnisse, Ängste und Aufwallungen von Eifersucht werden freigesetzt, sobald eine Geliebte oder ein Geliebter wirklich wichtig wird. Perfektionisten, die in ungefährdeten, sicheren Ehen leben, können regelrechte Obsessionen entwickeln, die sich auf längst entschwundene erste Lieben ihrer Partner richten, und jahrelang darüber spekulieren, was der andere für diesen romantischen Schatten noch empfinden mag. Perfektionistische Liebende haben ein unstillbares Verlangen nach Exklusivität und sensibler Aufmerksamkeit (im Idealfall sollte der andere Gedanken lesen können). Sie haben es gern, wenn die andere Person sich ganz und gar auf sie konzentriert, und bleiben viel lieber mit ihr allein, als zu einer Party zu gehen oder Freunde zum Essen einzuladen. Gesellige Realisten, die gern Leute um sich haben, ausgehen und sich amüsieren, frustrieren dieses perfektionistische Bedürfnis nach Bestätigung und ungeteilter Aufmerksamkeit oft. Die Phantasien einer Partnerin oder eines Partners vom Typus des Visionärs können als geisterhafte Rivalen empfunden werden oder als implizite Kritik an den (vermeintlichen) eigenen Unzulänglichkeiten, und die Bereitschaft des visionären Typs, sich bezaubern zu lassen, stellt eine konstante, unterschwellig brodelnde Bedrohung dar. Prinzipientreue Partner kann es zum

Wahnsinn treiben, wenn die nagende Unsicherheit des Perfektionisten selbst den ernsthaftesten Beteuerungen von Liebe und unverbrüchlicher Treue widersteht.

Im Grunde ist es dasselbe Drama auf Leben und Tod, das der Perfektionist in der Arbeit ausagiert, nur heißt es hier: «Liebst du mich, oder liebst du mich nicht?» – und, auf einer noch tieferen Ebene: «Bin ich überhaupt liebenswert? Verdiene ich es, geliebt zu werden?» Den schwindelerregenden Höhen der selbstgesetzten Maßstäbe von Perfektionisten stehen auf der anderen Seite des Spektrums die schwindelerregenden Abgründe ihres Selbstzweifels gegenüber. Um zu glauben, daß sie überhaupt zu etwas gut sind, müssen sie die Besten sein; um zu glauben, daß sie «der Richtige» oder «die Frau meines Lebens» sind, müssen sie «die *einzige* Liebe meines Lebens» sein.

Natürlich sind solche übersteigerten Bedürfnisse von vornherein unerfüllbar. Und natürlich kommen Perfektionisten früher oder später darauf, daß es sich so verhält. Im Lauf der Zeit, und manchmal mit Hilfe einer Therapie, lassen sie ein wenig locker und lernen, über sich selbst zu lachen oder zumindest ein gewisses Maß an ironischer Distanz zu ihren Perfektionsansprüchen zu entwickeln. Sie geben diese Ansprüche nie völlig auf, aber sie lösen sich aus dem destruktiven «Alles oder nichts». Anders als Visionäre, die nie aufhören zu träumen, suchen reifer gewordene Perfektionisten die Bestätigung, die sie brauchen, nicht mehr in der romantischen Liebe. Sie haben es sich und ihren Liebespartnern einfach zu schwer gemacht, und sie erkennen, daß ihre Haltung nicht realistisch ist. Die Arbeit und die Sorte von Spiel, die ehrgeizgetriebene Perfektionisten bevorzugen, sind angemessenere Felder für ihren rituellen Kampf, weil sie dort ein gewisses Maß an Kontrolle über den Ausgang haben. (Die Liebe kleiner Kinder kann Balsam für die Seele von Perfektionisten sein, weil sie wirklich exklusiv und bedingungslos ist.) Wenn sie zu dieser Erkenntnis gekommen sind, können Perfektionisten ziemlich autonom und selbstgenügsam werden. Sie leben allein oder in freundschaftlich-liebevoller Gemeinschaft mit einem ebenfalls autonomen

Partner. Hin und wieder verlangen sie vielleicht immer noch die ungeteilte Aufmerksamkeit des anderen, aber mindestens ebenso häufig werden sie nun sagen: «Ich möchte allein sein.»

Erotik und Sex

Ein imaginärer Kubus in dieser Position vermittelt ein «Rühr-mich-nicht-an»-Gefühl. Perfektionisten sind reserviert, wählerisch, anspruchsvoll und manchmal überkontrolliert, was das Körperliche angeht, und fühlen sich selten wirklich wohl damit – besonders wenn der Körper nicht perfekt ist (und wessen Körper ist das schon?). Wir erwähnten bereits den Zusammenhang zwischen perfektionistischen Persönlichkeitsstrukturen und Magersucht, und diese Form der Eßstörung sowie die verwandte Form, die Bulimie, scheinen bei Menschen dieses Persönlichkeitstyps im Vergleich zum Durchschnitt tatsächlich wesentlich häufiger aufzutreten. Es wäre interessant zu erfahren, ob sie auch für die Versprechungen der plastischen Chirurgie anfälliger sind. Silikon-Brustimplantate haben zur Folge, daß die erotische Sensitivität der Brustwarzen verlorengeht; Frauen, die sich solche Implantate einsetzen lassen, ist das Aussehen ihres Körpers also wichtiger als ihr Körpergefühl. Es würde durchaus zum perfektionistischen Persönlichkeitsstil passen, subjektive Empfindung und subjektiven Genuß zugunsten objektiver Perfektion zu opfern.

Allerdings haben nicht alle Perfektionisten solche Neigungen. Leidenschaftlicher Sex kann schließlich eine starke Quelle der Bestätigung sein. Zumindest hat der perfektionistische Partner die geliebte Person in diesem Augenblick ganz für sich und steht im Brennpunkt ihrer Aufmerksamkeit. Der Orgasmus kann dann ein «Gipfelerlebnis» sein, ein kurzer, leuchtender Moment der Erfüllung und der Erlösung von angstvoller Spannung. Seine emotionale Bedeutung ist wichtiger als der sinnliche Aspekt, der physische Lustgewinn. Perfektionisten neigen dazu, Liebesbeziehungen sehr privat zu halten, zu schützen und nach außen abzuschirmen. In der Öffentlichkeit zeigen sie Zuneigung oder Zärtlichkeit gewöhnlich nicht gern. Für die sexuelle Begegnung ziehen manche Dämmerlicht oder völlige Dunkelheit vor – und sei es nur, um körperliche Mängel herunterzuspielen. Rituale der allmählichen Annäherung – das Schaffen des richtigen Stimmungsklimas – sind von großer Bedeutung, denn Perfektionisten brauchen Zeit, um herunterzuschalten und sich allmählich vom Alltagsstreß zu befreien. Wenn Sie eine aufgeladene und angespannte perfektionistische Person einfach anfassen, wird sie zusammenzucken oder zurückscheuen wie ein nervöses Rennpferd. Es gibt Stimmungen und Zeiten, in denen das Loslassen einfach nicht möglich ist, und dann sind Perfektionisten buchstäblich unberührbar. Selbst dort, wo sie ihre Zuneigung uneingeschränkt entfalten, als liebende, hingebungsvolle Eltern, neigen Perfektionisten nicht zum Schmusen und Knuddeln. Ein rasches, scheues Umfassen der Schultern, ein Kuß auf die Wange (oder eher in die Luft daneben) sind ihre Vorstellungen von physischen Zärtlichkeiten unter Familienmitgliedern und Freunden.

Perfektionisten beim Spiel

Wenn Perfektionisten sich überhaupt Zeit zum Spielen nehmen, spielen sie auf dieselbe Weise, wie sie arbeiten: Sie suchen sich eine Herausforderung, die mit Wettkampf und Leistung verbunden ist, und arbeiten hart daran, die gewählte Disziplin perfekt zu meistern. Das Feld, auf dem sie sich zu beweisen suchen, kann Golf sein oder Schach, Bergsteigen, Kampfsport oder Springreiten – etwas, das Konzentration, Koordination und Übung erfordert und immer Raum für eine

Verbesserung der Leistungen bietet. Oder sie entwickeln Interesse an Dekoration, Innenausbau, Raumgestaltung und Design – so können sie aktiv dazu beitragen, ihre häusliche Umgebung der ästhetischen Vollendung näherzubringen. Perfektionisten beim Spiel sind seriöse Amateure, nicht unbekümmerte Dilettanten wie Realisten, die sich freuen, wenn sie in einem halben Dutzend unterschiedlicher Felder einigermaßen gut sind. Perfektionisten widmen sich nur dann mehr als einem Steckenpferd, wenn sie die Zeit finden, mehr als eines gründlich zu betreiben und zu meistern. Wir alle haben von schwerreichen Leuten gehört, die sich die Zeit damit vertreiben, Gourmet-Köche, brilliante Polospieler, Ski-Artisten, versierte Piloten oder Violin-Solisten zu werden, gleichzeitig oder eines nach dem anderen, aber ein Perfektionist würde sich mit einem einzigen Gebiet begnügen, auf dem er Meisterschaft erreicht.

Wenn Sie mit einem Menschen dieses Typus zusammenleben, wissen Sie, wie schwer es ist, ihn oder sie für mehr als ein paar Minuten zum «Abhängen» zu überreden. Diese Leute sind nicht dafür geschaffen, am Strand oder auf dem Sofa zu liegen und Löcher in die Luft zu gucken. Wenn Sie selbst die perfektionistische Seite sind, wissen Sie, wie schwer es ist, anderen klarzumachen, daß Sie die Krätze kriegen, wenn Sie gezwungen sind, müßig «herumzuhängen». Lieber wischen Sie die Fußböden auf oder stauben die Bücherregale ab. Aktivität ist Ihr Daseinselement. Wenn Sie nicht damit beschäftigt sind, etwas zu leisten, zu beweisen, zu vervollkommnen, haben Sie das Gefühl, sich in Luft aufzulösen.

Wie kann ein Nicht-Perfektionist einen Perfektionisten dazu bringen, Urlaub zu machen oder auch nur ins Kino zu gehen? Erstens muß man ihn – oder sie – im richtigen Augenblick erwischen, wenn ein Projekt eben abgeschlossen ist, wenn ein langer, produktiver Arbeitstag zu Ende ist. Zweitens: Wenn Sie das Interesse des perfektionistischen Partners an – sagen wir – Golf oder Wintersport teilen, müssen Sie diese Dinge nicht so ernsthaft betreiben wie der andere. Sie können auf dem «Idiotenhügel» herumalbern, während der Perfektionist Slalom-

Abfahrten übt. (Gott helfe Ihnen, wenn Ihr perfektionistischer Partner sich für das Segeln entscheidet, denn dann müssen Sie die Mannschaft sein und werden angebrüllt, wenn Sie die Taue – oh, Verzeihung, Leinen – schlampig zusammenlegen.) Und drittens: Sie können mit der perfektionistischen Seite einen Handel abschließen. Sie versprechen dem anderen – wenn er einwilligt, am Nachmittag einen Ausflug mitzumachen –, ihn den ganzen Vormittag in Ruhe arbeiten zu lassen, ohne jede Störung. Das ist Musik in den Ohren von Perfektionisten, denn das bestimmende Merkmal dieses Kubus ist Fokussierung und Konzentration.

Kapitel 8

ENTWURZELTE

Sonnenseiten:	Schattenseiten:
Flexibilität	*Zerrissenheit*
Einfallsreichtum	*Wurzellosigkeit*
Anpassungsfähigkeit	*das Gefühl, übersehen zu werden*

Der Kubus, der auf der Kante steht, ist unser eindrucksvollstes Beispiel für eine unerwartete, aber unmißverständliche Botschaft aus dem kollektiven Unbewußten und für die faszinierende, verschlüsselte Logik der Metaphern, die aus dieser Tiefenschicht aufsteigen. Nach dem Prinzip des freien Assoziierens hätten wir aus der Position «auf der Kante» ableiten können, daß dieser Kubus jemanden repräsentiert, der «kantig» ist, «auf der Kippe steht» oder sogar etwas «Schneidendes» hat. Aber das traf es nicht, das war nicht der Punkt. Vielmehr stellten wir fest, daß bisher jede Person, ohne Ausnahme, die uns ihren imaginären Kubus in dieser Stellung beschrieb, eine Entwurzelte, ein Immigrant oder Emigrant war – je nachdem, von welcher Seite der Grenze aus man es betrachtet.

Das Leben solcher Menschen fluktuiert zwischen zwei Welten, und in keiner davon sind sie völlig zu Hause. Ihre Identität gründet sich nicht auf irgendeinen Fleck soliden, festen Bodens, sondern balanciert genau auf der Grenzlinie. Die trennende Linie zwischen dem Damals und Heute, dem Dort und Hier, der Muttersprache und der neuen Sprache dominiert und definiert ihre seelische Befindlichkeit. Aus einer unendlichen Vielfalt unterschiedlicher Hintergründe, Lebensgeschichten und Voraussetzungen destilliert die Erfahrung der Emigration schließlich einen speziellen Persönlichkeitstypus: gespalten, anpassungsfähig, einfallsreich, unsicher, wurzellos. Unsere Zeit der schwindenden und fluktuierenden Grenzen, der durch moderne Transportmöglichkeiten geschrumpften Entfernungen und der zunehmenden Mobiliät der Weltbürger auf einem Globus, der immer kleiner zu werden scheint, wird mehr und mehr Menschen dieses Typus hervorbringen. Ein Arbeitsauftrag in Übersee und eine bikulturelle Romanze – mehr braucht es nicht.

Allerdings imaginieren nicht alle Exilierten ihre Kuben als auf der Kante balancierend. Menschen, die sich in erster Linie über eine Arbeit, Mission oder Berufung definieren, tragen den Boden, auf dem sie stehen, immer bei sich. Wir kennen zum Beispiel einen renommierten Bildhauer und Goldschmied aus Rumänien, der seinen Kubus nach seiner Übersiedlung in die Vereinigten Staaten flach und fest auf dem Boden stehen sah. Er lebt auch in der neuen Welt in seinem Handwerk und seiner Kunst, genauso wie er es in der alten Welt tat. (Seine Schwiegermutter, die nach New York kam, um dem berufstätigen Paar bei der Fürsorge für die Kinder zu helfen, hat jedoch den klassischen, auf der Kante stehenden Kubus.) Menschen, die vor zwanzig oder dreißig Jahren einwanderten, heirateten und in ihrer neuen Heimat Wurzeln schlugen, sehen ihre Kuben gewöhnlich nicht als auf der Kante stehend, ebensowenig wie Erwachsene, die den Sprung in die neue Welt in ihrer Kindheit machten. Die Position auf der Kante ist vielmehr charakteristisch für Leute, die als Teenager oder Erwachsene verpflanzt wurden und deren Emigration relativ kurz zurückliegt, die im alten Land nicht mehr und im neuen noch nicht heimisch sind. Manche reisen immer noch oft hin und her, haben Freunde und Angehörige in beiden Ländern, und diese geteilten Loyalitäten tragen zu ihrem Gefühl der Gespaltenheit bei.

Es ist gut vorstellbar, daß auch Menschen, die auf eine andere Art «zwischen den Stühlen sitzen», ihre Kuben in dieser Position imaginieren – Leute, die in bikulturellen Ehen leben, oder Kinder aus solchen Ehen, Transsexuelle, Personen, deren Berufe es mit sich bringen, daß sie ständig die Grenzen, die Sprachen, das kulturelle Umfeld wechseln, oder solche, die sich aufgrund abweichender Erfahrungen im eigenen Land wie im Exil fühlen. Wir haben bisher allerdings noch keine Beispiele dafür gesehen.

Als Kubus der Entwurzelten beweist dieses Imaginationsbild jedoch, daß unser Platz auf dieser Welt unsere Persönlichkeit genauso entscheidend formen kann, wie unsere Persönlichkeit das Umfeld formt, in dem wir leben.

Entwurzelte in der Welt

Die Art, wie dieser Kubus den Boden berührt – wie auf Messers Schneide –, ist ein komprimiertes Bild der Spaltung, die mitten durch die Psyche des Entwurzelten hindurchgeht, des scharfen Axthiebs der Trennung von allem, was von Kindheit an vertraut war, und des angespannten, schwankenden Gefühls, sich auf unbekanntem Terrain zu bewegen. Voll von Erinnerungen an das alte Leben, geprägt von den Sitten und Lebensgewohnheiten der früheren Welt und unsicher, wie sie sich in der neuen verhalten sollen, müssen Entwurzelte einen permanenten Balanceakt ausführen. Sie bewegen sich mit einer fremdartigen Identität durch eine Umgebung, die Sie nicht völlig verstehen und in der Sie kein Verständnis finden. Wenn Sie im Exil leben, sehen Sie die Dinge anders und fassen das Leben anders auf als die Majorität der Menschen in Ihrer Umgebung, aber das ist nicht alles: Ihre persönliche Vergangenheit und Ihr kultureller Hintergrund sind für diese Majorität weitgehend unsichtbar. Was die anderen sehen, ist die grobe Skizze einer neuen Identität: die schüchterne Frau, der nette Typ mit dem eifrigen Lächeln und dem unbeholfenen Akzent – ein Stereotyp. Ihre Fähigkeit, sich mit einer einsamen (nur von den wenigen, die Ihrer speziellen Exilierten-Gemeinschaft angehören, geteilten) Last leichtfüßig durch die Welt zu bewegen, ist eine der vielen Paradoxien dieser Position. Ihr Kontaktpunkt mit der Erde ist eine Schwelle; Sie sind immer simultan im Hier und im Dort.

Bei diesem Kubus ist das Janusköpfige besonders betont. Alles hat zwei Seiten, sagt diese Position. In zwei Kulturen und zwei Sprachen gleichzeitig zu leben ist sowohl eine Stärke als auch eine Schwäche, sowohl eine Spaltung als auch eine Synthese. Durch das Übersetzen geht vieles verloren, und man kann sich im Übersetzen verlieren («Lost in Translation» ist der Titel, den die polnisch-amerikanische Autorin Eva Hoffman der autobiographischen Schilderung ihrer Immigrations- und Exilerfahrung gab), aber es ist auch vieles darin zu finden, denn Übersetzen kann auch Transformieren und Neuerschaffen sein. Es kommt vielleicht manchmal zu Mißverständnissen, aber die Intelligenz wird gefordert und geschult. Ihr Repertoire an Auffassungen und Perspektiven wird nicht nur verdoppelt, sondern vervielfacht. Ihr Kampf darum, die Augen zweier Kulturen zu fokussieren, wird mit einer 3-D-Wahrnehmung belohnt. Sie können das Leben aus der Perspektive Ihrer alten und Ihrer neuen Landsleute betrachten, und nicht nur das: Sie sind fähig, diese beiden Folien übereinanderzulegen, und gewinnen dadurch eine Tiefenschärfe, eine Klarheit der Betrachtung, die durch lokale Eigenarten hindurchsehen kann und das universell Menschliche hervortreten läßt. Diese Kombination von Flexibilität und Universalität ist eine kostbare, zur Zeit noch wenig genutzte Ressource, die im 21. Jahrhundert viel stärker gewürdigt und sogar sehr gesucht sein wird.

Die Erfahrung des Exils ist eine Art Tod und Wiedergeburt innerhalb dieser Existenz. Oft gehen auch ältere Menschen aus dieser Transformation hervor wie der Phoenix aus der Asche und nehmen die Herausforderung mit jugendlicher Anpassungsfähigkeit und erneuerter geistiger Beweglichkeit an. Die Emotionen Entwurzelter sind genauso dual und ambivalent wie ihr Bewußtsein. Lust am Abenteuer wohnt Seite an Seite mit nostalgischer Sehnsucht, Optimismus mit Melancholie, Unternehmungsgeist mit Verlustgefühl und Trauer. Dieser bittersüße Zustand wird schließlich zu einem bestimmenden Element ihrer Identität, und viele würden nirgendwo anders mehr leben wollen als auf dieser Grenzlinie, unter den neuen Nomaden, deren natürliches Habitat der Flughafen ist und deren Existenzweise vielleicht eine Vorahnung dessen vermittelt, was die Zukunft für die Menschheit bereithält.

Entwurzelte bei der Arbeit

Welche Erfahrungen Entwurzelte in der Arbeitswelt machen, hängt davon ab, wie freiwillig oder unfreiwillig sie ihre Ursprungsländer verließen und – im Zusammenhang damit – wie weit ihre mitgebrachten Fähigkeiten und Kenntnisse transferierbar sind. Jene, die den Sprung nur zögernd und aus der Not heraus machten, weil das Leben in ihren Ländern aufgrund von Kriegen, Katastrophen, Armut oder Unterdrückung unerträglich geworden war, müssen in ihrem Arbeitsleben gewöhnlich die stärksten Verluste und Veränderungen hinnehmen. Alte Klassenschranken und Bildungsunterschiede werden nivelliert, wenn ehemalige Bauern und Arbeiter Seite an Seite mit früheren Ingenieuren und Geisteswissenschaftlern schlichte Tätigkeiten ausüben, die keine besondere Qualifikation verlangen. Sprachprobleme schränken die Chancen der meisten

Immigranten auf dem Arbeitsmarkt erheblich ein, und viele Formen der beruflichen Hochqualifikation – im Rechts- oder Bildungswesen etwa und sogar in der
Medizin – nützen in der neuen Situation nichts, weil sie nicht ohne weiteres
übertragbar sind. So ist es denn durchaus nicht ungewöhnlich, daß Philosophie-
professoren die Böden von Waschräumen aufwischen und Mathematikerinnen
als Tagesmütter arbeiten.

Ein unfreiwillig Entwurzelter ist vielleicht gezwungen, seine gesamte berufliche Identität hinter sich zu lassen, und seine Arbeitskollegen haben keine
Ahnung, wer dieser schweigsame, verschlossene Mensch wirklich ist, was er gelernt hat, was er weiß und was er kann. Die Spaltung zwischen den Sprachen
und den Kulturen verläuft mitten durch sein oder ihr tägliches Leben hindurch
und führt zu einer scharfen Trennung zwischen den rudimentären Beziehungen
am Arbeitsplatz und den differenzierten, komplexen Verbindungen mit Freunden
und Exilgefährten zu Haus.

(Man muß nicht unbedingt emigrieren, um diese Exilerfahrung zu machen.
Auch Menschen, die einer Minorität innerhalb einer Gesellschaft angehören –
oder weiblichen Geschlechts sind –, wissen, wie es ist, im Berufsleben unterbe-
wertet und auf Stereotypen reduziert zu werden. Sie haben oft das Gefühl, daß
ihre Talente und Fähigkeiten in einer Arbeitskultur, die Qualifikationen sehr eng
und rigide definiert, übersehen werden und ungenutzt bleiben.)

Im Unterschied dazu kommen Wirtschaftsimmigranten, die ihr Land verließen, weil sie sich anderswo bessere Chancen erhofften, in der Arbeitswelt gewöhnlich besser zurecht. Ihre Interessen und Fähigkeiten sind in der Regel von
der robusteren Art, überall nützlich, überall brauchbar. Sie arbeiten im Lebens-
mittel- oder Baugewerbe, im Konstruktions- oder Elektronikbereich, im Handel
und in der Industrie. Und dieselbe starke Motivation, die sie antrieb, ein Leben
aufzugeben, das ihnen wie eine Sackgasse erschien, macht sie zu unermüdlichen,
harten Arbeitern, die alles tun, was nötig ist – zwölf Stunden pro Tag Gemüse

putzen und abends Sprach- oder Fortbildungskurse besuchen –, um erfolgreich zu sein.

Die Informations-Ökonomie zieht die einheimischen Eliten an und das weite Feld der Dienstleistungen die einheimischen Mittelschichten und weniger Qualifizierten; dagegen scheinen überall auf dieser Welt das Taxigewerbe, der Gemüsegroß- und Einzelhandel, Schneidereien und Reparaturwerkstätten, Restaurants, Reisebüros, Baugewerbe, Import und Export zur Domäne hochmotivierter Immigranten-Kleinunternehmer zu werden, die in ihren eigenen Inselgemeinschaften leben. In Amerika ist die Vitalität dieses Einwanderertyps legendär – sie war die treibende Kraft, die dieses Land buchstäblich aufbaute. Und nun revitalisiert dieselbe Kraft die «alten Länder» der Welt, ob durch Migration von Land zu Land oder von den Dörfern in die Städte. Diese Migranten leben in Stadtvierteln, die Satelliten von Port-au-Prince oder Bombay sein könnten, begrenzen den Kontakt mit der umgebenden Kultur und den Gebrauch der zweiten Sprache auf das, was für die Arbeit unerläßlich ist, und reduzieren so die Konflikte, die ihr Status mit sich bringt. Oft ist es die zweite Generation, die sich der Spaltung voll bewußt wird und sich als «fremd in zwei Kulturen» empfindet.

Und schließlich gibt es die neue nomadische Elite der Geschäftsleute, deren Arbeitswelt sich rund um den Globus erstreckt, entweder weil sie im Auftrag ihrer Unternehmen unterwegs sind oder weil sie sich durch die vielversprechende Mischung von günstigen Gelegenheiten und Abenteuer angezogen fühlen. Diese privilegierten Expatriierten suchen bewußt die Dualität und Wurzellosigkeit, die den unfreiwillig Entwurzelten auferlegt ist. Ihre Erfolge in der transnationalen Ökonomie werfen ein günstiges Licht auf die «Hybriden-Energie», die Immigranten eigen ist. Sie sind mehr als Flüchtlinge aus bankrotten Systemen; sie sind Pioniere einer neuen Weltsicht und eines neuen globalen Lebensstils. Die Schnittstellen zwischen den Kulturen werden jetzt zu den «heißen Zonen» der menschlichen Evolution. Und Entwurzelte haben diese

Schnittstellen direkt in ihrem Kopf. Wenn Sie also selbst zu den Entwurzelten gehören oder wenn Sie unter Ihren Mitarbeiterinnen und Mitarbeitern Entwurzelte haben, geben Sie acht: Vielleicht übersehen Sie eine bemerkenswerte, zukunftsträchtige Ressource, die direkt vor Ihrer Nase liegt.

Entwurzelte haben besondere Stärken, die sie in jede Arbeitssituation einbringen können: Anpassungsfähigkeit, Entschlossenheit und vor allem eine flexible, mehrdimensionale Wahrnehmung. Sie machen die Problemlösungsmixtur reichhaltiger, indem sie ihr die Perspektiven einer anderen Kultur hinzufügen, und mehr noch: Da sie lernen mußten, zwei Realitäten miteinander zu vereinbaren, sind sie oft ausgezeichnete Vermittler. Für unterschiedliche Sichtweisen sind sie besonders sensibel und oft sehr geschickt darin, die Kluft zu überbrücken, abweichende Positionen miteinander zu versöhnen oder zur Synthese zu bringen. Je nachdem, welche anderen Fähigkeiten und Interessen sie mitbringen, können solche Menschen in Berufsfeldern, die an Schnittstellen innerhalb der Kulturen oder zwischen den Kulturen angesiedelt sind, hervorragende Arbeit leisten: als Berater, Vermittler, Verhandlungsführer, als Dolmetscher und Übersetzer, im Tourismusgeschäft und Transportwesen, im Import-Export-Geschäft und im internationalen Handel, in internationalen Organisationen und in der Diplomatie.

Es ist in jedem Arbeitsfeld eine Bereicherung, andere Perspektiven kennenzulernen. Fragen Sie die Immigrantinnen, die Entwurzelten unter Ihren Mitarbeitern, wie die Dinge in ihren Herkunftsländern gehandhabt werden. (Der Westen entdeckt zum Beispiel allmählich den sozialeren Geschäftsstil nichtwestlicher Länder – die Bedeutung der Gastfreundschaft, der rituellen Bewirtung und der höflichen Konversation, bevor man zur Sache kommt – und lernt, daß die darauf scheinbar verschwendete Zeit eine wesentliche Funktion erfüllt.) Holen Sie den Rat der Expatriierten ein, fragen Sie sie nach ihren Beobachtungen am Arbeitsplatz, denn sie sehen die Dinge aus einem anderen Blickwinkel und könnten Sie auf etwas Bedeutsames aufmerksam machen, das Ihnen entgangen ist. Und übertragen Sie ihnen die Aufgabe, neue Mitarbeiter einzuweisen. Diese Person hat auf dem harten Weg herausgefunden, was wichtig ist und was man wissen muß, und kann die Integration neuer Team-Mitglieder erleichtern und beschleunigen.

Entwurzelte und die Liebe

Nichts bringt das Leben eines Menschen so sehr durcheinander wie der Wechsel von einem Land zum anderen. Davon ist natürlich auch das Liebesleben betroffen – wie könnte es anders sein? Die Trennlinie, die durch die Psyche der Entwurzelten hindurchgeht, wird oft zu einer Barriere oder Kluft zwischen Liebenden. Vielleicht sind Sie noch an jemanden gebunden, der in der alten Heimat zurückgeblieben ist. Oder Sie sind gemeinsam mit einem Partner emigriert, dessen Anpassungsprozeß an die Veränderung mit dem Ihren überhaupt nicht synchron läuft. Oder Sie verlieben sich in jemanden aus der neuen Kultur, der Ihren Hintergrund nicht kennt und Sie nicht einmal zur Hälfte verstehen kann. Bestehende Beziehungen bieten zwar Trost und Halt inmitten all der Fremdheit, aber sie durchlaufen in der fremden Umgebung zwangsläufig eine Transformation und müssen unter Streß neu entworfen werden. Neue Beziehungen bieten zwar den Reiz des Exotischen, aber auch seine Schattenseite: wechselseitiges Unverständnis. Die Grenzlinie ist ein Hindernis auf dem Weg der Liebe, an dem Beziehungen entweder zerbrechen oder stärker werden. Andererseits ist die Liebe die große Überwinderin von Grenzen. Arbeit bringt Menschen in Reichweite anderer Menschen, aber es ist die Liebe, die Brücken schlägt, Lücken schließt, Abgründe überspringt und verschiedenartige Stränge kultureller DNA miteinander verwebt, um so die Lebensformen der Zukunft zu schaffen.

Erinnern wir uns daran, daß Liebe – oder zumindest ihre früheste, leidenschaftliche Form, Verliebtheit – in einem hindernisreichen Weg ihren fruchtbarsten Nährboden finden kann. Die Liebesgeschichten Entwurzelter sind nicht selten intensiv und dramatisch – voll von tragischen Trennungen, heftigen Sehnsüchten und von der Anziehungskraft des Fremden elektrisch aufgeladen. Auch hier wieder sind in der Situation der Entwurzelten die Extreme vereint: In einem fremden Land neu angekommen, kann man sich unsagbar einsam und verlassen fühlen; wenig später wird man vielleicht zum bevorzugten Objekt romantischer Annäherungen und erhält erstaunlich viel Aufmerksamkeit. Aber das ist kein ganz ungetrübter Segen, denn häufig sind nicht so sehr Sie als Person gemeint; die Anziehungskraft geht vielmehr von der schieren Andersartigkeit aus, von Ihrem entzückenden Akzent und der (verdienten oder unverdienten) sexuellen Reputation Ihrer Nationalität. Daraus können Sie für ein Weilchen Kapital schlagen, aber auf eine unterschwellige Art ist es beleidigend – und Sie sind immer noch einsam. Wenn Sie mit derselben Person lange genug zusammen sind, nutzt der Glanz des Exotischen sich jedoch schließlich ab. Statt mit einem fremdartigen Engel sind Sie jetzt beide mit einem fehlbaren menschlichen Wesen und mit mehr als dem normalen Maß an Anlässen für Mißverständnisse konfrontiert. Diese Desillusionierung signalisiert entweder die Trennung oder den Beginn einer wirklichen Beziehung, mit allen Vorzügen und allem alltäglichen Frust, der dazugehört.

Einen Menschen zu lieben, der aus einem anderen Kulturkreis kommt, ist eine Erfahrung, die das Bewußtsein an seine Fassungsgrenzen treibt und es gleichzeitig verändert und erweitert wie nie zuvor. Streitfragen auszufechten, die sich um Ernährung, Religion, Politik und Kindererziehung drehen, ist schon schwierig genug, wenn man aus unterschiedlichen Familien kommt – geschweige denn aus unterschiedlichen Kulturen. Andererseits weckt die durch kulturelle Differenzen erzeugte Reibung in beiden Beteiligten mehr Gewahrsein, Toleranz und Individualität. Um dem anderen zu begegnen, muß man aus dem Gehege seiner eigenen Kultur heraustreten und auf offenem Terrain spielen. Das ist, wie bei jeder Art von Improvisation, mit Risiken verbunden: Das Terrain ist nicht kartographiert, es liegt kein Skript vor, an das man sich halten kann. Sie müssen alle Ihre Annahmen und Überzeugungen in Frage stellen und unterscheiden, was Sie aus freien Stücken glauben und vertreten wollen und was man Ihnen bloß eingetrichtert hat. Während man der eigenen Kultur gegenüber diese distanzierende Position einnimmt, lernt man sie paradoxerweise mehr schätzen. Sie ist ein Fundus, aus dem man schöpfen und zum gemeinsamen Leben beitragen kann. Mittlerweile geht das kulturelle Erbe Ihres Liebespartners Ihnen unter die Haut, ins Ohr und in die Geschmacksnerven; Ihr Repertoire an Kochrezepten, Witzen, Reisezielen, Redewendungen (und Kraftausdrücken) verdoppelt sich. Als Paar profitieren Sie nicht nur von den Vorzügen zweier Kulturen, sondern auch von einer buntscheckigen dritten, die Sie gemeinsam erschaffen. Die trennende Linie wird zur Schaltstelle, an der Neues entsteht. Mit anderen Worten: Einen Entwurzelten zu lieben heißt, selbst einer zu werden.

Erotik und Sex

Über Grenzen hinweg zu lieben ist unweigerlich mit der Entdeckung verbunden, daß Sex nicht gleich Sex ist. Das schafft natürlich einen höheren Reiz – aber auch Konfusion. Wie die Eßkultur – wenngleich mit etwas weniger Raum für Variationen – ist die Sexualität durch kulturelle Gewohnheiten geprägt und gefärbt. Wenn Sie sich also einer Geliebten oder einem Liebhaber aus einer fremden Kultur nähern, können Sie nie ganz sicher sein, was Sie erwartet. Sexuelle Praktiken, die für Sie zu den normalen Standardprozeduren gehören, sind für Ihren Liebespartner vielleicht neu oder schockierend – und vice versa. Sexuell erfahrene

Frauen aus manchen Teilen Osteuropas wären zutiefst beleidigt, wenn Sie oralen Sex auch nur als Möglichkeit erwähnten. Und es gibt sogar Menschen auf dieser Welt (in Afrika zum Beispiel), die das Küssen ekelerregend finden.

Die interessantesten Unterschiede sind jedoch die subtilen Schattierungen, die der Sexualität durch die vorherrschenden Einstellungen jeder Kultur zu Männern und Frauen, Hingabe und Zurückhaltung, Sinneslust und Gefühl hinzugefügt werden. Wie zeigt man erotisches Interesse, und wie geht man aufeinander zu? Wie verläuft die sexuelle Begegnung? Läßt man sich stundenlang Zeit zum Spielen, oder hat man es eilig, sein Ziel zu erreichen? Ist die sinnliche Berührung eine Kunst mit eigener Daseinsberechtigung oder nur Mittel zum Zweck? Und was geschieht nach dem Liebesakt?

Entwurzelte beim Spiel

Das Beste daran, ein Entwurzelter zu sein oder mit Entwurzelten zusammenzusein, ist – aus amerikanischer Sicht zumindest – die Tatsache, daß andere Kulturen sich die hohe Kunst des Nichtstuns erhalten haben. Wenn wir US-Amerikaner mit Freunden zusammenkommen oder im Urlaub sind, müssen wir unbedingt etwas tun: ins Kino oder zum Bowling gehen, ein Video ausleihen, irgendeine Art von Sport treiben, ein Buch lesen, einen Pullover stricken, ein Kreuzworträtsel lösen ... Natürlich sind wir nicht die einzigen Menschen auf Erden, die sich gern Aktivitäten hingeben, aber offenbar sind wir tatsächlich die einzigen, die nie aufhören können. Die Zwanghaftigkeit unseres Dranges, etwas zu tun, hat etwas Calvinistisch-Kapitalistisches: Selbst in der Muße müssen wir noch das Gefühl haben, produktiv zu sein. Es kann Spaß machen, so aktiv zu sein, aber es ist auch eine Flucht vor uns selbst und voreinander.

In nahezu jeder anderen Kultur dieser Welt verbringen die Menschen einen großen Teil ihrer Mußestunden damit, einfach beisammenzusein. Sie sitzen in Cafés, Gartenlokalen oder in ihren Küchen, trinken ihren Kaffee oder Tee, ihren Wein oder ihr Bier, machen Witze, plaudern und lachen. In unserer amerikanischen Kultur sind es nur Alt-Hippies, Trunkenbolde, hoffnungslose Träumer und Außenseiter, die dieser Form der Muße frönen. Man bezeichnet es als «herumhängen» und betrachtet es als verwerfliche Form der Faulheit. Tatsächlich haben diese scheinbar zwecklosen Zusammenkünfte jedoch eine vitale Funktion: Hier entsteht das Grundgewebe der Zivilisation, wie ein farbiger Flickenteppich. Diese Treffpunkte sind die summenden Bienenstöcke, die Basissalons, in denen sich das Bewußtsein einer Kultur entfaltet und weitergesponnen wird, Witz für Witz, Gedanke für Gedanke, Faden für Faden. Wenn Sie das Glück haben, ein Entwurzelter zu sein oder einen zu kennen, sind Sie bereits mit diesem Virus des kreativen Müßiggangs infiziert und haben Ihrem Repertoire des Spaßhabens das Herumsitzen, Schwatzen und Löcher-in-die-Luft-Gucken hinzugefügt. Jetzt liegt es in Ihrer Verantwortung, diese vitale und lebenswichtige Form des Zeitvertreibs gegen das Vorrücken von Fast-Food und Disney-World zu verteidigen und vor dem drohenden Aussterben zu bewahren.

Kapitel 9

STILLE HELDEN

Sonnenseiten:	Schattenseiten:
Rätselhaftigkeit	*Unklarheit*
verborgene Kraft	*Gefahr, von anderen ausgebeutet*
Einfluß auf andere	*zu werden*
Selbstgenügsamkeit	*Einsamkeit*

Hin und wieder wird es vorkommen, daß jemand, der aufgefordert wird, seinen imaginären Kubus zu beschreiben, ohne Zögern erklärt: «Es ist eine Pyramide.» Als wir das die ersten Male erlebten, fragten wir uns, ob die Assoziation «Wüste – Pyramide» sich bei diesen Menschen so unmittelbar einstellte und so stark war, daß sie die zweite Spielanweisung einfach überdeckte. Aber mit zunehmender Erfahrung lernten wir, daß nichts in diesem Spiel Zufall ist. Also fingen wir an, bei unseren «pyramidalen» Freunden nach gemeinsamen Merkmalen Ausschau zu halten. Und wir wurden tatsächlich fündig. Der gemeinsame Nenner war, daß diese Leute eine komplexe, differenzierte Gedankenwelt kultivierten und fähig waren, ihr Bewußtsein sehr weit zu öffnen, obwohl man das erst erfuhr, wenn man sie näher kannte, denn ihre liebenswürdige, zurückgenommene Art gab keinen Hinweis auf diese Qualitäten. Sie waren verschwiegen, was ihr Privatleben betraf, und zogen es auch im Berufsleben vor, nicht im Rampenlicht zu stehen, sondern hinter den Kulissen zu arbeiten. Sie leisteten wichtige Beiträge, ohne Ruhm und Verdienst für sich in Anspruch zu nehmen. Sie versuchten nicht direkt, sich zu verbergen, aber sie schienen damit zufrieden, daß ihr wahres Format ihr bestgehütetes Geheimnis war.

Aber warum eine Pyramide? Zweifellos bergen auch die wirklichen Pyramiden in der Wüste viele unentschlüsselte Geheimnisse: das Rätsel ihres Ursprungs und ihrer Bedeutung, ihre mysteriöse Ausstrahlung und die verborgenen Gänge und kubischen Grabkammern in ihrem Inneren. Aber noch ergab das Bild für uns keinen Sinn, bis es schließlich klickte und uns klar wurde: Natürlich! Eine Pyramide kann der sichtbare Teil eines zur Hälfte vergrabenen Kubus sein. Was man sieht – bei dieser Position und bei den Stillen Helden, für die sie steht –, ist nur die Spitze des Eisbergs.

Stille Helden in der Welt

Wenn Sie irgendeine Ähnlichkeit mit den Stillen Helden haben, die wir kennen, dann ist die stille Reflexion oder Kontemplation Ihnen zur zweiten Natur geworden, und Sie haben sich ziemlich ausgiebig mit spirituellen oder philosophischen Fragen befaßt. Sie haben sich eine komplexe, umfassende und eigenwillige Weltsicht erworben, die aber nur für Sie selbst gilt und die Sie für sich behalten. Diese innere Ausrichtung ist die verborgene Quelle Ihrer ungewöhnlichen Einsichten und Einfälle, die bei anderen Leuten oft Staunen und Verblüffung auslösen – insbesondere da sie von jemandem kommen, der so unprätentiös und unauffällig ist.

Wenn es so etwas gibt wie den diametralen Gegensatz zu einer Primadonna, dann sind Sie es. (Das ist besonders faszinierend, denn wenn Ihr Kubus vollständig zu sehen wäre, stünde er auf der Spitze – die klassische Position der Primadonna.) Sie verfügen über ein stilles, gelassenes Selbstvertrauen, aber Sie ziehen es vor, die Aufmerksamkeit von sich abzulenken und Ihre Ideen und Leistungen für sich selbst sprechen zu lassen, ohne Ihren Namenszug darunterzusetzen.

Durch ihre Gewohnheit, ihre Gefühle verdeckt zu halten, können Stille Heldinnen und Helden eine gelassen-distanzierte Neutralität erreichen, die sie zu geborenen Diplomaten und Friedensstiftern macht. Sie sind tatsächlich das, was man «zivilisierte Menschen» nennt. Nur zu, probieren Sie, eine solche Person zum Tratschen oder Sticheln zu verführen – Sie werden frustriert sein, es wird Ihnen nicht gelingen. Menschen dieses Typus äußern sich selten negativ über andere, selbst wenn sie guten Grund dazu hätten. Sie sind wundervolle Zuhörer und sehr gut darin, andere aus sich herauszulocken. Durch ihr einfühlsames, warmes Interesse bringen sie in anderen Menschen das Beste zum Vorschein. Ein intelligenteres und aufmerksameres Publikum als einen Stillen Helden werden Sie nie finden – und Sie werden nie mit Sicherheit wissen, was er oder sie wirklich von Ihnen hält. Zivilisierte Umgangsformen sind eine gute Tarnung für einen scharfen Beobachter, und darüber hinaus gibt die Pyramide ihr Wissen nicht preis. Stein ist opak. Stille Helden reden nicht gern über sich selbst, und vor allem wird man sie niemals jammern und klagen hören. Wenn Sie zu diesem Typus gehören, sprechen Sie vermutlich nicht leicht über Ihre Kindheit, Ihre Familie, Ihre Gefühle, es sei denn mit Ihren engsten Freunden – und selbst dann schaffen Sie durch Humor und Ihren Erzählstil ein gewisses Maß an Abstand. Oder Sie geben dem Gespräch geschickt eine andere Wendung, so daß es darauf hinausläuft, daß die anderen von sich selbst erzählen. An der vorgeblich befreienden Wirkung von Bekenntnissen und Selbstenthüllungen haben Sie starke Zweifel – Ihr Stil ist es jedenfalls nicht. Das Kubus-Spiel zu spielen ist Ihnen vielleicht unangenehm, und was die Bilder Ihrer Vision Ihnen sagen, geben Sie sicherlich nicht preis. («Hmmm ... interessant»; das war alles, was der letzte Mitspieler, der eine Pyramide sah, uns sagte.) In einer Ära der öffentlichen Konfessionen, der therapeutischen Ehrlichkeit, der Enthüllungen bis zum Punkt des Exhibitionistischen kann dieser altmodische Sinn für das Private wie eine Tarnkappe wirken. Ob es für Sie nun von Vorteil oder von Nachteil ist – Sie könnten jedenfalls Wunder vollbringen, ohne je viel Aufmerksamkeit auf sich zu ziehen. Stille Helden sind wie schwarze Löcher, jene kosmischen Phänomene, die man selbst mit Hilfe der stärksten Teleskope nicht sehen kann; nur ihre enorme Masse und ihre Gravitationswirkung zeigen, daß sie da sind. Sie haben diese Art von Masse und Einfluß. Und nur Sie können die Frage beantworten: Genügt Ihnen das?

Stille Helden bei der Arbeit

Unerkannte Heldinnen und Helden leisten die Grundlagenarbeit und steuern viele der Ideen bei, für die andere später die Lorbeeren ernten. Sie sitzen in Redaktionen und Lektoraten, schreiben Reden, bereiten Kampagnen vor, entwerfen Strategien, planen und beraten. Sie sind die «grauen Eminenzen» hinter dem Thron, die Assistenten und Förderer, Mentorinnen und Vertrauten jener, die im Licht der Öffentlichkeit glänzen. Wenn diese Rolle eine weibliche Konnotation hat, bedenken Sie, daß der indirekte Weg, das Agieren hinter den Kulissen, für intelligente Frauen jahrhundertelang die einzige Möglichkeit war, Einfluß auf die Welt und auf gesellschaftliche Prozesse auszuüben. Solche Frauen sind die dunklen Sterne der Geschichte, die Mütter, Ehefrauen, Freundinnen, «Musen», die namentlich nie erwähnten Mitarbeiterinnen ganzer Legionen von «großen Männern». Ihre Schutzpatronin ist Aspasia, die Geliebte und Mentorin, ohne deren

weisen Rat Perikles von Athen nie als großer Rhetoriker und Staatsmann in die
Geschichte eingegangen wäre.

Aber es sind nicht nur Frauen, die solche Rollen ausfüllen. Männer wie Leonard Woolf, George Henry Lewes, der Lebensgefährte von George Eliot, und die Liebhaber-Manager so mancher Diva gehören ebenfalls in diese Kategorie. Wenn es denn so ist, daß man groß sein muß, um Größe zu verstehen, verfügt die Schattenfigur im Hintergrund glänzender Leistungen zweifellos über ihre eigene Art von Genie. Aber dieses Genie äußert sich in der Fähigkeit, der Partner der Primadonna, der Musiker in der Rhythmusgruppe zu sein, den perfekten, unaufdringlichen Hintergrund zu schaffen, auf dem der andere glänzen kann. «Immer die Brautjungfer, nie die Braut» – so könnte das Motto der Stillen Heldinnen und Helden lauten.

Vielleicht fühlen Sie nun den Drang, diesen Leuten beizuspringen und sie zu verteidigen, aber denken Sie daran, daß unerkannte Heldinnen und Helden sich solche Rollen oft aus freien Stücken wählen. Es ist aufschlußreich, daß Pyramiden in der Imagination fast immer aus größerer Entfernung gesehen werden. Wenn wir fragen: «Wie groß ist der Kubus? Ist er im Vordergrund oder weiter entfernt?», können wir aus der Antwort auf das Selbstbild und die Selbsteinschätzung einer Person schließen. Unerkannte Heldinnen und Helden sehen sich als groß und machtvoll und haben überhaupt kein Problem damit, aber sie sehen sich im Hintergrund, als Teil eines größeren Bildes und einer langen Zeitperspektive. Sie arbeiten hart und ungemein intensiv und lieben es, sich im Arbeitsprozeß zu verlieren und dann zurückzutreten, wie mittelalterliche Baumeister, die eine Kathedrale betrachten. Spektakulären öffentlichen Würdigungen wie etwa den Oscar-Verleihungen, die für so viele Menschen der Lebensinhalt sind, entziehen sie sich lieber. Für sie ist das große Getue um Leute und Prominenz und Erfolg geschmacklos und fehl am Platz.

Aber verstehen wir uns richtig: Das heißt nicht, daß Stille Helden an Macht nicht interessiert wären. Im Gegenteil; sie sind so oft in der Nähe der Macht, im Schatten der Macht zu finden, daß man es mit dem Zufall nicht mehr erklären kann. (Pyramiden sind schließlich mit Pharaonen, Gottkönigen assoziiert.) Sie dienen der Macht, die ohne sie nur leeres Getöse wäre. Sie zähmen ihre Exzesse, führen ihre Direktiven aus, vermitteln zwischen ihrer launischen, herrischen, aufbrausenden Seite und der Welt. Jeder Präsident, Vier-Sterne-General oder Diktator, jede (männliche oder weibliche) Diva braucht einen solchen Vermittler. Wir denken an einen Diplomaten im Ruhestand, den wir kennen, der jetzt in Regierungskreisen sehr gefragt ist, wenn es um Konfliktmanagement geht, und an die Redakteurin einer literarischen Zeitschrift, die permanent Auseinandersetzungen zwischen Autoren und dem prätentiösen, launenhaften Herausgeber schlichten mußte, während sie den größten Teil der Beiträge in aller Stille selbst schrieb. Unerkannte Heldinnen und Helden *gehören* in die Nähe der Macht; sie leiten, differenzieren und relativieren ihr Wirken. Sie erkennen weltliche Macht als bloße Spiegelung einer höheren Einflußsphäre und lassen sich von ihr nicht leicht blenden.

Was Sie als Stille Heldin oder Held brauchen, um in Ihrem Arbeitsleben zufrieden zu sein, ist nicht in erster Linie Aufmerksamkeit oder Lob, sondern Respekt und Vertrauen. Überwachung finden Sie aufdringlich und beleidigend; wenn man Ihnen eine Aufgabe oder Mission überträgt, möchten Sie in Ruhe gelassen werden und sie so ausführen, wie Sie es für richtig halten. Und von Ihren Untergebenen erwarten Sie ebenfalls ein gewisses Maß an Souveränität und Initiative. Nichts geht Ihnen mehr auf die Nerven als Mitarbeiter, die nicht selbständig denken können und permanent detaillierte Anweisungen brauchen.

Und was Ihren Vorgesetzten angeht … Natürlich würden Sie es niemals laut sagen, aber Sie sind ihm (oder ihr) intellektuell haushoch überlegen, und Sie wissen es. Als Mann oder Frau im Rampenlicht muß diese Person direkt, couragiert und gewieft sein, aus dem Instinkt heraus handeln können und fähig sein, Eigenwerbung zu betreiben. Aber die eigentliche Substanz kommt von Ihnen. Sie tun weitaus mehr, als die Pflicht verlangt, überlegen sich bessere Wege, das Verlangte zu erbringen, füllen das Skelett abstrakter Anweisungen mit Ihrer Originalität und Kreativität. Ihre Chefin, Ihr Vorgesetzter verläßt sich darauf und gewöhnt sich daran, das Lob dafür einzustreichen. Das macht Ihnen nichts aus. Ihnen geht es darum, daß Ihre Ideen Einfluß haben – und nicht, unter wessen Namen sie laufen.

Aber Vorsicht: Lassen Sie sich nicht übers Ohr hauen, wenn es um die Bezahlung geht! Stille Helden leisten ihre außerordentlichen Dienste auf eine so unaufdringliche Weise, daß die Leistung, die dahintersteht, oft als selbstverständlich hingenommen wird; das führt dazu, daß man sie schamlos ausbeutet. Wir sagen es nicht gern, aber das ist ihre eigene Schuld. Um auch nur annähernd in ihrem Wert gewürdigt zu werden – und um ihre Miete und ihre Rechnungen bezahlen zu können –, müssen sie das tun, was sie am meisten hassen: Aufmerksamkeit auf sich ziehen. Ein kleiner Streik kann da Wunder wirken. Ihr Boß wird im Schockzustand sein, wenn er eine Woche lang versucht hat, ohne Sie klarzukommen.

Vielleicht kommt im Leben eines Stillen Helden irgendwann ein Zeitpunkt, zu dem er – oder sie – sich entschließt, hervorzutreten und Anerkennung in Anspruch zu nehmen – eine Unternehmung, die man nur mit der Anstrengung vergleichen kann, den unterirdischen Teil einer Königspyramide auszugraben. Die Redakteurin, die wir erwähnten, kündigte zum Beispiel kürzlich ihren Job (mit rechtzeitiger Ankündigung, versteht sich, um ihren Chef allmählich zu entwöhnen) und entschloß sich, die Arbeit an einem unbeendeten eigenen Roman wieder aufzunehmen. Niemand verdient es mehr als solche Menschen, daß ihr Loblied gesungen wird. Wenn Sie als Stille Heldin oder Stiller Held den Entschluß gefaßt haben, an die Öffentlichkeit zu treten, seien Sie auf starke innere Widerstände gefaßt. Aufmerksamkeit für Ihre Person ist für Sie fast ein Tabu. Die große Lebensbeichte, die alles enthüllt, ist sicherlich nicht Ihre Sache. Aber Fiktion könnte genau das Richtige für Sie sein. Und wenn Sie sich immer noch nackt fühlen, versuchen Sie es mit einem Pseudonym.

Stille Helden und die Liebe

Menschen dieses Typus haben etwas an sich, das immer allein ist, selbst wenn sie in langandauernden, harmonischen Beziehungen leben. Meistens haben sie schon früh in ihrem Leben gelernt, so unabhängig und selbstgenügsam zu sein wie ein gut ausgerüstetes Schiff, oft als Reaktion auf Eltern, die entweder gleichgültig waren oder sich ständig einmischten (beides sind Formen, die wahren Bedürfnisse eines Kindes zu ignorieren). Der Kubus, der so weit im Sand vergraben ist, daß nur seine pyramidenförmige Spitze sichtbar wird, ist ein treffendes Bild für die seelische Befindlichkeit dieser Menschen: Ihr emotionales Leben ist «in den Untergrund gegangen». Die Spitze, die aus dem Sand herausragt, ist der Intellekt. Intimität zu entwickeln wird unter diesen Voraussetzungen schwierig, denn jemandem nahe zu sein bedeutet ja, sich zu zeigen, zu öffnen und Gefühle zum Ausdruck zu bringen.

Zwei Lebensmuster können aus dieser Haltung resultieren. Wenn zwei oder drei Beziehungen schiefgegangen sind, zieht ein Mensch dieses Typus sich vielleicht auf das Alleinleben zurück, gewöhnt sich mehr und mehr an einen stoischen, gelassenen, ja, heiteren Umgang mit der Einsamkeit, und die Scharniere des Tors zur verborgenen Kammer der Emotionen werden immer rostiger. Warum sollte man den Schmerz mumifizierter Sehnsüchte auch wieder und wieder durchleben? Wenn die Liebe doch noch einmal ins Leben einer Stillen Heldin oder eines Stillen Helden tritt, kann es so scheinen, als wäre ihr Preis zu hoch – es sei denn, es wäre die Liebe einer Person, die genauso unabhängig ist und die bereit ist, zu koexistieren, statt zu fusionieren oder zu verschmelzen. Eine wundervolle Freundschaft kann die Einsamkeit in Schach halten und eine angenehme Form von Gemeinsamkeit ermöglichen. Stille Helden und Heldinnen sind talentierte, galante, interessante Freunde, die zu tiefer, inniger Zuneigung inspirieren und sie erwidern. Was ist Freundschaft schließlich, wenn nicht Liebe aus der idealen Distanz? Seite an Seite – aber ohne daß einer sich in das Leben des anderen einmischt. Und genau diese Art von Liebe ist es, die viele Stille Heldinnen und Helden mit sich und ihrem Leben vereinbaren können. Sie heiraten, bekommen Kinder, führen ein Familienleben – und sind in gewisser Weise dennoch allein. Sie sind faire, treue, freundliche, vernünftige, geistreiche und zärtliche Partner – «zivilisierte Menschen» –, und dennoch wissen ihre besseren Hälften und ihre Kinder selten, was sie denken und fühlen, weil sie es nicht sagen und nicht zeigen. Ihre Arbeit kann sie völlig absorbieren, was manchmal dazu führt, daß sie der Familie längere Zeit fernbleiben. Mit «Wochenendehen» können sie sich durchaus wohl fühlen, denn sie empfinden Einsamkeit nicht als Deprivation. Eher sind es ihre Partnerinnen oder Partner, die sich einsam fühlen und Mangel leiden – sogar in der physischen Gegenwart des schweigsam in sich ruhenden geliebten Menschen.

Wir kennen einen Stillen Helden, der mit einer Frau vom Typus der in den Lüften schwebenden Visionärin verheiratet ist. In den frühen Jahren ihrer Ehe lebten sie zusammen, aber er war die meiste Zeit «abwesend», da er von seiner wichtigen Arbeit völlig in Anspruch genommen wurde. Ausgehungert nach Nähe und romantischer Aufmerksamkeit, ließ sie sich schließlich auf eine stürmische Affäre ein. Ihre Ehe überlebte diese Krise, und er lernte, sensibler auf ihre Bedürfnisse einzugehen (wenn er auch genauso verschlossen blieb, was seine eigenen Gefühle anging). Jetzt ist er in ein anderes bedeutendes Arbeitsprojekt involviert – in einer anderen Stadt. Und sie? Sie ist eine erfolgreiche Autorin von Liebesromanen geworden, und nach ihren gemeinsam verbrachten Wochenenden hat sie nichts dagegen, daß er wieder wegfährt, denn dann kann sie sich genüßlich und in aller Ruhe wieder in ihre Phantasiewelt zurückziehen. Das reinste Paradies für eine Träumerin. Und die Moral von der Geschicht': Wenn Sie einen Stillen Helden (eine Heldin) lieben, legen Sie sich ein zeitintensives Steckenpferd zu, eine Beschäftigung, die Sie ausfüllt und absorbiert. Wirklich: Es hilft, wenn Sie auch ein gewisses Maß an emotionaler Selbstgenügsamkeit entwickeln. Ihr geliebter Mensch ist nicht kalt oder herzlos und neigt überhaupt nicht zur Untreue. Er oder sie ist einfach zutiefst introvertiert und überdeckt das mit einer überzeugenden Pyramidenspitze intellektueller Extraversion. Wenn Sie Geduld bewahren und nicht drängen, wird Ihnen vielleicht eines Tages ein Blick in die innere Kammer gewährt. Was Sie dort zu sehen bekommen, wird Sie zutiefst beeindrucken und berühren: das Herz eines Menschen, der akzeptiert hat, daß wir in letzter Instanz alle allein sind.

EROTIK UND SEX

Dieser stoische, selbstgenügsame Menschentyp hat seine Leidenschaften so gut unter Kontrolle, daß sie aus dem bewußten Leben nahezu verbannt sind. Die Libido ist zu einem kontrollierten Feuer geworden, das der Lokomotive der Arbeit als Antriebsenergie dient. Eine Leidenschaft für gutes Essen – ein sinnliches Vergnügen ohne emotionale Gefahren – ist vielleicht die sichtbare Spitze eines unterseeischen Eisbergs von beträchtlichem Umfang, der verborgene erotische Bedürfnisse und Sehnsüchte in sich birgt. Aus unerfindlichen Gründen haben die Stillen Helden, die wir kennen, alle eine gewisse Unbeweglichkeit und Entfremdung von ihren Körpern gemeinsam. Sie scheinen die Art von hochentwickelten zerebralen Geschöpfen zu sein (oder werden zu wollen), die man in den «Star Trek»-Serien sieht, Wesen, deren Handeln von reiner Logik bestimmt ist und die es als bedauerliche Notwendigkeit empfinden, sich dieser unvollkommenen materiellen Vehikel bedienen zu müssen. Sie leben im Kopf, und ihr Geschmack (in beiden Wortbedeutungen) entschädigt sie für das Spartanische ihrer Existenz vom Hals abwärts.

Man könnte es das «Mr.-Spock-Syndrom» nennen. Spock hatte Legionen von

Fans, die sich wahrscheinlich ausmalten, welche ungestümen Leidenschaften hinter der schönen, undurchdringlichen Pokermiene des Vulkaniers schwelten. Und wäre es nicht unwiderstehlich, diesen Lavakern einmal berühren zu können? Stille Heldinnen und Helden haben viel mit Mr. Spock gemeinsam: Sie faszinieren und frustrieren. Sie können so *cool* sein, daß man sich die Finger an ihnen verbrennt. Man hat das Gefühl, daß da irgendwo in den Mauerquadern eine Geheimtür sein muß, die – wenn man nur den richtigen Knopf findet – den Lavastrom freisetzt und die Pyramide in einen Vulkan verwandelt. Aber genau betrachtet: Wäre das wirklich eine so gute Idee? Glücklicherweise (oder auch nicht, wer weiß?) ist diese Geheimtür so gut wie nie zu finden. Für Liebhaber oder Geliebte, die Herausforderungen schätzen, hat diese den Schwierigkeitsgrad eines chinesischen Puzzles oder eines doppelten Saltos rückwärts vom Zehnmeterbrett.

Stille Helden beim Spiel

Die Unbesungenen (im Gegensatz zu den Untoten, die wenigstens fremdes Blut brauchen) sind beim Spiel genauso selbstgenügsam wie in allen anderen Dingen – das heißt, wenn sie sich überhaupt Muße gönnen. Gewöhnlich sind sie zu sehr von ihrer Arbeit ausgefüllt – und auch damit zufrieden. Hier liegt eine weitere eigenartige Verbindung zum Perfektionisten: Beide Typen sind «Workaholics», aber da endet die Ähnlichkeit auch schon. Für Perfektionisten steht der Erfolg immer in Frage, und sie beziehen alles auf sich; ihre Arbeitswut ist angstgetrieben und führt zu periodisch wiederkehrenden Erschöpfungszuständen. Stille Helden nehmen dagegen so gut wie gar nichts persönlich, und sie haben ein unprätentiöses, aber solides Zutrauen zu ihren eigenen Fähigkeiten. Sie sind durch den Wunsch motiviert, von Nutzen zu sein und zu dienen – und vielleicht auch durch eine gewisse Neigung, dem Chaos des Persönlichen zu entfliehen. Aber ihr unermüdlicher Arbeitseifer hat nichts Freudloses oder Verbissenes. In der Arbeit sind sie in ihrem Element und beziehen daraus eine nahezu unerschöpfliche Energie. Nur wenn sie physisch krank werden – was selten vorkommt –, halten sie inne, und oft ist es das einzige Signal, daß sie auftanken müssen.

Wenn sie dann doch einmal Muße haben, sind sie bestens in der Lage, sich selbst zu unterhalten. Sie sind begeisterte Leser. Sie stricken. Sie kochen Gourmet-Mahlzeiten für ihre Freunde. Sie *denken*. Und sie reisen gern in ferne Länder, auf der Suche nach einer spirituellen Inspiration oder aus der Faszination an der Geschichte heraus. Wie es zu ihren Kuben beziehungsweise Pyramiden paßt, fühlen Stille Helden sich zu alten und fernen Zivilisationen hingezogen, zu Orten und Zeiten, in denen die Macht auf kosmischen oder jedenfalls verfeinerteren, differenzierteren Prinzipien basierte, auf etwas Subtilerem als Geld, Verbindungen und Prominenz. Sie fühlen sich wie alte, heimwehkranke Seelen, die sich nach einer kultivierteren Umgebung sehnen. Aus einem instinktiven Bedürfnis heraus, das Verlorene wiederzuerlangen, verbringen sie ihre Mußestunden vielleicht damit, Sprachen zu erlernen oder erlesene Kunstformen wie die Kalligraphie oder die japanische Teezeremonie auszuüben.

EMPFINDSAME

Sonnenseiten:
Introspektion
Einfühlung
Medialität

Schattenseiten:
Tendenz zu übertriebener Analyse
Weitschweifigkeit
Einsamkeit

In Japan, so sagte man uns, wird die Leere als positive Ganzheit betrachtet und nicht als bloße Abwesenheit von Dingen. Das ist einer der Hintergründe für die sparsamen, exquisiten Proportionen japanischer Interieurs und Gärten. Während die Menschen der westlichen Welt häufig die Neigung haben, ihre Räume mit Mobiliar und Kunstgegenständen vollzustopfen, könnte man von den Japanern sagen, daß sie die Leere gestalten – oder daß die Leere ihr Gestaltungsprinzip ist. Ähnlich könnte es sich mit jenen Personen verhalten, die ihren imaginären Kubus nicht als Festkörper sehen, sondern als kubische Hohlform, als Vertiefung im Boden, oft mit Wasser gefüllt. (Verwandte Typen oder vielleicht Subtypen der Empfindsamen sind über dem Boden schwebende Kuben, die auf magische Weise immateriell sind, aus Luft, Wolken oder Wasser bestehend, und alle

Kuben, bei denen die Betonung auf dem Innenraum liegt. In welcher Position Ihr Kubus sich auch befinden mag: Wenn das Wesentliche sich im Inneren abspielt, liegt die Vermutung nahe, daß auch Sie gewisse Züge des empfindsamen Persönlichkeitstypus in sich tragen.)

Als negativer Raum – als kubischer Schacht oder in den Boden eingelassene kubische Kammer – ist diese Position so selten wie rhesus-negatives Blut, zumindest im Westen. (Es wäre interessant zu erfahren, ob sie in raumbewußten Kulturen wie der japanischen häufiger vorkommt.) Dieses Bild vermittelt sofort den Eindruck von einer Person, deren Denken und Selbstverständnis der Konvention entgegenläuft wie ein fotografisches Negativ dessen, was man erwarten würde. Als extravertierte Kultur erwarten wir, daß ein Ego gewissermaßen eine solide Masse bildet und Raum verdrängt. Die empfindsame Person hält dagegen: «Und wenn ich nun Leere wäre und darauf wartete, mit Inhalt gefüllt zu werden?» Es ist eine provokative Aussage, wie die der Architektin Maya Lin, die ein Vietnam Veterans Memorial schuf, ein Mahnmal für den Vietnam-Krieg, das hinunter in die Erde führt. Besucher werden hier nicht mit der offiziellen Version der Bedeutung dieses Krieges konfrontiert, sondern eingeladen, hinabzusteigen und die Bedeutung für sich selbst zu erfahren.

Der Hohlraum-Kubus porträtiert eine Person, deren Identität sich ganz und gar aus der inneren Erfahrung speist.

Empfindsame in der Welt

Empfindsame haben eine gewisse Ähnlichkeit mit Stillen Helden, nur sind ihre Kuben total in den Untergrund gegangen. Während eine Pyramide die Kräfte des Kosmos und der Unterwelt sammelt und sie auf ein weltliches Ziel fokussiert –

ihre Spitze ragt immerhin als Monument aus dem Boden heraus –, ist ein stilles
Wasserreservoir oder rezeptives Gefäß an weltlicher Macht um ihrer selbst willen
überhaupt nicht interessiert. Wenn Empfindsame zu Einfluß gelangen, als Künstler, Lehrende, Heiler, Mystiker oder Medien, ist das ein Nebenprodukt ihrer Ver-
senkung in die innere Welt. Das empfindsame Selbst ist dünnwandig und osmotisch – oft als Folge merkwürdiger, unerklärlicher Ereignisse. Empfindsame
Menschen fühlen sich häufig wie Seismographen oder Medien; ihre Einsichten
und Erkenntnisse steigen aus Quellen auf, die tiefer liegen als das Persönliche.

Wenn man den Blick einfach über die Wüstenlandschaft schweifen ließe,
könnte man den Kubus der Empfindsamen leicht übersehen. Er wurde nicht angelegt, um Aufmerksamkeit zu erwecken. Er wurde versenkt, wie ein Brunnen,
auf der Suche nach Wasser, der Quelle des Lebens. Wir alle wissen intuitiv, daß
Wasser die Seele symbolisiert. Und wir wissen auch, wie furchtbar es ist, durch
eine emotionale, kreative oder spirituelle «Dürreperiode» zu gehen. Deshalb findet man hohlräumige Kuben oft von Bäumen umgeben, die sich über den Was-
serspiegel neigen, um das lebenspendende Element in sich aufzunehmen. Eine
empfindsame Person kann für andere eine Oase sein, einfach dadurch, daß sie
fähig ist, diese unterirdische Wasserader anzuzapfen. Authentizität und Wahrhaftigkeit sind für Empfindsame sehr wichtig. Wenn Sie zu diesem Menschentypus
gehören, wissen Sie, daß Sie sich nur wohl fühlen, wenn Sie mit Ihrer in ständiger
Transformation begriffenen inneren Wahrheit in Verbindung bleiben. Sie verbringen Stunden damit, Innenschau zu halten, und sind frustriert, wenn Sie sich
nicht an Ihre Träume erinnern können. Lange, intensive Gespräche mit einem
Freund oder geliebten Menschen empfinden Sie als befriedigende Form der
Selbsterkundung, denn sie bieten Ihnen Gelegenheit, die Fragen, die Sie sich
selbst immer wieder stellen, laut zu äußern: Wie denke ich wirklich? Was fühle
ich wirklich? Und wie kann ich das klar zum Ausdruck bringen? Umgekehrt verstehen Sie sich großartig auf die Kunst des empathischen Zuhörens – und Sie sind

ein ganz anderer Zuhörertyp als der undurchdringlich höfliche Stille Held, der alles über die Aktivitäten und Erkenntnisse anderer Leute hören will, aber nicht wissen will, was in ihnen vorgeht oder was sie emotional durchmachen. Der Kubus des Empfindsamen ist zwar im Untergrund, aber er ist *offen*. Sie hören aus der Tiefe Ihres Herzens heraus zu und nutzen Ihre eigene emotionale Erfahrung ohne jede Angst als Basis für Verständnis und Gemeinsamkeit.

Empfindsamkeit impliziert nicht nur Offenheit, sondern auch einen gewissen Hunger nach Erfahrungen, Gefühlen, Einsichten, Intimität. Empfindsame sind aber weniger von Bedürfnissen getrieben als vielmehr bereit, sich dem Leben mit allen seinen Höhen und Tiefen vollständig zu öffnen. Das Innenleben solcher Menschen ist nicht in erster Linie eine Traumwelt wie bei den Visionären. Sie brauchen Kontakt, authentischen «Input» von außen. Man könnte sie die Realisten der inneren Welt nennen. Und so wie Realisten im Umgang mit der materiellen und sozialen Wirklichkeit in ihrem Element sind, so sind es Empfindsame im Umgang mit der emotionalen Realität.

Eine Architektin sah in ihrer Imagination weiße Blumen in ihr kubisches Wasserbecken fallen und sagte, als sie die Bedeutung der Blumen erfuhr, spontan: «O ja, natürlich – ich wünsche mir wirklich ein Kind!» Aber ihr Kubus war mehr als ein freudianisches Kürzel für ihren Uterus. Sie wollte die *Erfahrung* der Schwangerschaft, der Geburt und der symbiotischen Bindung von Mutter und Säugling. Sie wollte Leben in sich aufnehmen, nicht nur physisch, sondern auch emotional und mental. Und oft genug erfüllt das Leben solche Wünsche. Empfindsamen scheint mehr als das normale Maß an starken Erfahrungen zugemessen zu werden, im positiven wie im negativen Sinn. Es ist, als würde das Leben antworten: «So – du möchtest also alles erleben, was ich an Intensität zu bieten habe? Bitte, du hast es so gewollt!» Meistens ist dieser Menschentyp der Herausforderung auch gewachsen, geht zu Boden und steht wieder auf, wird abgeschliffen, gehärtet, aufgeweicht, gewinnt an Tiefe und reift durch die Erfahrung.

Empfindsame bei der Arbeit

Die Empfindsamen, die wir kennen, sind künstlerisch begabt, insbesondere dafür, Raum zu gestalten. Sie fühlen sich zu Berufsfeldern wie Architektur, Innen-Design, Landschaftsgestaltung, Bühnenbild, Graphik und Film (als Kameraleute oder Regisseure) hingezogen. Ihre Sensibilität für Raum und Innenwelt befähigt sie, Interieurs oder Räume im weiteren Sinn zu schaffen, die wiederum Einfluß auf die Stimmung und Geisteshaltung des Betrachters oder Bewohners ausüben. Da auch die Musik einen Raum um den Zuhörer schafft und einen inneren Zustand wiederzugeben sucht, kann man sich leicht vorstellen, daß Empfindsame unter Musikern zu finden sind, aber wir haben dafür bisher noch kein Beispiel angetroffen. Begeisterte Hörer und Musikliebhaber sind unsere empfindsamen Freunde aber auf jeden Fall.

Außerdem sind Empfindsame häufig in Berufen zu finden, die mit Einfühlung und Fürsorge zu tun haben: in der Sozialarbeit, Psychotherapie, Beratungsarbeit und in den heilenden Berufen. Und natürlich sind sie Mütter aus Leidenschaft. Tatsächlich übernehmen sie in ihrem beruflichen Umfeld oft die Mutter- oder Beraterrolle für Mitarbeiter, Klienten oder Geschäftspartner, auch wenn das nicht die Art ist, wie sie ihr Geld verdienen. Wir kennen einen kleinstädtischen Handwerker und Installateur, der insgeheim über eine mediale Begabung verfügt und nicht nur die Wasserleitungen seiner Kunden repariert, sondern auch ihre Gärten zum Blühen bringt und ihnen hilft, wenn sie Kopfweh haben. Da sie aus tieferen Quellen als dem Persönlichen schöpfen, sind Empfindsame nicht leicht zu ermüden und selten erschöpft. Außer in Phasen persönlicher Schwierigkeiten und Krisen (und manchmal selbst dann) scheinen sie durch intensive Interaktion und unermüdliches Geben geradezu aufzublühen. Wahrscheinlich sind es die Empfindsamen unter uns, die das meiste dazu beitragen, die emotionale Wüste der Arbeitswelt zum Blühen zu bringen – und nicht nur durch die Art, wie sie ein

Büro, das an einen Schuhkarton erinnert, in eine Oase verwandeln können. Im Berufsleben sind sie der tröstliche Hafen, in dem man vertrauensvoll vor Anker gehen kann; sie bringen wahrhaftiges Interesse an den Problemen der anderen auf und nicht nur daran, was diese anderen im Gegenzug zu bieten haben oder wie effizient sie sind. Für Empfindsame existiert Arbeit, um menschliche Interaktion zu unterstützen, und nicht umgekehrt. Ein Manager, der meint, daß diese Leute «Zeit verschwenden», wenn sie mit anderen Mitarbeitern Gespräche führen, hat keinen Weitblick (obwohl man Empfindsamen manchmal zu Recht nachsagen kann, daß sie zuviel reden). Ihr bedeutendster Beitrag zum Florieren des Unternehmens oder der Organisation ist of indirekt und bezieht sich auf das Qualitative, nicht Greifbare – auf Faktoren wie Arbeitsklima und Arbeitsmoral, Loyalität und Teamgeist.

Für Empfindsame in kreativen und unabhängigen Berufen hat die Arbeit, die sie tun – der Prozeß, die Substanz, die Qualität –, ihren Wert in sich selbst. Bestätigung um der Bestätigung willen zu suchen erschiene ihnen sinnlos. Andererseits haben sie, anders als Stille Helden, kein Bedürfnis, sich bedeckt zu halten und ihr Licht unter den Scheffel zu stellen. Wenn es einem guten Arbeitsprojekt dienlich ist, streben sie vielleicht sogar bewußt nach Anerkennung. Außerdem ist Erfolg ein intensives Gefühl und eine starke Erfahrung, die ihnen nur mehr Gelegenheit geben kann, mit anderen zu interagieren und das Gewebe ihres Lebens zu verdichten. Aber sie werden stets bereitwillig erklären, daß sie «Glück hatten», «von einem guten Geist geleitet» waren oder daß ihre besten Ideen aus tieferen Quellen kommen und nur durch sie «hindurchgehen». Erfolg steigt Empfindsamen gewöhnlich nicht zu Kopf und wirft sie nicht aus der Balance. Umgekehrt hindert das Unbekanntsein oder ein bescheidenes Einkommen sie nicht daran, ein innerlich reiches, interessantes und sinnerfülltes Leben zu leben.

Empfindsame und die Liebe

Was einen empfindsamen Menschen jedoch daran hindern kann, sich erfüllt zu fühlen, ist Einsamkeit. Empfindsame leben und agieren auf einem Niveau von Intensität und Intimität, das viele andere Menschen nicht aushalten können. Wie T. S. Eliot treffend bemerkte, kann «die Menschheit nicht viel Realität ertragen». Zu realistisch für die meisten Visionäre, zu intensiv für die meisten Realisten, zu persönlich für die meisten Prinzipientreuen und zu eindringlich für Stille Helden, geraten Empfindsame vielleicht in Verzweiflung oder verprellen nicht wenige potentielle Liebespartner, bevor sie das seltene Pendant finden, den Menschen, der ihre Art ertragen kann – ihre Art, die Beziehung unentwegt zu erörtern und zu analysieren. (Einem Perfektionisten könnte es gefallen, mit soviel Aufmerksamkeit bedacht zu werden.) Für Empfindsame gibt es nichts Realeres und Faszinierenderes als die menschlichen Gefühle und ihre immense Wandelbarkeit von Augenblick zu Augenblick. Diesen Transformationen nachzuspüren und sie zu verbalisieren, ist ihr Weg, mit ihrer inneren Wahrheit in Kontakt zu bleiben, auch wenn diese Wahrheit eine unruhige Wetterlage mit Gewittern und Sturmböen ist. Und auf dieselbe Weise versuchen sie, die Seele eines geliebten Menschen zu erforschen und Nähe zu schaffen.

Wenn der bloße Gedanke an ein solches «Encounter» Sie nach Luft schnappen läßt, hüten Sie sich lieber davor, mit einer empfindsamen Person eine Liebesbeziehung einzugehen. Sie oder er will nicht nur die verborgensten Ecken und Winkel Ihrer Seele kennenlernen, sondern hat auch den Ehrgeiz, Ihre tiefsten Wunden aufzuspüren und zu heilen. Eine Herausforderung, der Empfindsame kaum widerstehen können, ist, einen in seinen Gefühlen geschädigten, zerbrochenen Menschen durch ihre Liebe ins Leben zurückzubringen. Sie schießen sich unweigerlich auf jemanden ein, der dem unbeteiligten Beobachter wie ein hoffnungsloser Fall erscheint, der sich resigniert einer unglücklichen Ehe, einem einsamen

Leben, einer chronischen Krankheit ergeben hat, und machen es sich zur Aufgabe, diesen Menschen lange und geduldig zu umwerben, sein Vertrauen zu gewinnen, ihn mit ihrer Aufmerksamkeit zu wärmen, bis er gegen seine eigenen Erwartungen wie durch ein Wunder wieder aufblüht.

Sicherlich ist Ihnen nicht entgangen, daß diese Art von Hilfsbereitschaft eine Komponente subtiler Dominanz enthält. Die empfindsame Person fühlt sich gewöhnlich als die «ältere», reifere, führende Seite in der Beziehung, als die Initiatorin, die Mutter, als Heiler oder Mentor, selbst wenn sie oder er jünger an Jahren ist. Indem sie sich zu «Gefühlsexperten» machen – für ihre eigenen Emotionen und die der anderen Seite –, behalten Empfindsame die Zügel in der Hand; indem sie sich den Vorgängen im Inneren konstant mutig «stellen» wie die Löwenbändiger, vermeiden sie es, von Emotionen und Affekten überrascht und überrollt zu werden. Man fragt sich, ob ihre scheinbare Furchtlosigkeit in der Liebe nicht in Wahrheit etwas Kontraphobisches hat, etwas vom Bunjee-Springer, der seine Angst abwehrt, indem er sich kopfüber in sie hineinstürzt. Einsame Empfindsame haben also die Wahl, auf jemanden zu warten, der bereit ist, mit ihnen «intensiv» zu werden, oder sich selbst eine Gefühlsdiät zu verordnen, alles etwas leichter zu nehmen und die Dinge ihren Gang gehen zu lassen, ohne dauernd zu reden und zu analysieren. Empfindsame Frauen bringen vielleicht die höchste Bereitschaft auf, sich für ein Leben als alleinerziehende Mutter zu entscheiden. Babys und Kleinkinder flüchten nicht, wenn man ihnen lange und tief in die Augen schaut. Aber die Empfindsamen sind durchaus nicht alle Frauen. Ein geeignetes Jagdrevier für die Partnersuche ist möglicherweise die New-Age-Szene mit ihren neojungianischen Therapiewochenenden oder Tantra-Workshops für Leute, die nicht nur Gesellschaft suchen, sondern ganz neue Formen von Intensität und Intimität erproben wollen. Statt hoffnungslose Fälle zu retten oder Bindungsphobiker zu konvertieren, können Sie dort vielleicht jemanden finden, der Ihrem Blick nicht ausweicht, sondern ihn erwidert und Sie zwingt, Farbe zu bekennen.

Viele Empfindsame scheinen zu glauben, daß ein unerforschtes Sexualleben kein gutes Sexualleben sein kann. Es sind nicht so sehr die physischen, sondern die emotionalen Wechselfälle und Veränderlichkeiten der sexuellen Vereinigung, die diskutiert werden müssen. Wenn die andere Seite sich zurückziehen will, muß man darüber reden – so bleibt man in Kontakt. Wenn es nur gelingt, die wahren Gefühle aufzudecken, die hinter dem Rückzug stehen, wird der andere nicht mehr das Bedürfnis haben, sich abzuwenden. Richtig? Das hört sich sehr nach den klassischen falschen Vorstellungen an, die Frauen über Männer hegen, aber nicht nur Frauen reagieren auf diese Weise. Für Empfindsame beiderlei Geschlechts ist es schwer zu verstehen, daß ein Realist vielleicht einfach zufrieden ist und zum nächsten Tagesordnungspunkt übergehen will, daß eine Visionärin die Erfahrung in ihre Phantasiewelt mitnehmen und dort für sich allein ausspinnen möchte, daß Prinzipientreue oder Perfektionisten nicht bereit sind, die Mängel und Unvollkommenheiten, die sie wahrnehmen, auch noch zu thematisieren, und daß ein Stiller Held einfach der Meinung ist, sein Innenleben ginge nur ihn selbst etwas an.

Andererseits: Wenn Wahrhaftigkeit und vollkommene Offenheit das ist, was Sie wirklich wollen, finden Sie bei den Empfindsamen die angstfreie Bereitschaft, Ihnen diese Wünsche zu erfüllen. Empfindsame Menschen können erotische Gefühle und Sex in ein spirituelles Abenteuer verwandeln, das so aufregend ist wie eine Wildwasserfahrt. Es erfordert eine besondere Art von Mut, sich den Extremen der inneren Natur nackt auszusetzen und eine andere Person in allen ihren Widersprüchlichkeiten wirklich zu erfahren. Das Wort «tantrisch» kommt uns dabei wieder in den Sinn. In dem Film «Bliss» läßt ein junger Mann sich unter der Anleitung einer tantrischen Therapeutin auf die geduldige Erkundung seiner eigenen Abwehrmechanismen und der Widerstände seiner unglücklichen Frau ein. Die osmotische, unendlich sanfte, ozeanische Ekstase, die das Paar schließlich miteinander erfährt, ist so exquisit und so intensiv, daß nur Empfindsame sie ertragen, annehmen und gänzlich würdigen können.

Empfindsame beim Spiel

Empfindsame verstehen sich blendend mit Entwurzelten, denn ebenso wie diese sind sie glücklich und zufrieden, wenn sie herumsitzen, reden und eine Tasse Kaffee nach der anderen trinken können. (Gewöhnlich rauchen sie auch; sie sind orale Typen. Das ist es, was der Empfindsamkeit auf der psychologischen Ebene zugrunde liegt, und daraus speist sich der Lebenshunger der Empfindsamen – und ihr manchmal nahezu zwanghaftes Redebedürfnis.) Sind finden immer ein Thema, das erörtert und analysiert werden will, sei es eine Scheidung in der Familie, ein Film, den sie kürzlich gesehen haben, ein Ereignis in den Abendnachrichten. Was aufgenommen wird, muß durchgekaut, verdaut und von der inneren Welt absorbiert werden, und das kann täglich mehrere Stunden in Anspruch nehmen, wie die Nahrungsaufnahme eines Wiederkäuers. Andere werden vielleicht unruhig und brennen darauf, die Ärmel hochzukrempeln und etwas zu tun, aber Empfindsame können sich stundenlang der mentalen Aktivität widmen, ein Ereignis oder einen Gefühlszustand nachzuerleben, zu untersuchen und jedes Quentchen seelische Nahrung daraus zu extrahieren. Natürlich erstreckt sich der Lebenshunger der Empfindsamen auch auf die Künste, insbesondere Film, Musik und Theater; die Erfahrungen und Gefühle, die diese Kunstformen den Zuhörern oder Zuschauern zu bieten haben, mögen zwar stellvertretend sein, aber dafür sind sie intensiv, verdichtet und konzentriert.

Darüber hinaus engagieren Empfindsame sich gern aktiv in kreativen Projekten, vor allem wenn es darum geht, etwas auszubauen, zu gestalten oder zu dekorieren, sei es eine Küche oder eine Bühnenlandschaft. In dieser Hinsicht unterscheidet sich ihre Muße kaum von ihrer Arbeit. Und wenn sie nicht gerade etwas Eigenes aus-, auf-, umbauen, renovieren oder neu gestalten, gehen sie gern Freunden zur Hand. (Als Eltern sind sie natürlich sehr gut darin, die Kreativität ihrer Kinder anzuregen und zu fördern.) Der beste Weg, mit empfindsamen Menschen spielerisch Freizeit zu verbringen – oder, im Notfall, ihnen das Maul zu stopfen – ist, sie um Hilfe zu bitten bei Projekten wie einer Laien-Theateraufführung, einem Kinderspielplatz, einer renovierungs- und gestaltungsbedürftigen Wohnung.

Die Position Ihres imaginären Kubus sagt Ihnen viel über Sie selbst, aber es gibt noch viel mehr zu erfahren. Wie in einem astrologischen Schaubild sind auch in den Bildern des magischen Kubus das Überpersönliche und das Persönliche ineinander verwoben, und Ihre Individualität wird durch die Überschneidungen dreier Variablen markiert: Position, Größe und Material (dem vielleicht faszinierendsten Element von allen). Wieviel Raum beanspruchen Sie für sich in Ihrer Lebenswelt? Und aus welchem Stoff sind Sie gemacht? Die nächsten beiden Kapitel werden das Porträt der Hauptperson im Drama Ihres Lebens vervollständigen.

Kapitel 11

WIE GROSS? — WIE WEIT?

Wir lieben den Augenblick, in dem wir einem neuen Kubus-Anwärter die Frage stellen können: «Wie groß ist der Kubus?» Die Antwort ist oft so unerwartet und doch so treffend, daß wir uns zusammennehmen müssen, um nicht laut herauszulachen, denn dann würden unsere Mitspieler natürlich verlegen werden und sich fragen, was sie soeben über sich selbst preisgegeben haben. Auch Sie werden lernen müssen, eine unbewegliche Miene zu bewahren, wenn Sie das Spiel mit anderen spielen und zum Beispiel erfahren, daß der Kubus, den Ihr pedantischer Chef imaginiert hat, ziemlich mickrig ist oder daß Ihre neunmalkluge ältere Schwester einen ziemlich großen Klotz in ihrer Wüste plaziert hat.

Es ist eine der Überraschungen bei diesem Spiel, zu entdecken, wie gut wir uns im Grunde selbst kennen und welch ein objektiver und scharfblickender Beobachter sich in unserem eigenen Inneren verbirgt. Selbsttäuschung und Wunschdenken sind *bewußte* Aktivitäten. Aber auf einer tieferen Ebene erkennen und akzeptieren wir die Wahrheit. Und eine der Wahrheiten über uns selbst hat mit dieser Frage der Größe zu tun.

Simple Gleichsetzungen – großer Kubus = großes Ego, kleiner Kubus = schwaches Selbstwertgefühl – treffen den Kern der Sache jedoch keineswegs. Zum einen kann das Material des Kubus die Botschaft des räumlichen Umfangs total revidieren (stellen Sie sich einen sehr großen Kubus vor, der aus Papier besteht – einen «Papiertiger» –, im Vergleich zu einem winzigen kostbaren Edelstein). Zum anderen kann sich das «groß» oder «klein» auf sehr unterschiedliche Aspekte der Persönlichkeit beziehen. Die meisten Menschen, die ihre Kuben als klein imaginieren, haben auch moderate, realistische Erwartungen an das Leben. Das scheint eine der Grundbedeutungen eines kleinen Kubus zu sein.

Andererseits kann ein kleiner Kubus für nagende Unzulänglichkeitsgefühle, Ressentiments und Neid stehen, und oft neigen gerade Menschen, die von solchen Gefühlen gepeinigt werden, zu tyrannischen Verhaltensweisen, kleinlichen Macht-Trips und Selbstbehauptungskämpfen. Sie haben es schwer mit sich selbst und machen anderen das Leben schwer, weil sie gegen die Botschaft des ausgewogenen Maßstabes ankämpfen, die ihr Unbewußtes ihnen sendet, und unbedingt mehr sein wollen, als sie sind.

«Klein» und «groß» sind natürlich relative Begriffe. Im Vergleich mit dem Saturn ist der Planet Erde klein. Was Sie unter «groß» und «klein» verstehen, ist ebenso bezeichnend wie der tatsächliche Umfang, den Sie sich für Ihren Kubus vorstellen. Wir hörten Leute sagen: «Der Kubus ist ziemlich groß», um dann bei genauerem Nachfragen zu erfahren, daß der vorgestellte Umfang etwa der eines Brotkastens war. Nun ja, das ist ziemlich groß aus der Perspektive von Mäusen. Auf welcher Größenskala denken Sie? Das kann einer der Maßstäbe für Ihre Ambitionen sein – obwohl sicherlich nicht der einzige. (Auch Glänzen oder Leuchten hat in dieser Hinsicht eine Bedeutung). Wenn ein Kubus vom Umfang eines Brotkastens Ihnen als groß erscheint, sind Sie wahrscheinlich fähig, sich zu bescheiden und mit einem einfachen Lebensstil zufriedenzugeben. (Wenn Ihr Brotkasten mit Diamanten besetzt ist, sieht die Sache allerdings ganz anders aus.)

Das andere Extrem sind «größenwahnsinnige» Phantasien wie Slobodans Giga-Kubus. (Und das ist noch gar nichts: Ein anderer Filmregisseur – was ist bloß mit diesen Leuten los? – imaginierte seinen Kubus als so groß wie den Mond und aus grünem Salbei-Käse bestehend.) Zwischen den Extremen sind die Vorstellungen der meisten Leute angesiedelt, die «groß» als «wesentlich größer als ich» definieren.

Um die Dinge zu vereinfachen, beschränken wir uns darauf, Kuben als «klein» (weniger als kniehoch), «mittelgroß» (etwa dem Maß eines menschlichen Körpers entsprechend) und «groß» (höher, als Sie hinaufreichen können) zu klassifizieren. Slobodans Kubus wäre unter diesen Umständen wohl der Kategorie XXL zuzurechnen.

Natürlich hängt die wahrgenommene Größe eines Kubus in der Wüste auch von der Entfernung ab, aus der man ihn betrachtet. Der Werbefotograf Bert Stern reiste einmal eigens nach Ägypten, um das Bild der Pyramide von Gizeh in einem Martiniglas gespiegelt einzufangen. Die Pyramide (die in der Spiegelung natürlich umgekehrt, mit der Spitze nach unten erschien) war kleiner als die Olive. Manchmal, wenn wir nach der Größe des Kubus fragen, bekommen wir ambivalente Antworten wie: «Ich bin nicht sicher, ich weiß nicht, wie weit er entfernt ist», oder: «Klein, aber er ist weit, weit weg, am Horizont.» «Und wenn Sie näher herangehen würden», fragen wir dann weiter, «könnte er dann eher groß sein?» Und die Antwort ist fast unweigerlich: «Ja ... *sehr* groß.» Darin liegt ein interessanter Hinweis auf die Bedeutung der Distanz zwischen dem Imaginierenden und seinem – oder ihrem – imaginären Kubus. Wenn wir erwachsen werden, lernen wir, die Dinge zueinander – und uns zu den Dingen – ins Verhältnis zu setzen. Im Reifeprozeß wachsen wir mehr oder weniger aus der kindlichen Selbstbezogenheit heraus (der Kubus eines Zwei- bis Dreijährigen würde vermutlich des Kosmos ausfüllen) und räumen der Welt außerhalb des Selbst eine gleichberechtigte Stellung, wenn nicht Priorität ein. Die Distanz, in der Sie als Betrachtende oder Betrachtender zu Ihrem Kubus stehen, und seine Größe reflektieren das Gleichgewicht zwischen Selbst und Welt, das Sie für sich ausgehandelt haben. Jemand, der seinen Kubus als klein imaginiert, gibt der Welt mehr Gewicht als dem Selbst. Dagegen hat jemand, dessen Kubus nur klein aussieht, weil er weit weg ist, sich den Anforderungen der Realität unterworfen und angepaßt, während er insgeheim an einem Gefühl von Größe und Bedeutung festhält. Es ist ein Unterschied, ob man sagt: «Ich lebe in einer großen Welt, und ich weiß, daß ich darin klein und unbedeutend bin», oder: «Ich kann die Rolle einer kleinen, unbedeutenden Person in einer großen Welt spielen, aber eigentlich weiß ich es besser, und wenn ihr näher an mich herankommt, werdet ihr es auch erkennen.» Diese letzte Haltung kann für jemanden kennzeichnend sein, der seine jugendlichen Träume von Glanz und Berühmtheit zwar als Illusion erkannt hat, sich einen Rest davon aber immer noch in Reserve hält.

Menschen, die den Umfang ihres imaginären Kubus nicht genau bestimmen können, weil sie nicht wissen, wie weit er entfernt ist, sind sogar noch schlauer – oder sollten wir sagen weiser? Es ist, als würde man sie fragen: «Wie bedeutend sind Sie?», und sie würden die Achseln zucken und sagen: «Das kommt ganz auf Ihren Standpunkt an.» Das ist natürlich wahr. Aber andererseits ist es auch eine Strategie, ein Tarn- oder Ausweichmanöver. Vielleicht werden Sie feststellen, daß dies jemand ist, der sich nicht festnageln lassen will, der es vorzieht, seine Optionen offenzuhalten – definitiv nicht der Typ, der mit Martin Luther sagen würde: «Hier stehe ich, ich kann nicht anders.»

Größe und Entfernung des Kubus können auch noch eine Reihe anderer Bedeutungen haben. Einige davon bieten wir Ihnen hier an, aus dem Schatzkästchen unserer Kubus-Erfahrung.

Große Kuben

Menschen, die ihre Kuben als größer als sich selbst oder höher, als sie hinaufreichen können, imaginieren, haben wahrscheinlich eine oder mehrere der folgenden Eigenschaften:

Auf der Sonnenseite:	Auf der Schattenseite:
Selbstvertrauen	*Egozentrismus*
hohe Selbstachtung	*Grandiosität*
Großzügigkeit	*Überheblichkeit*
Originalität	*Arroganz*
Ambitionen	*Dominanz*
Abenteuerlust	

Die Körpergröße ist gewöhnlich kein Maßstab für die Dimensionen eines imaginären Kubus. Leute, die große Kuben imaginieren, sind physisch vielleicht überhaupt nicht groß oder kräftig, aber sie haben die Neigung, in großen Dimensionen zu denken, in welcher Hinsicht auch immer. Sie setzen sich hohe Ziele, lieben es, eine große Rolle zu spielen, sind fähig, Großmut zu zeigen. Sie sind «Großkopferte», haben ein großes Herz, ein großes Maul oder große Pläne. Meistens sind sie expansiv, selbstbewußt und relativ furchtlos. Aber sie können auch tyrannisch und/oder enervierend narzißtisch sein.

Wenn sie extravertiert sind, haben sie nicht selten die instinktive Neigung, die Anführerrolle für sich zu beanspruchen, sowohl im Beruf als auch im Privatleben (die relative Größe der Leiter gibt weitere Hinweise). Als Introvertierte sind sie von einem reichen, lebendigen Innenleben in Anspruch genommen. Ein großes Segment ihrer Welt ist von ihrer Subjektivität besetzt, das heißt, sie haben mindestens ebensoviel Interesse an ihren eigenen Gedanken, Gefühlen, Vorstellungen

und Plänen wie an politischen Tagesereignissen oder historischen und gesell-
schaftspolitischen Zusammenhängen. Ein großer Kubus scheint für eine gesunde
Ich-Entwicklung zu sprechen; sein Umfang korrespondiert mit der relativen Unabhängigkeit von den Meinungen anderer und von konventionellem Denken, die
eine der Grundvoraussetzungen für Erfolg und Selbstentfaltung ist.

Unserer Erfahrung nach sind die imaginären Kuben von Leuten, die unabhängig in kreativen Berufsfeldern tätig sind, im allgemeinen größer als die Kuben
jener, die innerhalb des «Systems» arbeiten und leben – sei es in der Wirtschaft
oder Industrie, in tradierten Berufszweigen oder in akademischen Berufen und
Institutionen. (Ausnahmen bestätigen die Regel.) Das spricht für die innere Unabhängigkeit, den Individualismus, die Ich-Stärke und den Wagemut, die in unseren
Tagen notwendig sind, um künstlerisch oder literarisch zu arbeiten und sich ohne
das Sicherheitsnetz eines festen Einkommens in der Welt zu behaupten. Aber
unter allen Kreativen, die wir kennen, gebührt den Filmregisseuren der Pokal für
Kuben in den ausgefallensten Größenverhältnissen. Wir fragten uns, warum das
so ist: Sind sie delirierende Egomanen? Diktatoren? Vielleicht müssen sie ein
wenig von beidem in sich haben, um tun zu können, was sie tun. Wichtiger ist
aber offenbar: Regisseure kreieren eine imaginäre Welt, und um diese Welt
überblicken zu können, von oben bis unten und vom Anfang bis zum Ende, müssen sie größer sein als ihre Schöpfungen. Und genügend Distanz haben wie
Slobodan, der seinen Giga-Kubus vom Orbit aus als winzigen schwarzen Würfel
sieht.

Kleine Kuben

Menschen, die ihre Kuben kleiner als kniehoch imaginieren, haben wahrscheinlich eine oder mehrere der folgenden Eigenschaften:

Auf der Sonnenseite:	Auf der Schattenseite:
Bescheidenheit	*Hemmungen*
Selbstlosigkeit	*Selbstunterschätzung*
Objektivität	*Phantasielosigkeit*
Vernunft	*Konventionalität*
Solidität	*Heimlichtuerei*
Wärme	*Kleinlichkeit*

Ein Kleinformat ist nicht notwendigerweise mit Bescheidenheit oder Bedeutungslosigkeit gleichzusetzen. Diamanten und andere Kostbarkeiten sind klein. Wert und Macht konzentrieren sich in ihnen in einer Weise, die ihre Dimensionen Lügen straft. Um richtig einzuschätzen, was ein kleiner Kubus aussagt, ist es also besonders wichtig, das Material zu betrachten, aus dem er besteht. Von einer Person, die ihren Kubus als «Goldbarren» oder «leuchtenden, faustgroßen Diamanten» beschreibt, kann man nicht gerade sagen, daß sie ihren eigenen Wert unterschätzt. Der Selbstwert eines solchen Menschen bemißt sich nicht in Zentimetern, sondern in Karat.

Kleine Kuben aus gewöhnlichen Materialien gehören, wie wir schon erwähnten, meistens Leuten, die der Welt in ihrem Leben mehr Gewicht einräumen als dem Selbst. Sie machen sich keine Illusionen über ihre eigene Bedeutung im Gesamtzusammenhang des Weltgeschehens – eine realistische Einstellung, die sie davon abhält, Luftschlösser zu bauen oder große Pläne zu schmieden –, und im allgemeinen finden sie die Außenwelt faßbarer, vielfältiger und interessanter als ihre Innenwelt. An Fakten sind sie meistens mehr interessiert als an Gefühlen; sie beurteilen Ereignisse rational, nehmen die Dinge so, wie sie sich präsentieren, und suchen keine andere, tiefere Bedeutung dahinter. Oft haben sie ein starkes Gefühl für soziale und staatsbürgerliche Verantwortung.

Menschen mit kleinen Kuben sind gewöhnlich damit zufrieden, ein Rädchen innerhalb eines großen Systems zu sein. Vielleicht liegt es daran, daß die imaginären Kuben von Rechtsanwälten fast ausnahmslos klein sind. Wenn jemand, der Karriere gemacht hat, einen kleinen Kubus imaginiert, ist sein oder ihr Erfolg gewöhnlich durch harte Arbeit, Akribie und Integrität verdient. Aber hüten Sie sich vor dem Chef oder Bürokraten mit einem kleinen Kubus! Ein solcher Mensch kann ein Diktator im Taschenformat sein, der Unterwerfung verlangt, so weit die Grenzen seines Herrschaftsbereichs es zulassen, ein Kleinkrämer und Haarspalter, der stur und unnachgiebig auf die Dienstvorschriften pocht. Auch in Familien gibt es solche Diktatoren im Kleinformat – den Haustyrannen, der in allem das Sagen haben will, die schnippische, krittelnde, ständig nörgelnde Gattin, altkluge, besserwisserische Geschwister, die petzen. Wenn ein kleiner, harter Kubus mit einem geschwollenen Ego gepaart ist, dann drückt der Schuh und die Person, der dieser Kubus gehört, ist ständig gereizt.

Es gibt Sonderfälle. Wenn jemand sagt: «Der Kubus ist gerade so groß, daß man ihn in der Hand halten kann», dann ergreifen Sie diese Hand und lassen Sie sie nicht mehr los, denn hier haben Sie einen Menschen gefunden, der über wirkliche «Herzenswärme» verfügt, sich vor Intimität nicht fürchtet und ein echtes Talent für emotionale Nähe hat.

Ein sehr kleiner Kubus kann manchmal eine Tendenz oder Strategie verraten, sich der Aufmerksamkeit zu entziehen. Menschen können dafür alle erdenklichen Gründe haben, völlig harmlose (sie wollen in Ruhe gelassen werden) oder auch nicht so harmlose (sie wollen nicht, daß man ihnen auf die Schliche kommt). Halten Sie die Augen offen.

Mittelgroße Kuben

Menschen, deren imaginäre Kuben innerhalb der Maße des menschlichen Körpers liegen (von kniehoch bis so hoch, daß man hinaufreichen kann), haben wahrscheinlich eine oder mehrere der folgenden Eigenschaften:

Auf der Sonnenseite:
Ausgewogenheit
Wärme
Sinn für das richtige Maß
Selbstachtung
humanitäre Einstellung

Auf der Schattenseite:
Mittelmäßigkeit
Probleme mit dem eigenen
Körperbewußtsein oder Körperbild

Leute, die ihre Kuben als mittelgroß imaginieren, haben ein gutes Gleichgewicht zwischen dem Selbst und der Welt; die Balance zwischen dem Interesse an der eigenen Person und der Fähigkeit, von sich selbst absehen zu können, ist stimmig. Die Tatsache, daß ihr Selbstgefühl etwa dem Maß ihres physischen Selbst entspricht, läßt darauf schließen, daß sie sich so annehmen, wie sie sind, und sich in ihrer Haut wohl fühlen. Allerdings ist das nicht immer der Fall. Ein Kubus, der etwa dem Körpermaß entspricht, kann auch eine Identifikation mit dem Körper signalisieren, und das ist paradoxerweise oft das Resultat physischer Probleme. Solange unser Wohlbefinden durch nichts gestört ist, fühlen wir uns in unserem Körpern und sogar *von* unserem Körper frei, aber nichts kann uns so sehr an unsere tatsächlichen Grenzen und Beschränkungen erinnern wie eine Krankheit. (Identifikation mit dem Körper kann natürlich auch andere – narzißtische – Gründe haben; als Körperkult und Fixierung auf den Körper treibt sie besonders üppige Blüten an mondänen Orten und in den Zentren der Filmindustrie.) Sehr zarte, zierliche junge Frauen imaginieren oft Kuben am kleineren Ende der menschlichen Größenskala, offenbar weil ihre physische Verletzlichkeit in ihrem Bewußtsein immer mehr oder minder präsent ist.

Kuben, deren Dimensionen den Maßen des menschlichen Körpers entsprechen, erinnern an Leonardo da Vincis berühmte Zeichnung eines männlichen Aktes, der mit seinen ausgestreckten Armen und Beinen einen exakten Kreis beschreibt, und an das dazugehörige Renaissance-Epigramm «Der Mensch ist das Maß aller Dinge». Diese Vorstellung wiederum stammte von den Griechen in der Antike, die ihre Tempelsäulen nach den Maßverhältnissen des menschlichen Körpers modellierten. In der Kunst und der Architektur ist das menschliche Maß mit humanitären Idealen und Demokratie assoziiert; sie bilden in der Moderne das Mittelfeld, den maßvollen Ausgleich zwischen individueller Autonomie einerseits und totalitärem Persönlichkeitskult und Massenanonymität andererseits. In unserer Zeit kann man sich in der Anonymität und Unüberschaubarkeit der Massengesellschaft und ihrer Institutionen leicht verloren fühlen (der kleine Kubus) – oder man kann überkompensieren, indem man sich zu einer realen oder phantasierten «Größe» macht (der große Kubus). Menschen mit mittelgroßen Kuben sind fähig, beide Extreme zu meiden; sie geben sich damit zufrieden, innerhalb eines Kreises von menschlichem Format – Familie, Freundes- und Kollegenkreis – Bedeutung zu haben.

Wenn ein bestimmter Teil des Körpers ausdrücklich genannt wird, um die Größe des Kubus zu definieren – «Er reicht mir bis zur Brust», «Er ist ein bißchen höher als mein Kopf» –, nehmen Sie das als Botschaft, die einen Sinn enthält, und versuchen Sie, diesen Sinn zu decodieren. Was assoziieren Sie selbst mit diesem Körperteil? (Knie zum Beispiel – niederknien – sind traditionell mit Demut und Bescheidenheit assoziiert. Aber ein ruhiger, bescheidener Mann, den wir kennen und der seinen Kubus als kniehoch imaginierte, leidet außerdem unter schmerzhafter Arthritis, die ihm das Gefühl gibt, «an den Knien abgeschnitten» zu sein.) Ein junger Kampfsportler, der sich auch als Autor versucht, sagte uns: «Wenn ich

mich ganz hoch hinaufrecke, kann ich gerade die obere Kante des Kubus erreichen», was sich als «mein volles Potential» oder «das Beste, was ich zu geben
habe» übersetzen läßt. Er glaubt an sich und ist überzeugt, daß er seine selbstgesetzten Ziele erreichen kann. Die Schauspielerin Jasmine Guy und ein Arzt aus Flo-
rida, mit dem wir befreundet sind, sagten beide: «Ich kann ihn mit meinen Armen
umfassen» – ein sicheres Zeichen für eine liebevolle, warmherzige Persönlichkeit.

Nahe Kuben, ferne Kuben

Es ist eines der bleibenden Rätsel des magischen Kubus, daß zwischen der betrachtenden Instanz in Ihnen und Ihrem Selbst, dem Kubus, fast immer eine
Trennung, eine Distanz besteht, ob sie nun groß oder gering ist. Diese Trennung
ist nahezu universell; es kommt außerordentlich selten vor, daß jemand sagt: «Ich
bin im Inneren des Kubus.» (Häufiger hörten wir: «Er ist so groß, daß ich hineinpassen würde.») Einen Hinweis auf die Bedeutung dieser Trennung finden wir
vielleicht in der buddhistischen Achtsamkeits- oder Vipassana-Meditation: Prakti-
zierende werden angewiesen, alle Vorgänge während des Meditationsprozesses
gelassen zu registrieren und zu beobachten, ihren Atem, ihre körperlichen Empfindungen, ihre Gedanken. Es ist das erklärte Ziel, Distanz zu diesen Vorgängen
zu schaffen, um den Leuten bewußt zu machen, daß ihr beobachtendes Gewahrsein unabhängig von ihrer Körperlichkeit und ihren gewohnten Denkprozessen
existiert. Der magische Kubus zeigt, daß wir diese Perspektive auf ganz natürliche Weise in uns haben. Wir wissen in unserem tiefsten Inneren, daß wir mehr
sind als unser Körper und unsere Alltagspersönlichkeit. Daher betrachten wir
unseren imaginären Kubus aus einer gewissen Distanz, die variiert, je nachdem
wie impulsiv wir sind oder wie stark wir zur Reflexion neigen.

Zu Beginn dieses Kapitels interpretierten wir die Distanz zwischen der betrachtenden Instanz in Ihrem Inneren und Ihrem Kubus als die Art, wie Sie sich selbst zur Welt ins Verhältnis setzen oder wieweit Sie fähig sind, neben sich zu treten und zu einer relativ objektiven, maßvollen Selbsteinschätzung zu gelangen. Aber es scheint einen Umschlagpunkt zu geben: Wenn der Kubus extrem weit entfernt ist, kann das auch Entfremdung vom eigenen Selbst bedeuten, einen Mangel an Selbsterkenntnis oder das Vermeiden von Selbstreflexion – und in aller Regel auch Isolation von anderen Menschen. Eine unserer Freundinnen spielte das Kubus-Spiel mit ihrer Großmutter, einer ziemlich mürrischen und unangenehmen Person. Ihr Kubus, sagte die Großmutter, sei winzig, hart, schwarz und so weit weg, daß sie nicht erkennen könne, woraus er gemacht sei. Wie unsere Freundin erzählte, war die Großmutter in ihrer Jugend eine intelligente, talentierte Frau, die den konventionellen Weg für Frauen ihrer Generation einschlug – Heirat und Kinder –, obwohl sie nach Bildung hungerte und ein künstlerischer Beruf besser zu ihr gepaßt hätte. Ihr Kubus war aus Mangel an Nahrung und Aufmerksamkeit eingetrocknet, geschrumpft, hart geworden und ganz weit in die Ferne gerückt: ein Bild der Verbitterung und der Isolation. Das ist eine tragische Geschichte, die uns zur Warnung dienen kann. Vielleicht können wir es vermeiden, uns selbst aus den Augen zu verlieren, wenn wir schon in jüngeren Jahren lernen, Zugang zu unserer inneren Wahrheit zu finden.

Andererseits: Wenn der Kubus *sehr* nahe ist, spricht das für zu wenig Abstand von der eigenen Person, für eine naive Identifikation mit dem Ich und den eigenen Emotionen. Wenn die Fähigkeit zur Selbstbeobachtung allzu gering ausgebildet ist, fehlt die Basis für eine gute Selbsteinschätzung und ein gesundes Maß an Selbstdisziplin, und das ist letztlich genauso beschränkend wie die Entfernung vom eigenen Selbst. Aber das sind Extreme; die meisten Menschen finden ihren ureigenen archimedischen Punkt auf dem Kontinuum von Nähe und Distanz. Welche der folgenden Muster erscheinen Ihnen vertraut?

Impulsivität versus Selbstreflexion

Ein ferner Kubus:

*nachdenklich, überlegt erst
und handelt dann
beobachtet sich selbst
ist rational, kontrolliert –
bis hin zur
Selbstverleugnung*

Ein naher Kubus:

*spontan
emotional
impulsiv
launisch, schnelle Stimmungswechsel*

Der Raum des Persönlichen

Ein ferner Kubus:

*unabhängig
reserviert
liebt die Einsamkeit
braucht sehr viel Spielraum*

Ein naher Kubus:

*liebt Nähe
ist anschmiegsam
gesellig
hat gern Leute um sich*

Abstraktes versus konkretes Denken

Ein ferner Kubus:

*abstrakt
auf den Gesamtzusammenhang
fokussiert
visuell*

Ein naher Kubus:

*konkret
detailorientiert
taktil*

Zeit- und Raum-Horizont

Ein ferner Kubus:

*sieht langfristige Entwicklungen
schöpft aus Erfahrungen und plant
Fokus: die weite Welt*

Ein naher Kubus:

*reagiert auf das Unmittelbare
lebt in der Gegenwart
Fokus: was direkt vor Augen liegt*

Wie groß oder klein die Distanz zwischen Ihnen und Ihrem Kubus auch sein mag – jetzt schließt sich die Kluft. Bereiten Sie sich darauf vor, Ihr Kubus zu *sein*. Um herauszufinden, «aus welchem Stoff Sie gemacht sind», genügt es nicht, zu beobachten und zu schauen. Sie müssen vom Visualisieren zum wirklichen Imaginieren übergehen, und das schließt das Fühlen ein. Was das Auge Ihres Geistes gesehen hat, wird nun durch Berühren mit dem Geist vervollständigt – es geht um Eigenwahrnehmung oder Selbstgefühl. Sie werden den Kubus von innen erforschen, als wäre er Ihr eigener Körper, was er in gewissem Sinn ja auch ist: der Körper Ihrer Seele.

DER STOFF, AUS DEM DER KUBUS IST

Jetzt kommt der faszinierendste, sinnlichste und subtilste Teil der Entschlüsselung Ihrer Kubus-Vision: die Geheimnisse des Materials. Hier bekommen Sie ein wirkliches Gespür dafür, was Sie sind, was die Substanz Ihrer Seele, das Kraftfeld Ihres Geistes ist. Und hier haben Sie auch die Chance, etwas Neues, Unerwartetes und Überraschendes über andere zu erfahren.

Wenn Sie hören, in welcher Position sich der Kubus einer anderen Person befindet und wie groß er ist, werden Sie oft mit Wiedererkennen reagieren: «Ja, da ist was dran!», «Natürlich, genau so kenne ich sie!» Sie hätten beinahe erraten können, daß Ihre Freundin/Ihr Freund ein vier Meter hoher Perfektionisten-Kubus oder ein fest auf dem Boden stehender Realisten-Kubus von der Größe eines Toasters ist. Aber das Material des Kubus enthüllt ein Geheimnis. Sie hätten es nie voraussehen können und auch nie auf eine andere Weise entdecken können. Denn das Material sagt etwas über das *Selbstgefühl* dieser Person aus. Das ist immer überraschend, oft anrührend und macht einen manchmal auch frösteln (wir denken an Kuben aus Eis, Eiswürfel, die selbst in der Wüste nicht schmelzen). Und dieses mysteriöse Berührtwerden von der Subjektivität einer anderen

Person vollzieht sich in sinnlich erfahrbaren Bildern oder vielmehr taktilen Qualitäten, die sich unmittelbar an Ihre Intuition wenden: Dichte, Gewicht, Textur, Temperatur – die gesamte Signatur einer Seele auf einen Blick.

Ihr Seelenabdruck

Es ist unter anderem auch das Material, das jeden Kubus einzigartig macht. Wir sprechen hier von einem «Seelenabdruck», denn wenn es je einen Beweis gab, daß unsere Seelen so einzigartig und unverwechselbar sind wie unsere Gene, Gesichter und Fingerabdrücke, dann ist es die nahezu unendliche Vielfalt in der Art, wie Menschen den Stoff imaginieren, aus dem sie gemacht sind. (Ja, wir haben das Spiel auch mit eineiigen Zwillingen gespielt, zwei jungen Frankokanadierinnen. Ihre imaginären Kuben waren tatsächlich auffällig ähnlich – beide von intensiv blauer Farbe und etwa zwei Meter hoch; sie wiesen aber auch überraschende Unterschiede auf. Einer war ganz durchsichtig und durchlässig, und der andere hatte feste, massive Wände, aber ein offenes Zentrum. Eine Schwester sah ihren Kubus auf einem Hügel stehen, und der Kubus der anderen stand flach und fest auf dem Boden.)

Es ist unmöglich, alle Materialien, die uns genannt wurden, zu beschreiben oder aufzulisten. Imaginäre Kuben sind aus allen festen, flüssigen, gasförmigen, tierischen, pflanzlichen und mineralischen Substanzen gemacht, die Sie sich vorstellen können – und auch aus einigen, die Sie sich nicht vorstellen können. Manche Leute finden keinen real existierenden Stoff, der sich für sie richtig anfühlt, also erfinden sie einen. Der Kubus eines entwurzelten israelischen Künstlers (und auch die dazugehörige Leiter) war aus transparentem Goldharz. Eine Theater-

Regisseurin sagte, die Oberfläche ihres (Perfektionisten-)Kubus sei gewebt, wie grober Wollstoff, nur hart. Ein 1,96 Meter großer Internist und Sammler von Avantgarde-Kunst beschrieb den Stoff, aus dem sein kleiner, schwebender Kubus gemacht war, als «schwaches, bläuliches Pulsieren».

Was herkömmlichere Materialien angeht, geben wir hier einen ganz kleinen Ausschnitt wieder, nur um Ihnen einen Eindruck von der Vielfalt der imaginierten Stoffe zu vermitteln: Wolken, Schwamm, Gummi, Käse, Eis, Papier, Stein, Licht, Plastik, Lehm, Luft, Metall, Golfbälle, Fleisch, Diamant, Holz, Rauch, Leinen, Glas, Meerwasser, Terrakotta und … gefrorene Limonade.

Viele der erwähnten Materialien sind nur in Oberbegriffen genannt, die zahllose Schattierungen und Varianten enthalten können. Bedenken Sie, wie viele Formen und Arten von Holz, Metall, Plastik, Glas und Stein es gibt und wie unterschiedlich Wolken, Licht, Luft und Wasser aussehen und sich anfühlen können.

Wie können wir dieser grandiosen Mélange irgendeine Ordnung aufdrängen? Und wie können wir eine sinnvolle Deutung geben, wenn wir nicht wissen, was ein bestimmtes Material für die Person bedeutet, die es imaginiert hat? Kein Aspekt Ihrer Kubus-Vision ist persönlicher oder intimer als dieser, und Sie lassen sich am besten von Ihren eigenen Assoziationen leiten. Wir konnten aber dennoch beobachten, daß sich einige identifizierbare Muster abzeichneten, und wir werden Ihnen sagen, was wir wissen. Da wir nur einen Bruchteil aller denkbaren Materialien erfassen können, schlagen wir Ihnen vor, mit den folgenden fünf Fragen zu arbeiten, die – wie bei einer chemischen Analyse – als Indikatoren fungieren und helfen können, den unterschiedlichen Substanzen ihr Geheimnis zu entlocken.

Hart oder weich? Gibt diese Person unter Druck nach, paßt sie sich an, hat sie die Fähigkeit, anderen ein Gefühl des Behagens zu geben? Geht etwas Weiches oder Sanftes von ihr aus, etwas Versöhnliches, Fürsorgliches oder Kompromißbereites?

Oder ist diese Person fest, entschieden, nicht leicht zu beeindrucken, vielleicht sogar hart oder stur, in ihren Gewohnheiten und Meinungen festgelegt?

Das Extrem des Weichen oder Durchlässigen ist das **Unstoffliche:** Kuben aus Luft, Licht, Schatten, purem Raum, Wolken oder Rauch, durch die man gewissermaßen hindurchgreifen kann. Menschen, die solche Kuben imaginieren, haben vielleicht keine klaren Ich-Grenzen und lassen sich von den Erwartungen oder Ansprüchen anderer leicht überwältigen. Oder sie haben etwas Vergeistigtes, beinahe Entkörperlichtes an sich, etwas Ungreifbares und Flüchtiges, wie eine Fata Morgana. (Wenn das Material Rauch ist, wird vielleicht absichtlich etwas verborgen – «wo Rauch ist, ist auch Feuer».)

Massiv oder hohl? Hohle Kuben können traurig und leer sein, aber viel häufiger sind sie einfach offen und aufnahmefähig, bereit, etwas einzulassen, zu empfangen, gastlich aufzunehmen. «Innen hohl» deutet also gewöhnlich auf reges Interesse an der Außenwelt hin – abgesehen von jenen Fällen, in denen sich im Inneren des Kubus eine Welt für sich auftut.

Ein fester, massiver Kubus ist wie ein Computer mit vollem Speicher. Menschen mit einem solchen Kubus haben meistens ein «vollgepacktes» Innenleben und eine Menge Pläne, Projekte und Termine.

Schwer oder leicht? Wie leicht oder schwer nimmt diese Person das Leben? Neigt sie zum Grübeln, ist sie ernst, gemessen, nachdenklich, «schwerblütig»; ist sie wendig oder gar «windig», lustig, flatterhaft, hauptsächlich daran interessiert, Spaß zu haben? Solche Zuschreibungen bedeuten natürlich immer ein «mehr oder weniger», denn wir alle bewegen uns mit unseren Gefühlen und Stimmungen auf einem Kontinuum. (Beim Kubus-Spiel gelten selbstverständlich nicht die Gesetze der Physik, sondern die subjektiven Gesetze des Traums. Ein imaginärer

Kubus kann aus einem sehr schweren Material wie Marmor bestehen und trotzdem schweben. Schwere kann auf Solidität und Erdgebundenheit hindeuten, aber auch auf eine in sich gekehrte Persönlichkeit.

Glänzend oder matt? Was das Glänzen angeht, hat sich die Botschaft des Unbewußten in allen uns bekannten Fällen als konsistent und klar erwiesen: Es ist ein Signal für große Ambitionen. Ob polierter Marmor oder Metall, Glas oder Plastik – ein Kubus, der blendendes Licht reflektiert, gehört jemandem, der unbedingt glänzen muß. (Potentielle) Partnerinnen oder Partner sollten gewarnt sein: Diese Person wird ihre Ambitionen nie für eine Beziehung opfern, sondern – vor die Wahl gestellt – eher das Gegenteil tun.

Menschen, deren Kuben eine matte Oberfläche haben, sind weder von Ehrgeiz getrieben, noch sind sie «geschliffen» oder «geleckt».

Transparent, lichtdurchlässig oder opak? Kuben, in die man hinein- oder durch die man hindurchsehen kann, haben «nichts zu verbergen»; sie weisen auf Unbefangenheit und völlige Offenheit hin, in extremen Fällen sogar auf einen Hauch von Exhibitionismus. (Es ist aufschlußreich, daß Menschen, die eine Psychotherapie hinter sich haben, oft transparente Kuben imaginieren.) Ein glasklarer Kubus kann auch glasklares Denken signalisieren oder einen klaren, unverstellten Blick auf die Realität. Menschen, die ihre Kuben als opak imaginieren, neigen dazu, ihr Innenleben für sich zu behalten und ihre Privatsphäre abzuschirmen; sie öffnen sich anderen nur allmählich, bei größerer Vertrautheit.

Ein lichtdurchlässiges Material scheint auf eine Person hinzudeuten, die auf eine attraktive Weise rätselhaft ist und nicht alles enthüllt, aber ihre Gefühle zeigt.

Der Stoff, aus dem Sie gemacht sind

Nun gehen wir etwas mehr ins Detail und beschäftigen uns mit einigen speziellen Materialien, besonderen Eigenschaften (abgegrenzten Kanten oder Ecken) und Kuben, die realen Objekten nachgebildet sind (zum Beispiel Rubik-Würfel). Beachten Sie, daß der Stoff, aus dem ein imaginärer Kubus gemacht ist – anders als seine Position und seine Größe –, selten Hinweise auf die Art von Beruf oder Rolle im Leben gibt, die diese Person am besten ausfüllen würde. Vielmehr sagt das Material etwas darüber aus, wie sie oder er in jeder – oder irgendeiner – Arbeits- oder Beziehungssituation wahrscheinlich reagieren würde. Der Stoff, aus dem Ihr imaginärer Kubus besteht, repräsentiert Ihre «Konsistenz» – das Gefühl, das Sie von sich selbst haben, und die Art, wie Sie dieses Selbstgefühl an Ihre Umwelt weitergeben. Am Beispiel einiger Materialien, die häufiger vorkommen, wie Stein, Metall, Plastik, Glas und Eis, zeigen wir, wie eine solche «Konsistenz» sich – im Positiven wie im Negativen – innerhalb des gesamten Spektrums von Liebe, Arbeit und Muße ausdrücken kann. (Wir betonen noch einmal: Nehmen Sie unsere Hinweise nur als Anstoß oder Anregung, nicht als das letzte Wort. Sortieren Sie das Unpassende aus und fügen Sie Ihre eigenen Einfälle hinzu.)

Betonte Ecken oder Kanten – Stichwort: *Grenzziehung.* Wenn die Ecken und Kanten des Kubus durch dunkle Linien markiert oder mit einem anderen Material eingefaßt sind, deutet das darauf hin, daß diese Person ihre Privatsphäre verteidigt und sich gegen die Ansprüche oder Einmischungen anderer abgrenzt.

Diamant – Stichwort: *Brillanz.* Klares, prägnantes Denken, scharfer Verstand, fester Charakter; jemand, der Licht in unklare Angelegenheiten bringt, den Dingen auf den Grund geht, um seinen eigenen Wert weiß.

Eis

Stichworte: *Diszipliniertheit, Gelassenheit, Einfallsreichtum, «kühler Kopf».*

	schmelzendes Eis	Polareis (nicht schmelzend)
In der Liebe	empfänglich, emotional	sehr kontrolliert
	sinnlich, fürsorglich	verschlossen
	ist fähig, Differenzen ruhig zu diskutieren	kann dazu neigen, andere zu manipulieren
Bei der Arbeit	denkt klar	berechnend
	bewahrt unter Stress kühlen Kopf	machtorientiert
	hervorragender Stratege	kühler Taktierer
Beim Spiel	furchtlos	neigt zu Extremen
	erfrischend unbefangen	tollkühn

Ein weiterer Hinweis: Wenn Ihr Eis-Kubus in der Hitze der Wüste völlig dahinschmilzt, haben Sie Ihre «coole» Haltung verloren; Sie sind entweder wahnsinnig verliebt – oder Sie fallen vor Streß oder Kummer auseinander.

Glas

Stichworte: *Unbefangenheit, Offenheit, Sachlichkeit, Zerbrechlichkeit.*

	positiv	negativ
In der Liebe	kommunikativ	indiskret
	bereit, sich so zu zeigen, wie er oder sie ist	leicht verletzt
Bei der Arbeit	ehrlich, vertrauenswürdig, klar	nimmt zu vieles persönlich
	sieht die Dinge, wie sie sind	vermischt Berufs- und Gefühlsleben

Varianten:
Panzerglas: Fügt der Offenheit Härte hinzu.
Spiegelglas: Läßt mehrere Deutungen zu: 1. Will gefallen, paßt sich anderen an
2. Ist realistisch, (reflektiert die Welt so, wie sie ist); 3. Visuelle Orientierung.
Buntglas: Religiosität, künstlerische Neigungen, Phantasie, Wunschdenken.

Gummi – Stichworte: *Schwung, Humor*. «Stehaufmännchen», ausdauernd,
energiegeladen, verspielt, lustig.

Haus – Stichwort: *Schutz*. Kuben, die Häuser sind, werden oft von Menschen
imaginiert, die tatsächlich mit Immobilien oder Architektur zu tun haben – und
von fürsorglichen, beschützenden, familienzentrierten Personen, die Verantwortung für andere tragen.

Holz (bearbeitet und poliert) – Stichwort: *Kultiviertheit*. Differenziert, literarisch, sensibel.

Holz (unbearbeitet oder bemalt) – Stichwort: *Alternativkultur*. Witzig, natürlich,
kreativ.

Juwelen (mit Juwelen besetzt) – Stichwort: *Kostbarkeit*. Ein Mensch, den andere
«Juwel» nennen.

Kristall – Stichwort: *Spiritualität*. Ein Mensch auf der Suche nach dem inneren
Licht.

Lehm, Keramik, Terrakotta – Stichwort: *Durchlässigkeit*. Robust, kühl, aber gleichzeitig osmotisch sensibel und empfänglich für äußere Einflüsse.

Linien (räumliche Strichzeichnung eines Kubus) – Stichwort: *Intellektualität*. Denkt abstrakt; filtert Erfahrungen und Emotionen durch den Intellekt.

Luft, leerer Raum – Stichwort: *Verschmelzung*. Durchlässige oder fließende Ich-Grenzen. Unserer Erfahrung nach imaginieren mehr Frauen als Männer diese Art von Kubus.

Metall

Stichworte: *Härte, Brillanz, Verläßlichkeit, Unzerstörbarkeit, Undurchdringlichkeit.*

	positiv	negativ
In der Liebe	steht dem anderen in schweren Zeiten treu zur Seite gibt nicht leicht auf	will niemanden brauchen öffnet sich nicht leicht
Bei der Arbeit	kann Streß aushalten ist ausdauernd	ist desillusioniert, zynisch, kann rücksichtslos sein, wenn es um die eigenen Interessen geht
Beim Spiel	abenteuerlustig angstfrei	leichtsinnig sensationsgierig

Ein weiterer Hinweis: Vielleicht hat diese Person schwere Zeiten durchgemacht oder Schicksalsschläge erlitten und ist stärker daraus hervorgegangen.

Varianten:

Edelmetalle: Sicheres Gefühl für den eigenen Wert, hohe Selbstachtung.

Gold: War für jemanden das «Goldkind» oder «Goldstück», ist vielleicht verwöhnt oder narzißtisch.

Silber: Selbstachtung, die auf spirituellem Weg hart erworben wurde.

Aluminium (gewöhnlich ein hohler Kubus): Flexibilität, Zähigkeit, Unruhe, Pragmatismus, vielleicht auch Zynismus (eine abweisende Hülle, die dem Selbstschutz dient).

Eisen: Urwüchsig, stark, düster.

Kupfer: Warme Ausstrahlung, sexy, vital, temperamentvoll.

Messing: Robust, praktisch, tut sich gern hervor, konfrontativ.

Titan: Seiner Zeit voraus, futuristisch, hält sehr viel aus und ist gleichzeitig sensibel (dünnhäutig).

Stahl (gewöhnlich ein massiver Kubus): Introvertiert, undurchdringlich, durch nichts ins Wanken zu bringen; mußte sich «härten» oder «stählen» und tat es mit solchem Erfolg, daß es nun enormer Hitze bedürfte, um diesen Panzer zu schmelzen.

Nahrungsmittel – Stichwort: *Lust, Appetit.* Ein eßbarer Kubus weist auf Sinnenfreude hin, auf einen Gourmet und Genießer (oder auch auf jemanden, der nur noch ans Essen denken kann, weil er – oder sie – sich mit einer Diät abquält).

Palast – Stichwort: *Anspruch.* Hält viel von sich selbst, glaubt, «königliche» Behandlung zu verdienen.

Plastik

Stichworte: *Unprätentiös, handfest, ehrlich, an tradierten Normen und Werten orientiert, demokratisch.*

	positiv	negativ
In der Liebe	altmodisch (beschützend, fürsorglich)	reaktionär (sexistisch)
Bei der Arbeit	unermüdlich legt Wert darauf, gute Arbeit zu leisten, ganz gleich, worum es sich handelt	ausschließlich materialistische Zielsetzungen ein «Fossil»
Beim Spiel	macht jeden Spaß mit gastlich, gesellig, großzügig	einfallslos, konventionell (Kartenspiele, Golf) Partylöwe

Weitere Hinweise: Menschen, die Plastik-Kuben imaginieren, zucken unweigerlich zusammen, wenn sie hören: «Der Kubus sind Sie», denn in unserem bewußten Denken assoziieren wir Plastik mit «billig» und «unecht». Aber wie sich herausstellt, hält das Unbewußte eine ganz andere Deutung parat. Auf einer tieferen Ebene ist Plastik für uns das zuverlässige, ehrliche, unprätentiöse Material, mit dem wir Tag für Tag umgehen und das wir für zahllose grundlegende Arbeiten benutzen – das, was Holz oder Eisen für frühere Jahrhunderte war. Wenn die Person, die einen solchen Kubus imaginiert, nicht tatsächlich aus der Arbeiterschicht kommt, hat sie ihre Wurzeln in aller Regel im bäuerlichen oder kleinstädtischen Milieu.

Varianten:

Plexiglas: Vereint die Transparenz und Offenheit von Glas mit der Zähigkeit und Robustheit von Plastikmaterial. Ein regenbogenfarbener Schimmer fügt einen Hauch von Kreativität, Koketterie oder Wunschdenken hinzu.

Farben: Der Wachmann einer Bank, ein Amerikaner sizilianischen Ursprungs, imaginierte einen Plastik-Kubus in der Farbe von «Ochsenblut»; dieselbe Farbe hatten die Schilde auf dem Wappen seiner Familie.

Farben können eine kulturelle, aber auch eine ganz individuelle Symbolik ausdrücken. Wir nennen hier die am meisten verbreiteten, gängigen Assoziationen. Was assoziieren Sie mit der Farbe Ihres Kubus?

Rot: Leidenschaft, Wärme, vitale, «heiße» Energie, Wut
Grün: Hoffnung, Leben, Natur, auch Eifersucht und Neid
Blau: Spiritualität, heitere Ruhe, kühle Energie, Melancholie
Violett: Intensität, tiefe Empfindungen, Trauer
Gelb: Fröhlichkeit, Licht, Exzentrizität
Rosa: Weiblichkeit, Sanftheit
Braun: Erdhaftigkeit, Wärme, Konventionalität
Schwarz: Mysterium
Weiß: Reinheit
Vielfarbigkeit: Vielfältige Interessen, wechselnde Stimmungen

Hartplastik: Erfolg durch harte, ehrliche Arbeit; Emporkömmling.

Rauch – Stichwort: *Geheimnis.* Verführerisch und rätselhaft; läßt sich nicht festlegen; verborgenes Feuer.

Raumschiff – Stichwort: *Fremdheit.* Fühlt sich in seiner/ihrer Umgebung fehl am Platz, vielleicht ein Immigrant oder Außenseiter.

Rubik-Würfel – Stichwort: *Erfindungsgabe*. Beweglich, vielseitig, genießt intellektuelle Herausforderungen.

Schloß, Festung – Stichwort: *Auf der Hut*. Schwer zugänglich, vorsichtig, mißtrauisch; wurde in der Vergangenheit vielleicht traumatisiert – oder spart sich für die richtige Person auf.

Schwarzer Monolith aus «2001» – Stichwort: *Transformation*. Avantgardistische oder zukunftsweisende Ideen oder Erfindungen.

Spielwürfel – Stichwort: *Spielernatur*. Geht gern Risiken ein, im Privat- oder im Geschäftsleben, hat «Fortüne».

Stein

Stichworte: *Substantiell, verläßlich, konsequent, halsstarrig, konservativ.*

	positiv	negativ
In der Liebe	loyal, engagiert, zuverlässig	fixiert, zwanghaft
	ein Partner fürs Leben	kann nicht loslassen
Bei der Arbeit	ausdauernd	kann sich Veränderungen
	gründlich	schwer anpassen
	verläßlich	ist eigensinnig
		weiß alles besser
Beim Spiel	geduldig	«Gewohnheitstier»
	unterstützend	festgelegt

Weitere Hinweise: Die Glätte oder Rauheit des Steins kann mit der Art korrespondieren, wie diese Person sich der Umwelt präsentiert – elegant und mit

«Schliff» oder rauh und urwüchsig. Fügt der Kubus sich in das Bild der Wüste ein, oder hebt er sich scharf davon ab? (Ist dieser Mensch in seinem Element, oder fühlt er sich fehl am Platz, als Außenseiter? Oder: Hält er sich lieber zurück, oder tut er sich gern hervor?) Farben haben individuelle Bedeutungen, aber in aller Regel ist Schwarz mit dem Mysteriösen verbunden, Rot mit Wärme und Grau mit Konservatismus, Alter oder Resignation.

Varianten:

Marmor: Ein Hauch von «Klasse» und Eleganz; ästhetische und kreative Neigungen.

Steinblöcke: Scheint mit einer Art von Arbeit assoziiert zu sein, die «Einzelstücke» hervorbringt. Ein freiberuflicher Journalist und ein Juwelier, mit denen wir das Spiel spielten, imaginierten Kuben, die sich – wie ihre Arbeit – aus Blöcken – Einzelteilen – zusammensetzten.

Tuch, Gewebe – Stichwort: *Häuslichkeit.* Aber auch Sinnlichkeit, Differenziertheit (viele ineinander «verwobene» Prägungen und Einflüsse).

Wasser – Stichwort: *Gefühl.* Tief empfindend, intuitiv.

Wolken – Stichwort: *Reinheit.* Vergeistigt; jemand, der über der gewöhnlichen Alltagsrealität schwebt, sich nicht von ihr berühren läßt.

Position, Größe, Material – in Kombination miteinander definieren diese Dimensionen die Einzigartigkeit jedes imaginären Kubus. Wenn Sie einem «neuen Kubus» begegnen und in diesem Buch die nächstliegenden Entsprechungen zu seiner Position, seiner Größe und seinem Material aufsuchen und unsere Beschreibungen lesen, erhalten Sie den «Grundriß» einer Persönlichkeit, der recht aufschlußreich sein kann.

Dann beginnt der eigentliche Spaß. Die Einzelheiten und Feinheiten, die das Bild vervollständigen und lebendig machen, müssen durch Ihre Kenntnis dieser Person – oder besser noch: durch diese Person selbst – hinzugefügt werden. Wir können gar nicht oft genug betonen: Unsere Interpretationen sollen nur einen Anstoß, eine Anregung geben. Die subtilsten Geheimnisse eines Kubus erschließen sich nur der Person – und durch die Person –, die ihn imaginiert hat. Die eigentliche Essenz Ihrer Kubus-Vision liegt jedoch jenseits von Worten und Interpretationen; sie wendet sich direkt und unmittelbar an Ihr Empfinden, wie Musik und ungegenständliche Malerei. Der Kubus, den Sie in der Wüste sehen, ist mehr als ein Bild, er ist die Skulptur eines Gefühls – Ihres Gefühls von sich selbst. Er ist ein Emblem Ihrer Individualität, das viele Botschaften und Lektionen für Sie bereithält, aber dennoch immer eine rätselhafte Ganzheit bleibt. Er kann im Kontakt mit anderen außerdem ein hilfreicher Botschafter sein, denn in mancher Hinsicht erklärt Ihr Kubus Sie ohne Worte besser, als sie sich selbst mit Worten definieren könnten.

Ihre komplette Kubus-Vision mit anderen zu teilen wäre der nächste Schritt: So gewähren Sie Menschen, die Ihnen nahestehen, einen Einblick in Ihre ganz private, persönliche Welt, den Raum, den sie – diese anderen – darin einnehmen, eingeschlossen. Ihr Kubus ist kein unbelebtes Objekt; er ist ein Stück purer Subjektivität, das Substanz angenommen hat, ein «Körper» für Ihre Seele. Und wie jedes lebendige Geschöpf hat er ein Kraftfeld, das sich über seine unmittelbaren Begrenzungen hinaus ausdehnt und die umgebende Welt formt und prägt. Der

Kubus sind Sie, aber die Art, wie Sie Ihre eigene Realität formen und gestalten, zeigt sich in Ihrer Anordnung von Leiter, Pferd, Sturm und Blumen. Wir alle bringen diese Kraftfelder, diese individuellen Realitäten auf unsichtbare Weise mit in unsere Beziehungen und unsere Arbeitsumgebung. Da der magische Kubus das Unsichtbare sichtbar macht, kann er uns helfen, wechselseitig in unseren jeweiligen Realitäten zu Gast zu sein und höflichere, verständnisvollere Gäste zu sein.

Bis hierher haben wir uns mit Eigenschaften befaßt, die Kuben – und Persönlichkeiten – inhärent sind, und nun bewegen wir uns weiter zu den interaktiven Eigenschaften: Unabhängigkeit, Abhängigkeit, Intimität, Possessivität, Dominanz, Fürsorglichkeit und Liebe.

DRITTER TEIL

Der Kubus und seine Gefährten

Die Geheimnisse der Leiter

Die Leiter steht für alle wichtigen Menschen in Ihrem Leben, mit denen Sie physisch nicht intim sind. Die Weisen, die dieses Spiel entwarfen, drückten den Unterschied zwischen diesen beiden Formen der Verbundenheit – dem Erotischen (in einem weiteren Sinn als dem nur Sexuellen) und dem Platonischen – auf eine wundervoll intuitive Weise aus. Die Menschen, die körperliche Nähe mit Ihnen teilen und durch ihren Körper mit Ihnen verbunden sind – Ihr Liebespartner, Ihre Liebespartnerin und Ihre Kinder – erscheinen in der Wüste als Lebewesen, lebendig und verletzlich, während jene, mit denen Sie freundschaftlich verbunden sind, sich in Gestalt eines vertrauten und zuverlässigen Objekts präsentieren, ein wenig distanzierter, solide und stabil. Manchmal kann die Leiter auch für Ihre Herkunftsfamilie stehen, für ein Geflecht von Beziehungen, die früher vulkanisch waren, aber im Lauf der Zeit – mit Ihrem Erwachsenwerden – gelassen und freundschaftlich geworden sind.

Die Leiter ist eine treffende Metapher für die wechselseitigen Abhängigkeiten, die unser Zusammenleben mit anderen kennzeichnen, sowohl im Privatleben als auch im Beruf. Ihre prosaische Nützlichkeit erinnert uns daran, daß wir auf andere angewiesen sind und andere auf uns, daß wir in der Welt nicht weiterkommen, wenn wir uns nicht verbünden, einander nicht helfen und unterstützen. Aber die Leiter ist auch ein spirituelles Symbol; denken Sie an die Jakobsleiter in der Bibel, an der die Engel auf- und absteigen. Im Buddhismus wird der Weg zur Erleuchtung symbolisch durch eine Leiter mit sieben Regenbogen-Sprossen dargestellt. Und die Sufis (die sich selbst «wir Freunde» nennen) bedienen sich des Symbols der Leiter und ihrer lebensrettenden Eigenschaften, wenn sie auf verhüllte Weise über ihren geistigen Weg sprechen.

«Wie kann eine Methode (des geistigen Trainings oder der spirituellen Transformation) genausogut sein wie eine andere?» fragte ein Besucher den afghanischen Sufi Idries Shah. Shah antwortete (in seinem Buch «Learning How to Learn»): «Nehmen wir an, ein Haus steht in Flammen und gegen ein Fenster sind zwei Leitern gelehnt. Beide führen hinunter zum Boden. Vielleicht täuschen die unterschiedlichen Farben, in denen sie gestrichen sind, über die Tatsache hinweg, daß sie Leitern sind.» – «Aber wie können wir erkennen, daß es sich bei einer – oder bei beiden – um eine Leiter handelt?» insistierte der Besucher. – «Durch Lernen erkennen Sie eine Leiter, wenn Sie eine vor sich haben ...» – «Sind manche Leitern zu kurz?» wollte der Besucher weiter wissen. – «Leitern gibt es in allen Varianten und allen Verfassungen: neu, alt, morsch, kurz, lang, blau, grün schwach, stark, verfügbar, anderswo in Gebrauch und was Sie sich sonst noch denken können», sagte Shah. «Worauf es ankommt, ist, zu erkennen, daß das Haus in Flammen steht. Wenn Sie das sagen können, ohne davon besessen zu sein oder irrational zu werden (...), dann finden Sie vielleicht den Weg ins Freie. Aber solange Sie voller Hoffnung oder Furcht sind, voller unklarer Empfindungen oder Verlangen nach (...) Anerkennung, werden Sie nicht fähig sein, eine Leiter zu benutzen, und vielleicht nicht einmal fähig sein, eine zu erkennen...»

Diese Passage deutet auf die Möglichkeit hin, daß der magische Kubus in früheren Zeiten vielleicht als eine Art Reifetest verwendet wurde, um zu prüfen,

ob jemand bereit war, einen spirituellen Weg zu beschreiten und *wahre* Freunde
zu erkennen, jene Art von Freunden, die andere Menschen sicher aus dem brennenden Haus der Ignoranz herausgeleiten können. Wenn wir den magischen Kubus heute als Spiel zur Unterhaltung oder für eine alltäglichere Art von psychologischen Einsichten benutzen, verhalten wir uns vielleicht wie Kinder, die mit einem komplexen Navigationsinstrument Brummkreisel spielen. Aber das ist natürlich gerade das wunderbare an solchen alten Instrumenten, daß man sie auf so unterschiedlichen Ebenen verwenden und auf so unterschiedliche Weise Freude daran haben kann. Und in unseren «gewöhnlichen» Freundschaften schwingt in der Tat ein fernes (manchmal auch nicht so fernes) Echo jener anderen Art von Freundschaft und geistiger Führung mit. Dem sarkastischen Ausspruch, den Sartre prägte: «Die Hölle, das sind die anderen», hält die Weisheit des magischen Kubus entgegen: Die anderen sind (zumindest potentiell) unsere Himmelsleiter. Indem sie sowohl unsere Liebe erwecken als auch unsere Geduld strapazieren, zeigen sie uns, wer wir selbst sind – und führen uns über die engen Grenzen unseres Kubus hinaus.

Wo Sie Ihre Leiter plazieren, welchen Typus von Leiter sie imaginieren, und in welcher Größe, ist überaus individuell und außerordentlich aufschlußreich. Das Bild der Leiter vermittelt auf einen Blick einen Eindruck davon, welche Art von Menschen Sie anziehen und wie Sie mit diesen Menschen interagieren. Es zeigt in etwa die Anzahl der Personen, die in Ihrer persönlichen Welt eine Rolle spielen – die Zahl der Menschen, mit denen Sie in engerer Verbindung sein können, ohne sich überlastet zu fühlen. Es gibt Hinweise darauf, ob Ihre Verbindung zu diesen Menschen eher gefühlvoll oder pragmatisch ist, ob sie dazu neigen, den Anführer herauszukehren oder sich anzuschließen, ob Sie eher dominieren, sich unterordnen oder Ebenbürtige suchen, wieviel Nähe oder Distanz, Intimität oder Unabhängigkeit Sie bevorzugen. Das sind alles Aspekte, in denen Menschen sich stark voneinander unterscheiden, und die Leiter kann diese Aspekte mit geradezu unheimlicher Präzision wiedergeben. Mit der Prägnanz, die nur Symbolen innewohnt, umreißt sie Ihren gesamten Stil, Freundschaftsbeziehungen zu pflegen.

Hier ist ein Beispiel: Annies Leiter, kurz, mit nur drei oder vier Sprossen, ist aus geschmirgeltem, naturbelassenem Pinienholz gemacht. Sie schwebt in der Luft, vor ihrem schwebenden Stahl-Kubus, berührt ihn aber nicht. Annie ist mit Jacques verheiratet, der, in völligem Gegensatz dazu, eine metallene Feuerwehrleiter mit endlosen Verlängerungen imaginiert hat. Die Leiter ist oben auf seinem Kubus plaziert und reicht bis in den Himmel hinauf, außer Sichtweite. Spricht das nun für das alte Motto «Gegensätze ziehen sich an»? Jacques ist in der Tat viel geselliger als Annie; er hat ganze Schwadronen von Freunden, die er oft anruft, einlädt und bekocht. Als Schauspieler kommt er viel mit Leuten zusammen und hat eine besondere Gabe, mit Menschen, die ihm bei seiner Arbeit begegnen, neue Freundschaften zu schließen. Annie ist viel introvertierter; sie trifft sich seltener mit ihren wenigen engen Freundinnen und Freunden. Als freiberufliche Schriftstellerin ist sie auch in ihrer Arbeit auf sich selbst gestellt und hat nur mit wenigen Leuten minimalen Kontakt. Aber sie schätzt die Menschen in ihrem Leben – auch jene, mit denen sie beruflich verbunden ist – in erster Linie, weil sie sie mag und sich mit ihnen geistig verwandt fühlt (die hölzerne Leiter), während Jacques, als Überlebender eines Gefangenenlagers, mehr Gewicht auf die pragmatischen Vorteile von Freundschaften legt (die Metall-Leiter). Ein Freund hat ihm tatsächlich einmal das Leben gerettet (wozu sind Feuerwehrleitern da?); durch Freundschaften ist ihm viel Gutes in seinem Leben zugeflossen, und er glaubt, daß er durch die Hilfe seiner Freunde schließlich zum Erfolg gelangen wird.

Es ist faszinierend zu sehen, welchen unterschiedlichen Stellenwert verschiedene Menschen Freundschaftsbeziehungen und Liebesbeziehungen in ihrem Leben zuweisen – ob sie sie mehr oder minder gleich behandeln oder hierarchisch ordnen, einer Form vor der anderen Priorität einräumen. Ein Mann, der in Hollywood als Agent tätig ist und sich im Trubel des Filmgeschäfts als Außenseiter fühlt, sah seinen Kubus auf einem Podest stehen, und die Blumen wuchsen dort oben direkt um die Basis des Kubus herum, während sein Pferd – ein Einhorn – dieses Arrangement schützend umkreiste. Seine Leiter dagegen lag außerhalb dieses magischen Zirkels gekrümmt, brandgeschwärzt und zerbrochen im Sand. Es ist wahr, sagt er – er hat keine wirklichen Freunde im Filmgeschäft, nur Beziehungen, die durch Verrat und Intrigen verdorben sind. Er traut niemandem außerhalb seiner Familie.

Am anderen Ende des Spektrums stehen jene Leute, die ihre Leiter gegen ihren Kubus gelehnt imaginieren, aber ihr Pferd und ihre Blumen von diesem Arrangement getrennt, in der Ferne plazieren. Dieses Muster kann auf eine Trennung oder Scheidung verweisen, auf eine Person, die in ihrer Arbeit und ihren Freundschaften Trost findet, oder auf einen «Workaholic», der vor Intimität flieht und mehr Zeit mit seinen Arbeitskollegen im Büro verbringt als mit seiner Familie zu Hause.

Die Art, wie der Kubus und seine Gefährten in der Wüste arrangiert sind, kann mit nahezu absurder Direktheit demonstrieren, wieviel Nähe, Unterstützung, Unabhängigkeit und Spielraum jemand braucht. Manchmal bilden Kubus, Leiter, Pferd und Blumen eine eng zusammenhängende Gruppe; das ist die charakteristische Signatur engagierter, liebevoller, zärtlicher «Familienmenschen», die sich am wohlsten fühlen, wenn alle ihre Lieben um sie versammelt sind. Zuweilen sind auch zwei der Elemente nahe beieinander plaziert – und daher miteinander assoziiert. Wenn das Pferd sich zum Beispiel in unmittelbarer Nähe der Leiter aufhält (oder an die Leiter angebunden ist), will das in aller Regel sagen, daß der Liebespartner auch als Freund betrachtet wird. Oder die Elemente sind alle weit gestreut, mit relativ viel Raum dazwischen, was auf den Wunsch hindeutet, in bezug auf Nähe und Engagement den Überblick zu behalten, die eigene Autonomie zu wahren und vielleicht, verschiedene Beziehungen voneinander getrennt zu halten. Der Schriftsteller Douglas Coupland («Generation X»), dessen Kubus-Vision wir in unserem ersten Buch wiedergaben, sagte über seinen Kubus und die begleitenden Elemente, sie seien so arrangiert «wie Steine in einem Zen-Garten», und diese Anordnung sei keineswegs zufällig, sondern «sehr gut durchdacht».

Sicherlich war es auch kein Zufall, daß Coupland seine im Sand liegende hölzerne Leiter als «klassische Arbeitsleiter» beschrieb; «... wenn man zum dritten oder vierten Stockwerk hinauf will, kann man sie so weit ausfahren». Später, als die Blumen dazukamen, dachte er erneut über das Arrangement der Elemente nach und nahm sich die künstlerische Freiheit, die Leiter aufzurichten, «um ihr etwas Skulpturähnliches abzugewinnen und sie so etwas interessanter zu machen». Zu dem Zeitpunkt, als wir das Kubus-Spiel mit ihm spielten, hatte er drei Romane veröffentlicht und den vierten in Arbeit; offenbar strapazierte er seine Freundschaftsbeziehungen nicht wenig (und entnahm ihnen, wie wir vermuten, auch einiges an Quellenmaterial), um sich zum «vierten Stockwerk» hinaufzuarbeiten. Als wir ihm die Bedeutung der Leiter mitteilten, war er für einen Moment ganz bestürzt und bekam Schuldgefühle: «Oje ... Meine Freunde! Ich bringe ihnen nicht genug Interesse entgegen ...» Der Kubus zeigt Ihnen Ihr Leben wie in einem surrealistischen Spiegel, und es liegt bei Ihnen, welche Schlüsse Sie aus diesem Spiegelbild ziehen. Vielleicht nahm Coupland seine Freundschaftsbeziehungen nach dieser plötzlichen Einsicht mit mehr Wertschätzung wahr; vielleicht wurde er auch einfach nachdenklicher angesichts des offenkundigen Faktums, daß ernsthafte, leidenschaftliche Künstler das pralle Leben, dem sie ihre Themen und Stoffe entnehmen, im Hinblick auf ihre Arbeit oft mit der Kühle eines Insektenforschers beobachten.

Annie fühlte sich durch den Anblick der losgelösten, schwebenden Leiter in ihrer Imagination tatsächlich provoziert, sich einzugestehen, daß sie ihre Freunde braucht, und sie entschloß sich, kontinuierlicher Kontakt zu halten und ihre Freundschaften besser zu pflegen. Es lohnt sich, auf die Einsicht zu reagieren, die Sie aus der Plazierung Ihrer Leiter (oder der Leiter einer anderen Person) gewinnen, besonders im Bereich der Arbeit. Gewöhnlich werden Sie feststellen, daß Menschen auf natürliche Weise in eine Rolle hineingewachsen sind, die mit der Position ihres Kubus und der Plazierung ihrer Leiter korrespondiert. Aber wenn jemand in seinem gegenwärtigen Beruf unglücklich oder ineffektiv ist, zeigt die Kubus-Vision oft einen Widerspruch zwischen den Anforderungen des Jobs und dem inneren Muster dieser Person. Wenn ein Mensch, der die Leiter in seiner Imagination gegen seinen Kubus gelehnt sieht, sich vergeblich abmüht, als Allein-unterhalter etwas aus dem Boden zu stampfen, sollte er zu dem Schluß kommen, daß er in einem Team vielleicht besser aufgehoben wäre oder zumindest einen Partner braucht. Dagegen wird eine Person, die ihre Leiter in einiger Distanz vom Kubus dastehen sieht, unter den Bedingungen in einem Großraumbüro mehr lei-den als andere; den gegenwärtigen Job zugunsten einer Tätigkeit aufzugeben, die mehr Unabhängigkeit und freieres, eigenständigeres Agieren zuläßt, könnte ihr oder sein Leben verändern. Ein Mensch, dessen Kubus viel höher ist als die Lei-ter, wird sich in einer Position, in der er nur Aufträge ausführen muß, völlig auf-reiben; er braucht es, daß man ihm Verantwortung überträgt. In dem folgenden Überblick werden Sie viele weitere Beispiele finden.

Das Material

Der Stoff, aus dem Ihre Leiter gemacht ist, sagt viel über die Art, wie Sie Men-schen, die Ihnen privat oder beruflich nahekommen, auswählen und einschätzen und wie Sie sich zu diesen Menschen in Beziehung setzen. Aber bevor wir auf die Bedeutung spezieller Materialien eingehen, schauen wir auf den **Kontrast be-ziehungsweise die Ähnlichkeit** zwischen Ihrer Leiter und Ihrem Kubus.

Besteht die Leiter aus demselben Material wie der Kubus oder aus einem ähnlichen, «verwandten» Material? Oder ist sie aus einem völlig anderen Stoff gemacht?

Wenn Kubus und Leiter aus demselben Material bestehen, deutet das darauf hin, daß Sie sich unter Leuten am wohlsten fühlen, die Ihnen in irgendeiner fundamentalen Hinsicht gleichen – sei es der soziale Hintergrund, seien es Lebenserfahrungen, Interessen, religiöse oder politische Überzeugungen. Vermutlich haben Sie viele Freundschaften aus Ihrer Jugendzeit oder Schulzeit mit in Ihr Erwachsenenleben hinübergenommen, und vielleicht leben Sie am liebsten in einer relativ homogenen Gemeinschaft. Das Motto «Gleich und gleich gesellt sich gern» gilt für Sie auch im beruflichen Umfeld; Sie fühlen sich zu Leuten hingezogen, die einen ähnlichen Ausbildungshintergrund haben, in ähnlichen Feldern oder innerhalb eines Unternehmens auf derselben Ebene tätig sind. Jacques' Kubus ist aus Titan, und auch seine Leiter ist aus Metall; er hat das Gefühl, daß nur Leute, die das Leben kennen, schon viel durchgemacht haben und über ein gewisses Maß an straßenkämpferischer Zähigkeit verfügen, ihn wirklich verstehen können. Ein sechsundzwanzigjähriger «Computer-Freak», dessen Kubus – wie könnte es anders sein – ein Super-Computer ist, verbringt sowohl seine Arbeitszeit als auch seine Freizeit überwiegend mit anderen High-Tech-Besessenen. Seine ausklapp- und ausfahrbare Leiter – man ahnt es schon – besteht aus Metall und ist so raffiniert konstruiert wie ein Verbindungsteil in einem Raumschiff. Wenn dieses «Gleich und gleich ...» Ihnen wirklich wichtig ist, spielt es keine Rolle, woraus Ihr Kubus gemacht ist; wenn es sein muß, werden Sie eine Glasleiter erfinden. Wir haben es erlebt. Aber wenn Ihre Leiter nun aus einem sehr andersartigen Material besteht als Ihr Kubus, ist die nächste Frage für Sie: Anders in welcher Hinsicht? Ist das Material der Leiter härter, weicher, stärker, zerbrechlicher? Schlichter oder differenzierter? Darin zeigt sich nicht nur, welche Art von Menschen Sie gern um sich haben, sondern auch, wie Sie diese Menschen *wahrnehmen* – im Vergleich mit Ihrer eigenen Person. Der Unterschied sagt mindestens ebensoviel über die Rolle aus, in der Sie sich selbst sehen (der Härtere oder Schlichtere, die Brillantere oder Sensiblere), wie über die Qualitäten Ihrer Gefährten. Die Leiter – das sind Ihre Freunde und/oder Arbeitskollegen durch Ihre Augen und durch die Brille Ihrer Subjektivität gesehen. Die Selbsteinschätzung dieser Menschen kann damit übereinstimmen – muß es aber nicht notwendigerweise. Vielleicht nehmen Sie die Leute in Ihrer engeren Umgebung aus irgendeinem persönlichen Bedürfnis heraus als schwächer oder stärker wahr, als diese Leute sich selbst wahrnehmen.

Manche Menschen haben spontan das Gefühl, daß die Leiter in ihrer Kubus-Vision eine ganz bestimmte Person repräsentiert – die beste Freundin oder den besten Freund, einen engen Mitarbeiter, einen Mentor oder Protégé. In solchen Fällen ist es besonders spannend, Ihre Leiter mit dem imaginären Kubus dieser Person zu vergleichen – und vice versa. Hier ist ein Beispiel aus unseren persönlichen Erfahrungen für die Art, wie Kuben und Leitern neues Licht auf das subtile emotionale Geflecht einer Freundschaftsbeziehung werfen können: Annies kurze Leiter aus glatt geschmirgeltem, aber unbehandeltem Pinienholz ähnelt den Leitern, die man in den Dörfern der Pueblo-Indianer im Südwesten der USA findet. Eine Freundin und Kollegin, die ihr sehr nahe steht, ist klein und blond. Ein Zweig ihrer Familie stammt von mexikanischen Indianern ab. Der Kubus in ihrer Imagination ist aus unglasierter Terrakotta gemacht. Beides – das unbehandelte Holz und die unglasierte Keramik – sind natürliche, für den Südwesten typische Materialien von schlichter Eleganz. Aber dann weichen die Wahrnehmungen der beiden Freundinnen voneinander ab.

Annies Leiter schwebt, wie ihr Kubus; in ihrer Freundin würde sie gern eine Mitvisionärin sehen, eine Träumerin wie sie selbst. Aber die Freundin weiß es besser: Ihr Terrakotta-Kubus steht flach und fest auf dem Boden. (Sie ist in finanziellen Dingen tatsächlich viel praktischer und pragmatischer als Annie.) Und die Leiter, die ihm Gesellschaft leistet, ist mit Farbe bekleckert – ein sicheres Zeichen für kreative Zusammenarbeit. Annies Freundin spricht tatsächlich gern über die Themen, die sie beschäftigen, sucht das Feedback von Leuten, die ihr nahestehen, und bezieht es in ihre Arbeit ein. Annie dagegen, als der zwanghaft unabhängige Typ (nichts berührt ihren Kubus), würde das Kompliment gern erwidern, ist aber einfach nicht imstande.

Nun zu den Materialien, die am häufigsten auftauchen:

Holz

Stichwort: *Gefühl.*

Holz ist ein natürliches, organisches, lebendiges Material, und so ist eine hölzerne Leiter – wenn auch kein Lebewesen wie das Pferd oder die Blumen – nicht wirklich ein unbelebtes Objekt in Ihrer imaginären Wüste. Holz fühlt sich gut an, hat einen hohen ästhetischen Reiz und wird durch Gebrauch und Berührung in einer Weise verändert, die es immer schöner macht, liebenswert und vertraut. (Es gibt natürlich die Variante, daß es stumpf und gewöhnlich aussieht – der traurige Fall einer Form von Vertrautheit, die Verachtung hervorbringt.) Alt und lange in Gebrauch – das ist für die meisten Menschen der richtige, der passende Zustand einer hölzernen Leiter, und meistens ist eine Erinnerung an die Kindheit damit verbunden, die so fruchtbar ist und so viele lebendige Bilder hervorruft wie die kleinen Kuchen, die berühmten «Madeleines», in Prousts «Auf der Suche nach der verlorenen Zeit». Eine brandneue hölzerne Leiter gefällt uns natürlich auch; sie riecht noch frisch nach Holz, und wir bewundern ihre schöne, klare Maserung – und gleichzeitig sind wir wahrscheinlich von der Vorstellung erfüllt, daß wir sie lange, lange in Gebrauch behalten und unsere individuellen Spuren darauf hinterlassen werden.

Es liegt nahe, daraus zu schließen, daß Menschen, die hölzerne Leitern imaginieren, langfristige, dauerhafte, unersetzliche Freundschaftsbeziehungen suchen,

die sich in erster Linie auf Zuneigung, Wärme, Loyalität und Vertrautheit gründen. Der Kreis der engen Freunde im privaten und beruflichen Umfeld hat den
Status einer «Familie». Sicherlich findet man in diesem selbstgewählten Kreis von
Vertrauten auch seelischen Halt, praktische Hilfe und Unterstützung oder Protektion, aber das kommt erst an zweiter Stelle. Ausschlaggebend ist die freundschaft-
liche Bindung selbst.

Alle Dinge haben ihre Licht- und ihre Schattenseite, und was das Holz angeht,
ist seine organische Wärme unausweichlich mit Vergänglichkeit verbunden. Beziehungen, die emotional wichtig sind und unersetzlich erscheinen, bergen
natürlich ein großes Leidenspotential, wenn es aus irgendwelchen Gründen dazu
kommt, daß man sie verliert. Wenn Sie enge persönliche Bindungen an Menschen entwickeln, mit denen Sie zusammenarbeiten, kann eine Versetzung in
eine andere Stadt oder ein Jobwechsel zu einer herzzerreißenden Erfahrung werden. Über den Verlust einer wichtigen, engen Freundschaft – sei es durch Streit,
Enttäuschung, räumliche Trennung oder Krankheit und Tod – kommen Sie vielleicht nie völlig hinweg. Nicht alle Menschen empfinden so, aber Sie nehmen
sich solche Verluste am meisten zu Herzen. Leute, die sich ein anderes Material
für ihre Leitern vorstellen, Aluminium zum Beispiel, sind «cooler»; sie schützen
sich vor Leidenserfahrungen dieser Art, indem sie emotional von vornherein
weniger investieren.

Es ist aufschlußreich, daß imaginäre **Leitern, die wacklig oder kipplig** sind
(unzuverlässige oder kranke, gebrechliche Freunde), ungenutzt im Sand liegen
(nette, gesellige Leute, die Ihnen aber keine Hilfe sind) oder an denen Sprossen
zerbrochen sind oder fehlen (gewöhnlich nahestehende Menschen, die gestorben sind), aus Holz bestehen. Eine Frau, mit der wir das Kubus-Spiel spielten,
imaginierte sogar eine Leiter aus Balsaholz – ein schönes, aber ganz weiches und
leichtes Material, das überhaupt nicht dazu geeignet ist, etwas zu stützen oder zu
tragen. Holz ist organisch, ist mit dem Fleisch verwandt, und das Fleisch ist

schwach. Menschen, die bei der Auswahl ihrer Gefährten und Vertrauten ganz nach dem Gefühl gehen, treffen nicht immer eine vernünftige Wahl. Im Gegenteil: Zuweilen kann diese Auswahl geradezu widersinnig, weltfremd oder verrückt erscheinen. Wenn Sie zu diesen Menschen gehören, nehmen Sie Ihre Freunde so, wie sie sind, mit allen Fehlern und Schwächen; sie haben diese Leute nicht aus strategischen Gründen ausgewählt, weil sie starke Verbündete sind, Ihnen Protektion bieten können oder fähig sind, unter den unwahrscheinlichsten Umständen zu überleben. Folglich kann es Ihnen passieren, daß Ihre Freunde Sie im Stich lassen, zur Belastung werden oder Ihnen mit ihren selbstzerstörerischen Neigungen Kummer bereiten. Eine hölzerne Leiter bedeutet sowohl, daß «Ihre Leute» für solche menschlichen Schwächen anfälliger sind, als auch, daß Sie anfälliger für den Kummer und die Trauer sind, die mit Belastungen dieser Art einhergehen. Aber besser, geliebt und verloren zu haben, als niemals zu lieben ...

Menschen, deren imaginäre Leitern aus Holz bestehen, haben vermutlich eine oder mehrere der folgenden Eigenschaften:

	positiv	**negativ**
Unter Freunden	warmherzig	leicht verletzt
	loyal	übermäßig tolerant
	unkompliziert	zieht Leute an, die Energie «absaugen»
Bei der Arbeit	integer	zu anspruchslos
	bringt menschliche Wärme in die Arbeitsumgebung	schaut mehr auf Beziehungen als auf Leistung
	schafft Vertrautheit im Team	tratscht über andere

Stichwort: *Nützlichkeit.*

Menschen, die Metall als Material für ihre Leitern auswählen, fühlen sich – ganz anders als der «Holztypus» – instinktiv zu den Starken unter ihren Mitmenschen hingezogen, den Überlebenskünstlern, zähen Verhandlungspartnern, robust-kumpelhaften Gefährten, strategischen Verbündeten. Diese Freunde im privaten und beruflichen Umfeld haben nie das Bedürfnis, sich an Ihrer Schulter auszuweinen, und werden nicht sentimental. Sie erledigen den Job – ob im buchstäblichen oder übertragenen Sinn; sie machen ihre Arbeit, und sie sind zuverlässig und leisten Hilfe, wenn man sie braucht. Und aus ebendiesem Grund haben Sie die Gesellschaft dieser Leute ja auch gesucht – oder zumindest sagen Sie sich das.

Mit einer Leiter aus Metall sind Sie selbst stolz auf Ihre Zähigkeit, Ihren Pragmatismus und Ihre kühle Vernunft. Ob Sie in Ihrem Leben Schweres durchgemacht haben oder ob Sie diszipliniert und ehrgeizig sind, Sie betrachten sich selbst jedenfalls als jemanden, dem es in erster Linie um das Durchkommen, Vorankommen und um den Vorteil geht, und dann kommt irgendwann vielleicht das Gefühl. Aber manchmal ist diese Haltung ein Verteidigungswall, der den verborgenen «weichen Kern» schützt. Vielleicht empfinden Sie tiefe Zuneigung zu Ihren Freunden, fühlen sich aber dennoch gezwungen, Ihre Verbundenheit mit diesen Menschen durch deren persönliche Stärken, gesellschaftliche Verbindungen und/oder die Vorteile, die sie Ihnen verschaffen können, zu rechtfertigen.

Vielleicht halten Sie sich auch etwas auf Ihre Fähigkeit zugute, voranzugehen, nicht zurückzuschauen und überall dort, wo Sie hinkommen, neue Freunde zu gewinnen. Das trifft besonders dann zu, wenn Ihre imaginäre Leiter aus **Aluminium** ist. Aluminiumleitern sind leicht, praktisch und überall zu finden. In jedem Eisenwarenladen, jedem Kaufhaus können Sie eine bekommen. Und ganz gleich, wie lange man sie in Gebrauch hat und wie verbeult oder von Farbe überkrustet sie ist, sie nimmt nie die individuelle Patina einer alten Holzleiter an. Aluminiumleitern gehören oft Leuten, die viel umherziehen, die Jobs, Freundeskreise und Umgebungen wechseln können, ohne daß es ihnen allzuviel ausmacht. Möglicherweise haben die Wechselfälle ihres Lebens (als Kinder von Armeeangehörigen, Diplomaten oder Immigranten) sie zu dem gemacht, was sie sind.

Eisenleitern sind stabiler und beständiger. Wenn Ihre Leiter aus Eisen ist, dann wetten wir darauf, daß Sie einige sehr starke, loyale Verbündete haben – «Schwergewichte» in beiderlei Sinn, physisch und vom Charakter her. Mit solchen Leuten befreundet zu sein ist wundervoll, aber man legt sich besser nicht mit ihnen an.

Eine schmiedeiserne Leiter, hübsch ornamentiert wie die Balkons im französischen Viertel von New Orleans, deutet darauf hin, daß Sie sich mit Menschen umgeben, die künstlerisch und kultiviert, aber gleichzeitig auch zäh und nicht leicht aus der Fassung zu bringen sind. Eine Leiter aus **Stahl** ist stark und schwer wie eine Eisenleiter, aber auch so glänzend und unpersönlich wie eine Aluminiumleiter. Sie verfügen gegenwärtig über Verbindungen, die von praktischem Nutzen und sehr belastbar sind, aber wenig persönliche Geschichte im Hintergrund haben und nicht notwendigerweise Loyalität beinhalten; sie halten vielleicht nur so lange, wie der wechselseitige Vorteil währt. Eine Leiter aus **Gold** besagt zweifellos, daß Ihre Freunde und engsten Mitarbeiter Ihnen lieb und teuer sind, aber oft ist damit auch der materielle Vorteil als Motivation verbunden; vielleicht sind Ihre Freunde berühmt oder reich oder können für Sie von unschätzbarem Vorteil sein. Eine **silberne** (oder als silberfarben beschriebene) Leiter ist die größte Annäherung hier, im Reich des Metalls, an eine Kombination von Stärke und Gefühl.

Eine Leiter aus Metall kann die folgenden Eigenschaften widerspiegeln:

	positiv	negativ
Unter Freunden	trifft eine vernünftige Wahl	wählt nach kühlen Nütz-
	verläßt sich auf Freunde	lichkeitskriterien
	revanchiert sich für	nutzt Freunde aus
	erwiesene Wohltaten	hat kein Verständnis für
	baut eine starke Gemeinschaft	Schwächen
	auf	kann sich ohne weiteres
		abwenden
Bei der Arbeit	legt Wert auf Leistung	ist unpersönlich
	sucht zuverlässige Leute aus	verlangt zuviel
	hervorragender Team-Arbeiter	kühl, wenn es darum geht,
	und Koordinator	Mitarbeiter zu entlassen
	baut starke Organisationen auf	sieht Leute als Trittsteine
		auf dem Weg zum Erfolg

Strickleiter

Stichwort: *Mobilität.*

Leute, die ihre Leitern als Strickleitern sehen, sind gewöhnlich mobil, abenteuer-lustig und nomadenhaft. Sie sind unabhängige Menschen, die viel reisen, beruf-lich und privat, und oft freiberuflich oder selbständig tätig sind. Da Sie ständig kommen und gehen, müssen Ihre Beziehungen tragbar sein, zum Aufrollen und Mitnehmen sozusagen, wie eine Schiffsleiter, und sie müssen flexibel sein und Ihnen genug «Seil lassen». Bewegungsfreiheit ist Ihre höchste Priorität. Sie kom-men nicht mit Leuten aus, die Freundschaften nicht über Distanz aufrechterhal-ten können, und im Beruf ertragen Sie keine Arbeitgeber oder Kollegen, die von Ihnen erwarten, daß Sie ständig an einem Ort bleiben. Stricke und Seile sind flexi-bel, aber auch haltbar, stark und zäh – ein «festes Band». Es kann Menschen über große zeitliche und räumliche Distanzen verbunden halten. Es ist eine Versorgungs- und Verbindungslinie, wie eine Seilbrücke, die sich über einen Abgrund spannt, ein Transportweg für das Lebensnotwendige und für Neuigkeiten von weit entfernten Freunden.

Strickleitern können Stürme so gut überstehen wie Metall und besser als Holz. In den Wassern des Kummers getränkt, werden sie nur stärker. Nach den Imaginationen von Freunden zu urteilen, deren Strickleitern vom Himmel herabhängen, können sie sogar die Kluft zwischen den Lebenden und den Toten überbrücken. Eine Strickleiter, die vom Himmel herabhängt, kann auch auf eine Flucht oder Rettung hindeuten, die wie durch ein Wunder geschah – ein Rettungsseil, von einer höheren Instanz herabgeworfen.

Wenn die Strickleiter an Ihrem Kubus hängt, kann das buchstäblich bedeuten, daß Ihre Freunde sich an Sie hängen, von Ihnen abhängig sind oder daß Sie nur wenige Auserwählte zu sich einlassen, wie Rapunzel in ihren Turm, und die Leiter dann einziehen. Eine Japanerin, die wir kennen, sah ihre Strickleiter von ihrem gelben schwebenden Kubus herabhängen. Für sie war sofort klar, daß diese Leiter, die rauhe, kratzige, die Hände wundscheuernde Schlingen als Klettergriffe hatte, ihre älteste und beste Freundin darstellte. Diese Freundin kann sehr abweisend sein, und in den zwanzig Jahren ihrer Freundschaft haben die beiden Frauen oft und heftig miteinander gestritten, aber dennoch immer treu aneinander festgehalten.

Bei Leuten, deren imaginäre Leitern Strickleitern sind, werden Sie vermutlich eine oder mehrere der folgenden Eigenschaften finden:

	positiv	negativ
Unter Freunden	eine Freundin/ein Freund fürs Leben	oft nicht greifbar unterbricht den Kontakt für
	läßt Ihnen Ihre Freiheit	lange Zeitperioden

	setzt sich in der Not voll für den anderen ein	geht, wenn ihm oder ihr danach ist
Bei der Arbeit	unternehmungslustig	unruhig
	flexibel	dilettantisch
	vielseitig	distanziert
	unabhängig	

Anregungen zur Deutung von Leitern aus ungewöhnlichen Materialien – Wasser, Stein, Plastik und so fort – können Sie aus der Materialien-Sektion für den Kubus entnehmen. Kombinierte Leitern – Strickleitern mit hölzernen Sprossen, Holzleitern mit Metallbeschlägen oder eisernen Sprossen – lassen sich leicht deuten, indem man die vorangegangenen Passagen konsultiert und kombiniert.

Auch die folgenden Leiter-Typen sahen wir relativ häufig wiederkehren:

Leiter aus unbearbeiteten Ästen – Stichwort: *Alternativ.* Leitern aus rohen Ästen, oft mit Lederriemen zusammengebunden, signalisieren eine ökologische Orientierung und eine Neigung zu Freunden und Verbündeten, die dem «alternativen Lager» angehören, die handwerklich geschickt, naturverbunden, einfallsreich und unprätentiös sind. (Eine Ausnahme bildete die im Sand liegende und aus toten Ästen bestehende Leiter einer Holocaust-Überlebenden; diese Leiter, die «keine Verbindung zum Kubus» hatte, repräsentierte ganz eindeutig Freunde und Familienmitglieder, die umgekommen waren.)

In den Kubus eingelassene Leiter – Stichwort: *Geschwister.* Ein Mensch, dessen Leiter aus Stufen besteht, die aus dem Kubus herausgehauen sind, oder aus Haltestangen, die in eine Seitenfläche eingelassen sind, hat es am liebsten, wenn «alles in der Familie bleibt». Er oder sie hat die besten, engsten Freundschaften mit Blutsverwandten – und ist vielleicht im Familienunternehmen beschäftigt.

Ausfahrbare Leiter – Stichwort: *Reserven.* Menschen mit ausfahrbaren Leitern haben jede Menge Freunde und Freunde von Freunden, an die sie sich wenden können, wenn es notwendig ist. Alles, was sie brauchen oder je brauchen werden, läßt sich innerhalb dieses Netzwerks finden.

Mit Farbe besprenkelte Leiter – Stichwort: *Zusammenarbeit.* Arbeitsleitern, die man dauernd in Gebrauch hat, sind mit Farbe bekleckert; sie tragen die Erinnerungsspuren vieler intensiver und meistens gemeinschaftlicher Aktivitäten. Das deutet auf Freunde hin, die auch ein Arbeitsteam bilden, in irgendeinem kreativen Bereich. Der Schauspieler Willem Dafoe, der mit einer Experimentaltheater-Truppe arbeitet und zusammenlebt und viele Freunde im Filmgeschäft hat, imaginierte eine knallgelbe, mit vielen Farben besprenkelte Trittleiter.

Spiralförmige Leiter – Stichwort: *Unbeständigkeit.* Eine solche Leiter erinnert an eine Bibliothekstreppe oder Wendeltreppe und wirkt wie eine ästhetisch reizvolle Variante des Leitermotivs. Aber die Bedeutung einer spiralförmigen Leiter hat sich uns ziemlich deutlich präsentiert, und sie ist nicht so reizvoll. Es ist das Muster mancher Menschen, sich in regelmäßigen Abständen mit ihren Freunden völlig zu überwerfen. Ihr Freundeskreis hat vielleicht über Jahre dieselbe «Besetzung», aber diese Leute sind mal präsent und mal wieder nicht, weil sie in Ungnade gefallen sind. Das ist entweder Ihre persönliche Marotte oder ein Zeichen für schmerzliche Erfahrungen mit vermeintlichen Freunden, die sich als unzuverlässig, intrigant, hinterhältig und unaufrichtig erwiesen haben.

Trittleiter – Stichworte: *Unabhängigkeit, Dualität.* Eine gewöhnliche Leiter ist gegen eine Mauer, einen Baum oder eine ähnliche Stütze gelehnt, wenn sie zu etwas nutze sein soll, aber eine Trittleiter steht von allein. Mit einer solchen Leiter bevorzugen Sie Freunde im Privat- und Berufsleben, die «eigenständig» sind, sich selbst helfen können und es nicht nötig haben, sich an Sie anzulehnen. Eine Trittleiter, die auf beiden Seiten Stufen hat, kann außerdem bedeuten, daß Sie zwei klar voneinander abgegrenzte, unterschiedliche Freundeskreise haben oder daß Sie sehr eng mit einem Paar befreundet sind.

Zwei Leitern – Stichwort: *Dualität.* Zwei Leitern signalisieren eine klare Unterscheidung zwischen «Freunden» und «Bekannten» oder zwischen Arbeitsbeziehungen und persönlichen Freundschaften. Ein freiberuflicher Lektor imaginierte eine Leiter im Inneren seines Kubus – die Menschen, die ihm persönlich nahestehen – und eine weitere Leiter, die außen an seinen Kubus angelehnt war – seine Kolleginnen und Kollegen und seine sozialen Kontakte. Eine Managerin im Verlagsgeschäft sah sowohl eine hölzerne Leiter, die in der Nähe des Kubus im Sand lag, als auch eine Aluminiumleiter, die gegen den Kubus gelehnt war – private Freundschaften, strikt getrennt von professionellen Kontakten, die ihrer Karriere dienlich sind.

Die Plazierung der Leiter

Wenn das Material Ihrer Leiter zeigt, mit welcher Art von Leuten Sie sich umgeben und wie Sie mit diesen Leuten interagieren, demonstriert die Plazierung der Leiter im Verhältnis zum Kubus, wie nahe Sie anderen kommen möchten und wie nahe Sie andere an sich heranlassen, wieviel Spielraum oder Distanz Sie brauchen. Das Verhältnis von Kubus und Leiter ist ein bildlicher Ausdruck Ihrer Bedürfnisse nach und Ihrer Befähigung für Intimität, Unterstützung, Gesellschaft, Kooperation und – auf der anderen Seite des Spektrums – Freiheit, Unabhängigkeit, Ungebundenheit und Alleinsein. Anthropologen haben in großstädtischen Parks die Körpersprache von Menschen unterschiedlicher ethnischer Herkunft studiert und dabei herausgefunden, daß es enorme kulturelle Unterschiede gibt im Hinblick darauf, wie nahe Leute beieinander stehen oder sitzen und wie oft sie einander berühren, während sie miteinander sprechen. Ein Beobachter zählte die Anzahl von Körperkontakten, die innerhalb zweier Familiengruppen, einer angelsächsischen und einer hispanischen, im Lauf einer Stunde vorkamen; in der angelsächsischen Gruppe kam es nicht mehr als zweimal zu körperlichen Berührungen – in der hispanischen Gruppe dagegen im gleichen Zeitraum mehr als hundertmal! Wenn ein Amerikaner und ein Inder sich unterhalten, wird der Amerikaner unweigerlich das Gefühl haben, daß der Inder ihm zu nahe kommt, während der Inder überhaupt nicht verstehen kann, warum der Amerikaner ständig vor ihm zurückweicht. Gehen Sie eine belebte New Yorker Straße entlang, und Sie werden dauernd angerempelt. Auf einer ebenso belebten Straße in Tokyo passiert das nicht; die Leute fließen gleichsam umeinander herum wie Wasser. Wo wir die Grenzen der körperlichen Intimität ziehen und wie nahe andere Menschen uns kommen können, ohne diese Grenzen zu verletzen, hängt sehr weitgehend von dem familiären und kulturellen Umfeld ab, in dem wir aufgewachsen sind.

Und mit Seelen verhält es sich ganz ähnlich wie mit Körpern. Wenn es darum geht, wieviel Nähe uns lieb ist und wieviel Spielraum oder Freiraum wir brauchen, haben wir alle unsere eigene, individuelle «Kultur», unsere natürlich gewachsene Zone des Wohlbefindens. Diese Zone wird durch die Plazierung der Leiter sichtbar gemacht. Manche unter uns können sich gar nicht vorstellen, daß die Leiter anderswo steht als an den Kubus gelehnt. Andere wollen die Leiter in der Nähe haben, aber so, daß sie den Kubus nicht berührt. Wieder andere stellen die Leiter in weiter Entfernung vom Kubus auf.

Wenn wir mit Leuten zusammenleben oder zusammenarbeiten, deren seelische Nähe- und Distanzbedürfnisse sich von den unseren stark unterscheiden, kommt es ebenso leicht zu Mißverständnissen und Reibungen wie bei kulturell bedingten Unterschieden in Körpersprache und Körperkontakt. Unter Freunden fühlt sich der Typ, der eine freistehende Trittleiter imaginiert, von einer Person, deren Leiter eng an den Kubus gelehnt ist, vielleicht überrollt und bedrängt; er (oder sie) zieht sich zurück, um das richtige Maß an Distanz wiederherzustellen, und die andere Seite fühlt sich zurückgewiesen und rückt nach, um wieder mehr Nähe zu etablieren. So entsteht ein klassischer Circulus vitiosus, der unter Liebenden natürlich noch intensiver und schmerzlicher erfahren wird. Zu wissen, wo jemand seine Leiter plaziert, kann helfen, einen solchen unfruchtbaren Kreislauf zu durchbrechen. (Wenn man frisch verliebt ist, kann die Plazierung der Leiter eine bessere Vorwarnung für ein potentielles Nähe-und-Distanz-Problem sein als die Position des Pferdes, denn der Rausch der Verliebtheit löst die physischen und seelischen Berührungsgrenzen vorübergehend auf. Früher oder später treten diese Grenzen aber unweigerlich wieder in Erscheinung.)

Auf das Berufsleben bezogen, demonstriert das Verhältnis von Kubus und Leiter, ob Sie gern eng mit anderen zusammenarbeiten oder lieber unabhängig sind, ob Sie einen Arbeitsplatz lieben, an dem es von Leuten nur so brummt, oder ob Sie in einem stillen Archiv, Atelier oder Studio am besten aufgehoben sind. Kombinieren Sie diese Information mit der relativen Höhe von Kubus und Leiter, und Sie werden sehen, ob jemand besser geeignet ist, eine Gruppe anzuführen oder ein Mitwirkender zu sein, im Team zu spielen oder eine Solo-Glanznummer abzuliefern.

Was Sie aus der Plazierung Ihrer Leiter lernen, kann Ihnen in dreifacher Hinsicht behilflich sein, positive Veränderungen in Ihrem Leben vorzunehmen:

1) Ein «Leitervergleich» mit Freunden oder Arbeitskollegen ist oft sehr sinnvoll und erhellend; Sie werden einander wechselseitig besser verstehen, was Ihre jeweiligen Bedürfnisse nach Freiraum, Spielraum beziehungsweise Verbundenheit und Unterstützung betrifft.

2) Verändern Sie Ihre Arbeitssituation oder Ihre Interaktionen mit Freunden in einer Weise, die mit der Plazierung Ihrer Leiter besser korrespondiert oder umgekehrt.

3) Betrachten Sie die Plazierung Ihrer Leiter nicht als Rezept, sondern als Diagnose: Was stört Sie an der gegenwärtigen Situation? Empfinden Sie die Leiter, die an Ihren Kubus gelehnt ist, als schwere Last? Macht Ihre weit entfernt stehende Leiter Ihnen Ihre Einsamkeit bewußt? Wünschen Sie sich mehr Unterstützung von Freunden, die präsent, aber sehr passiv sind (eine im Sand liegende Leiter)? Die Plazierung Ihrer Leiter mag charakteristisch für Sie sein, aber sie ist nicht unveränderlich. Nun, da Sie die Situation bildlich vor sich sehen, haben Sie die Wahl, alles beim alten zu lassen oder einen neuen Kurs zu steuern.

PLAZIERUNGEN

An den Kubus gelehnt

Stichworte: *Ungezwungene Nähe, Vertrautheit, Wärme, wechselseitige Unterstützung.*

Vorteile:
- Für Sie ist es natürlich und selbstverständlich, sich zu engagieren und mit anderen sehr eng vertraut zu sein.
- Sie gehen selbstverständlich davon aus, daß Sie Hilfe und Unterstützung geben und auch empfangen.
- Sie sind physisch liebevoll und zärtlich mit Familienmitgliedern und Freunden.

Nachteile:
- Sie hängen sich zu sehr an andere und können nicht mit sich selbst allein sein.
- Sie übernehmen zuviel Verantwortung, zum Beispiel für alte

Eltern, oder leisten freiwillige Sozialarbeit und verausgaben sich dabei.

Bei der Arbeit:
- Sie sind ein Team-Spieler.
- Sie arbeiten nicht gern allein. Supervision und Leistungskontrolle machen Ihnen nicht viel aus.
- Sie übernehmen gern die Verantwortung für ein Team oder eine Gemeinschaftsleistung.

Die Leiter führt zur oberen Plattform des Kubus hinauf:

Sie sehen die Unterstützung durch andere oder die Zusammenarbeit mit anderen als wesentlich an, um zu Ihren persönlichen Bestleistungen zu gelangen.

Freunde und Mitarbeiter vermitteln Ihnen eine breitere Perspektive, einen weiteren Horizont.

Die Leiter fürt ins Innere des Kubus hinein:

Sie zeigen nur Menschen, die Ihnen sehr nahe stehen, Ihren inneren Kern.

FREISTEHENDE LEITER

In der Nähe des Kubus

Stichworte: *Nähe und Unabhängigkeit.*

Vorteile:
- Sie sind für Freunde verfügbar, engagiert, gesellig, aber dennoch unabhängig.
- Sie sind für Ihre Freunde da, wenn diese Sie brauchen – vorausgesetzt, sie übertreiben es nicht.

Nachteile:
- Sie bitten nicht gern um Hilfe.
- Sie ziehen sich vielleicht innerlich zurück, wenn andere Hilfe brauchen.

Bei der Arbeit:
- Sie haben im Beruf gern Menschen in Ihrer Nähe, arbeiten aber am liebsten allein.
- Sie sind eigenmotiviert und brauchen Autonomie.
- Es liegt Ihnen nicht, eine Gruppe oder ein Team zu «managen»; Sie wollen nur für Ihre eigene Arbeit verantwortlich sein.
- Sie mögen keine hierarchischen Strukturen – am besten arbeiten Sie mit unabhängigen Gleichgestellten zusammen.

Die Leiter steht aufrecht, ohne Stütze:
Sie fühlen sich zu Leuten hingezogen, die unabhängig sind und ihre Erfolge nur ihren eigenen Anstrengungen verdanken.

Die Leiter steht frei, etwas schräg:
Sie mögen ungewöhnliche oder progressive Auffassungen, Nonkonformismus, sogar Exzentrizität.

Die Leiter ist eine Trittleiter oder lehnt gegen einen Baum oder Felsen:
Sie bevorzugen Menschen, die ihre eigenen Ressourcen haben und sich nicht an Sie lehnen.

Die Leiter ist gegen einen blühenden oder fruchttragenden Baum gelehnt:
Sie gelangen zum Erfolg, indem Sie den Erfolg anderer fördern. (Eine Lektorin sah ihre glänzend polierte Bibliotheksleiter gegen eine Dattelpalme gelehnt – ihre Autorinnen und Autoren.)

Vom Kubus entfernt

Stichworte: *Distanz, Unabhängigkeit, Selbstgenügsamkeit.*

Je mehr Distanz zwischen Kubus und Leiter liegt, desto mehr Freiraum brauchen Sie. (Als Extrem haben wir erlebt, daß Leute Kubus und Leiter nicht einmal in derselben imaginären Szenerie unterbrachten.) Wenn die Leiter sehr weit vom Kubus entfernt ist, sind Sie ein Einzelgänger.

Vorteile:	• Sie sind damit zufrieden, Ihre Freunde gelegentlich zu sehen.
	• Sie kommen sehr gut mit sich allein zurecht.
	• Sie können für sich selbst sorgen.
Nachteile:	• Sie sorgen nur für sich selbst.
	• Sie haben Angst vor Nähe; vielleicht sind Sie einsam.
	• Ihr Freiheitsbedürfnis kann Sie unberechenbar und unzuverlässig machen.
	• Feste Verabredungen und an Sie gerichtete Erwartungen verursachen Ihnen Klaustrophobie.
Bei der Arbeit:	• Definitiv kein Team-Spieler.
	• Sie mögen keine Supervision.
	• Sie entscheiden am liebsten selbst, wann Sie fertige Ergebnisse vorlegen.
	• Sie legen Wert darauf, für lange Zeitperioden völlig ungestört zu sein.
	• Am besten können Sie sich als Selbständiger oder Freiberuflerin entfalten.

Verbindet einen schwebenden Kubus mit dem Boden

Stichwort: *Erdung für Träumer.*

Sie sind ein ausgesprochener Ideen-Mensch, ein Idealist, Denker, Träumer, eine Philosophin, Visionärin, Künstlerin. Aber Sie sind in Gefahr, völlig in Ihre Traumwelt «abzuheben» und Ihre Alltagsangelegenheiten zu vernachlässigen oder zu verpfuschen – es sei denn, Freunde oder Arbeitskollegen, die pragmatischer und lebenspraktischer sind, helfen Ihnen, Kontakt zur Bodenstation zu halten, schützen Sie und gewähren Ihnen den Freiraum, zu denken, zu philosophieren und kreativ zu sein.

Vorteile: Sie verlassen sich auf andere,
- die ihnen helfen, den Kontakt mit der praktischen und finanziellen Realität nicht zu verlieren,
- die sich um schnöde, alltägliche, aber lebenswichtige Angelegenheiten (wie Einkaufen, Kochen, Termine, Kontoauszüge etc.) kümmern,
- die Ihre guten Ideen realisieren und Sie taktvoll von Ihren unsinnigen Ideen abbringen.

Nachteile:
- Sie sind der Bilderbuchfall des «zerstreuten Professors» – und damit eine erhebliche Belastung für Ihre Umwelt.
- Wenn man Ihnen die Handhabung praktischer, finanzieller oder materieller Details überläßt, können Sie ein unübersehbares Chaos schaffen.

Bei der Arbeit:
- In der richtigen Rolle können Sie ein hervorragender Mitarbeiter sein.
- Sie sind von anderen abhängig und ihnen dankbar; zum Ausgleich sind Sie eine Quelle der Inspiration.
- Sie brauchen mentale Freiheit, aber Ordnung und Strukturiertheit im Praktischen.

Im Sand liegend

Stichworte: *Geselligkeit, Bequemlichkeit, geringe Erwartungen.*

Wir haben selten erlebt, daß eine Leiter aus Metall im Sand liegend imaginiert wurde (es sei denn, der Mitspieler oder die Mitspielerin hätte gleich spezifiziert: «Sie ist immer zur Hand; ich kann sie jederzeit nehmen und an den Kubus lehnen, wenn ich sie brauche.») Liegende Leitern sind fast immer aus Holz, und ihre Bedeutung ist fast immer ambivalent: zwischen unbefangenem, selbstverständlichem Wohlfühlen mit Freunden und Arbeitskollegen und einer gewissen Verachtung für diese Leute schwankend.

Vorteile:
- Sie erwarten von anderen keine Hilfe, um Ihre Ziele zu erreichen, denn:
  a) es ist Ihre typische Haltung, alles allein zu machen, oder
  b) es geht gegen Ihre Prinzipien, Freunde zu «benutzen».
- Sie brauchen Ihre Freunde nur, um in Ihrer Freizeit Gesellschaft zu haben oder gelegentlich Trost zu finden.

Nachteile:
- Sie erwarten von anderen keine Hilfe, um Ihre Ziele zu erreichen, denn:
  a) Sie betrachten die Menschen in Ihrer engeren Umgebung als nutzlos, oder
  b) Sie haben keine Ziele.
- Vielleicht wählen Sie Freunde, die Ihnen weit unterlegen sind – das «König-unter-Bettlern»-Syndrom, oder
- Sie haben Freunde, die krank, verzweifelt oder in Schwierigkeiten sind. Vielleicht haben Sie selbst die Neigung, «durchzuhängen» und sich treiben zu lassen, oder
- Sie sehen auf Leute herab, die weniger ehrgeizig sind.

Bei der Arbeit:
- Sie erwarten nicht viel von den Leuten, mit denen Sie zusammenarbeiten (oft eine selbsterfüllende Prophezeiung).
- Sie delegieren nicht, haben aber das mißmutige Gefühl «alles muß man selber machen».
- Vielleicht sind Sie unzufrieden mit Ihrem Job und/oder Ihren Mitarbeitern.

Im Inneren des Kubus

Stichworte: *Vertrauen, Verschmelzung, Festhalten.*

Diese Plazierung kann sehr gute Freunde repräsentieren, die bewährt, zutiefst vertraut und Ihrem Herzen wirklich nahe sind; sie kann aber auch auf ein Bedürfnis hinweisen, andere festzuhalten, zu besitzen, übermäßig zu beschützen oder zu kontrollieren.

Vorteile:	• Es gibt eine Person (oder mehrere) in Ihrem Leben, der Sie rückhaltlos vertrauen.
	• Sie sind bereit, sich den Menschen, die Ihnen am nächsten stehen, in allen Dingen anzuvertrauen und alles mit ihnen zu teilen.
Nachteile:	• Vielleicht sind Sie zu vertrauensselig.
	• Sie neigen vielleicht dazu, Unterschiede zu leugnen, und gehen davon aus, daß Ihre Freunde in allen Dingen genau so denken und fühlen wie Sie selbst.
	• Wenn das der Fall ist, empfinden Sie Differenzen als bedrohlich und fühlen sich durch einen Vertrauensbruch vernichtet.
	• Vielleicht sind Sie sehr besitzergreifend und wollen über Menschen, die Ihnen nahestehen, bestimmen.
Bei der Arbeit:	• Sie sind ein loyaler und engagierter Mitarbeiter.
	• Sie nehmen Ihren Untergebenen gegenüber eine besitzergreifende oder übertrieben beschützende Haltung ein.

Stichworte: *Verborgen, verboten, unbewußt.*

Dies ist eine faszinierende und sehr seltene Plazierung, die wir nicht oft genug gesehen haben, um sie vollständig zu verstehen. Freunde oder Mitarbeiter, die Sie in den Untergrund führen ...? Folgende Deutungen wären denkbar:

- illegale Beschäftigung, dunkle Geschäfte, Steuerbetrug;
- eine Neigung zu Kunst-, Kultur- oder Vergnügungsformen, die grenzüberschreitend sind, jenseits des allgemein Akzeptierten oder «Erlaubten» liegen;
- eine Person, die als «Seelenführer» fungiert und Sie bei einer Reise in die Tiefen der Psyche leitet und begleitet (wie in der Psychotherapie, bei einem religiösen Ritual, bei der Beichte), oder
- eine starke Verbindung zu einem nahestehenden Menschen, der verstorben ist.

Die Größe der Leiter

Die Anzahl der Sprossen an Ihrer Leiter gibt die Anzahl der Menschen, die zu Ihrem «inneren Kreis» gehören, mit fast komisch anmutender Präzision wieder. Wenn Sie zwei Listen von Leuten aufstellten, die Ihnen wirklich etwas bedeuten, privat und beruflich, möchten wir wetten, daß jede dieser Listen ungefähr so viele Namen enthält, wie Ihre imaginäre Leiter Sprossen hat.

Die Höhe Ihrer Leiter ist nur in Relation zur Höhe Ihres Kubus von Bedeutung. Das Größenverhältnis zwischen diesen beiden Elementen enthüllt, ob Sie eine natürliche Anführerpersönlichkeit (oder eine «einsame Größe») sind, ob Sie sich mit Ebenbürtigen am wohlsten fühlen oder ob Sie überlegene Menschen bewundern und ein williger Anhänger oder Helfer sind.

Kubus und Leiter haben (etwa) dieselbe Höhe

Stichworte: *Ebenbürtigkeit, Gleichgestelltheit.*

Sie sind mit Leuten befreundet, die Ihnen ebenbürtig sind, und arbeiten mit anderen am liebsten auf der Basis der Gleichberechtigung zusammen. (Geringe Höhenunterschiede zwischen Kubus und Leiter geben einen Hinweis darauf, ob Sie unter Gleichen ein wenig herausragen oder andere bewundern.)

Vorteile:	• Sie tendieren dazu, sich mit Leuten zu befreunden, die Ihnen im Hinblick auf Bildung, Intelligenz, Talent oder Einkommen, Macht und Lebensstil ähnlich sind.
	• Sie neigen dazu, existierende Unterschiede herunterzuspielen.
	• Sie nehmen den Grundsatz, daß alle Menschen frei und gleich geboren sind, ernst.
	• Sie sind davon überzeugt, daß Sie genausoviel wert sind wie jede und jeder andere auf Erden – nicht mehr und nicht weniger.
Nachteile:	• Vielleicht ist Ihr innerer Kreis weniger von Ebenbürtigkeit als von Homogenität oder Gleichförmigkeit geprägt.
	• Wenn Sie mit den unvermeidlichen, nicht zu leugnenden Unterschieden zwischen Menschen konfrontiert sind, reagieren Sie auf jene, die Ihnen unterlegen sind, vielleicht mit Schuldgefühlen und auf Überlegene mit Neid.
Bei der Arbeit:	• Sie behandeln Untergebene mit Respekt und ermutigen sie, sich zu entfalten und sich um ihr Weiterkommen zu bemühen.
	• Sie erwarten dasselbe von Ihren Vorgesetzten (und ärgern sich über autoritäres Gebaren).
	• Mit Gleichgestellten arbeiten Sie gut zusammen.
	• Sie fühlen sich nicht wohl damit, Macht über andere auszuüben.

Stichworte: *Dominanz, Einfluß, Anführergeist.*

Obwohl Sie es bewußt nicht so wahrnehmen oder nie zugeben würden (in einer demokratischen Gesellschaft ist es tabu), fühlen Sie sich den Menschen in Ihrer unmittelbaren Umgebung deutlich überlegen. (Es könnte natürlich sein, daß Sie Ihre Freunde und Mitarbeiter zu diesem Zweck ausgewählt haben und Leute meiden, die Ihnen überlegen sind.) Ihre Umwelt erkennt Ihre Überlegenheit an und ordnet sich unter oder schaut zu Ihnen auf.

Vorteile:	Eine oder mehrere der folgenden Aussagen wird auf Sie zutreffen:

- Sie wissen, daß Sie intelligenter sind als die meisten Leute in Ihrer Umgebung.
- Viele können die Komplexität Ihrer einsamen Gedankengänge nicht nachvollziehen.
- Sie sind dominant, egozentrisch oder sich Ihres eigenen Werts sehr bewußt.
- Sie nutzen diese Eigenschaften, um andere anzuleiten und zu motivieren, oder ...

Nachteile:
- Sie sind arrogant, überheblich, ein Snob, auf sich fixiert.

Bei der Arbeit:
- In einem Team ergreifen Sie instinktiv die Initiative und übernehmen die Leitung.
- Sie tendieren zum höheren Management oder streben nach Ruhm oder Prominenz in Ihrem Feld.
- Wenn die Leiter nahe beim Kubus steht, sind Sie ein großzügiger Mentor, der seine Schützlinge fördert.
- Als Untergebener sind Sie ruhelos und aufsässig, überschreiten ständig Ihre Kompetenzen und üben unermüdlich Kritik.

Die Leiter ist höher als der Kubus

Stichworte: *Bewunderung, Bescheidenheit, Dienstbarkeit, Opportunismus.*

In der Begegnung mit herausragenden Persönlichkeiten, so heißt es, kann man seine Selbstliebe nur durch Bewunderung retten. Aber mit einer Leiter von diesem Format rivalisieren Sie von vornherein nicht mit Leuten, die sich in irgendeiner Weise Verdienste erworben haben. Sie retten Ihre Selbstliebe vielmehr durch Anbindung. Den Großen, Hochbegabten oder Mächtigen nahe zu sein, für sie unentbehrlich zu sein, gibt Ihnen Erfüllung, ein Lebensziel, Inspiration oder auch Aufstiegschancen und Protektion.

Vorteile:	• Sie sind gern mit Leuten zusammen, zu denen Sie aufschauen und die Sie bewundern können.
	• Vielleicht ist Ihr eigener Kubus ziemlich groß, aber Sie machen die Leiter noch größer – das heißt, Sie orientieren sich an hohen Standards.
	• Wenn die Leiter bis in den Himmel aufragt, außer Sicht, gehören Sie vielleicht zur Anhängerschaft eines großen Gurus oder mächtigen religiösen Führers – oder Sie haben mächtige, hochgestellte Freunde.
Nachteile:	• Sie brüsten sich vielleicht gern mit Ihren Beziehungen oder prominenten Freunden.
	• Sie beziehen Ihre Selbstachtung von den Leuten, die Sie kennen, und nicht aus Ihrem eigenen Inneren.
	• Sie haben vielleicht die Neigung, sich den «Großen» gegenüber respektvoll zu verhalten, während Sie gewöhnliche Menschen herablassend behandeln.

Bei der Arbeit: • Sie geben einen hervorragenden Assistenten, Agenten, Berater
oder Helfer für Leute in Machtpositionen ab.
• Sie sind fähig, andere zu respektieren und zu fördern.

Eines unserer Lieblingsbeispiele für dieses Muster ist die Verlegerin Judith Regan, die unter anderem die Bestseller-Autoren Rush Limbaugh, Howard Stern, Christopher Darden und Robert Bork in ihrer Obhut hat. Sie beschrieb ihren Kubus als «in warmen Farben leuchtend und schimmernd, gelb und orange, von allen Seiten das Licht reflektierend, wie ein Juwel, groß, in zentraler Position, direkt vor dem Horizont – brilliant, perfekt, wie eine Erscheinung aus dem Zauberland Oz». Sie glauben vielleicht, das wäre nicht mehr zu überbieten – aber nun schauen Sie sich ihre Leiter an: «Sie ist direkt an den Kubus angelehnt, auf der rechten Seite. Sie ist über und über mit Smaragden und Rubinen und Diamanten besetzt. Und sie ist viel größer als der Kubus. Sie reicht ganz hoch hinauf, durch die Wolken, bis in den Himmel.»

Die Leiter markiert natürlich nur einen Sektor im Magnetfeld Ihres Herzens. Liebesbeziehungen sind ein anderes, ganz eigenes Thema. Und eine intimere Beziehung als die zu Ihrem Pferd ist kaum vorstellbar – wie Wüstenbewohner sehr wohl wissen. Sie pflegten ihre edlen Pferde mit in Ihre Zelte zu nehmen. Ein schönes, muskulöses, vitales, warmes, lebendiges Geschöpf mit wehender Mähne … Gibt es ein besseres Bild für eine Geliebte oder einen Geliebten?

Kapitel 14

Die Geheimnisse des Pferdes

Wenn das Pferd die Szene betritt, erwacht die Wüste zum Leben. Was bis hierher wie ein zeitloses Stilleben wirkte, wird plötzlich zu einem Schauspiel voller Bewegung und Dramatik. Das Pferd bringt Unruhe mit, bringt die Dinge durcheinander. Anders als die relativ stabilen Elemente Kubus und Leiter (sich selbst haben Sie schließlich immer, und wahre Freunde sind etwas fürs ganze Leben) kann dieses Geschöpf kommen und gehen, bleiben und fortlaufen. Und es braucht Nahrung und Wasser. So kommen Sorge und Verantwortung ins Bild, Unberechenbarkeit und Wildheit, atemberaubende Schönheit und die Rhythmen lebendiger Körper. Ist das nicht wie Verliebtsein?

Aber ein Pferd ist nicht nur Schönheit und wilde Erotik. Es ist ein domestiziertes Tier, auch ein Arbeitstier und ein unentbehrlicher, treuer Gefährte. Es kann Sie weiter bringen, als Sie allein gehen könnten, es kann Sie tragen, wenn Sie müde sind, es kann Ihnen helfen, die Last des Lebens zu bewältigen. Das Pferd ist also auch die Lebenspartnerin, der Lebenspartner. Auch hier haben die Meister des magischen Kubus ein Bild gefunden, das viele Bedeutungen in sich vereint.

Das Pferd ist nicht schwer zu interpretieren, solange Sie sich daran erinnern, daß die Seele ihre eigene Zeitrechnung hat. Sie läßt nicht immer dann los, wenn Sie loslassen. Wenn die Seele sich auf jemanden einläßt, dann ist das offenbar viel dauerhafter, als unser rationaler Verstand es wahrhaben will – eine interessante Entdeckung in einer Zeit kurzlebiger Ehen und schneller Scheidungen. Wenn Sie also keine Ähnlichkeit zwischen Ihrem gegenwärtigen Liebespartner und Ihrem Pferd entdecken, schauen Sie nach innen und finden Sie heraus, ob es sich vielleicht um das Geisterbild einer verlorenen Liebe oder eines Ex-Ehepartners handelt.

Natürlich heißt das nicht, daß Sie die Person, mit der Sie gegenwärtig zusammen sind, nicht lieben oder daß Sie nicht wirklich geliebt werden. Wenn Ihre Liebste ein weißmähniges Haflinger-Pferd imaginiert und Sie sind ein südländischer Typ und haben rabenschwarzes Haar, muß das durchaus nicht bedeuten, daß sie sich immer noch nach einem anderen verzehrt. Es heißt nur, daß die Wurzeln einer alten Liebe noch da sind, auch wenn der Baum längst gefällt wurde. In den Tiefen des Unbewußten herrscht eine eigene, organische Zeitordnung, die sich an den ewigen Zyklen von Keimen, Blühen und Welken, Leben und Tod, Werden und Vergehen orientiert. Elektronische Rhythmen sind mit dieser Zeitordnung nicht kompatibel. Die Seele zappt nicht durch die Kanäle und surft nicht im Internet. So ist es nun einmal.

Und natürlich gibt es auch Leute, die sich mit einem Pferd nicht zufriedengeben. Wenn sie hören: «In der Wüste ist auch ein Pferd», dann sagen sie (mit Bestimmtheit): «Nein, da sind mehrere Pferde», oder (im Beschwerdeton): «Wie denn – nur eins?» Jemand, der mehrere Pferde imaginiert, kann (mit einigem Bemühen) in einer monogamen Beziehung leben, wird aber wahrscheinlich immer polygame Phantasien haben.

Wappnen Sie sich für den Schock der Wahrheit, wenn Sie das Kubus-Spiel mit Ihrem Liebespartner oder mit einem Paar spielen. Es ist wie komprimierte Paartherapie. Mit schonungsloser Offenheit (und in Bildern, die in ihrer Deutlichkeit oft einer gewissen Komik nicht entbehren) wird enthüllt, wie jede Seite die Beziehung im tiefsten Inneren wirklich erlebt und beurteilt. Wenn es in Ihrer Beziehung gut läuft, werden Sie von dem, was Sie sehen, amüsiert und gerührt sein. Gehen Sie als Paar durch eine konflikthafte Phase, steht Ihnen das Problem des anderen – wo ihn oder sie der Schuh drückt – auf einen Blick klar und deutlich vor Augen. Dieser plötzliche Eindruck kann mehr Einsicht vermitteln als Dutzende langer Diskussionen.

Ist das Pferd (Sie) weit vom Kubus Ihres Liebespartners entfernt? Wendet es ihm den Rücken zu? Dreht es durch und rennt davon, wenn der Sturm kommt? Das zeigt, daß der andere sich verlassen oder nicht genügend gewürdigt und unterstützt fühlt. Wenn Sie das bildlich vor sich sehen, fühlen Sie sich vielleicht tief berührt, während Sie auf verbale Anschuldigungen oder Vorwürfe möglicherweise defensiv reagieren würden. Umgekehrt zeigen Sie Ihrem Partner mit *Ihrem* Pferd, wie Sie sich in der Beziehung fühlen und was für Sie problematisch ist. Diese Bilder können der Anfang eines neuen, andersgearteten Dialogs zwischen Ihnen und Ihrem Partner sein.

Wir hatten zum erstenmal ein Ehepaar mit zwei kleinen Töchtern bei uns zu Gast. Er ist als Manager in der Werbebranche tätig; sie ist Haufrau und Mutter. Während die beiden kleinen Mädchen in einem anderen Zimmer spielten, saßen wir im Wohnzimmer, das Paar uns gegenüber, Seite an Seite, und spielten das Kubus-Spiel.

Ihr Kubus war eine gläserne Vase auf einem Podest; die Form der Vase war nicht ganz geradlinig, sondern eher wellig. (Wir wissen, was uns dazu einfällt, aber erproben *Sie* Ihre Deutungskünste an diesem Bild!*) Sein Kubus war viel größer, aus Plexiglas und stand flach auf dem Wüstenboden. Ihr weißes Pferd

---

* Empfindsam, fürsorglich, zart, unsicher, loyal, prinzipientreu bis zu einem Grad, der sie isoliert und einsam macht; eine gute Ehefrau und engagierte Mutter, die sich in ihrer Rolle ein wenig unzulänglich fühlt.

tummelte sich vergnügt in fernen Sanddünen, weit, weit weg, im Hintergrund.
Sein weißes Pferd lief auf den Kubus zu. Ihre Blumen standen in der Vase. Er
konnte zuerst keine Blumen erkennen. Aber dann sagte er: «Ah ja, okay; sie sind
am Zaumzeug des Pferdes.»

Als wir das Spiel beendet hatten, dem Paar die Deutung enthüllten und zu
dem Punkt «Das Pferd ist Ihr Liebespartner» kamen, wandte die Frau sich ihrem
Ehemann zu und sagte halb lachend, halb weinend: «O nein, nein, das ist ja so
traurig!»

Da wir die beiden nicht kannten, nahmen wir an, dies könnte das typische
Bild einer Familie mit klassischer Rollenverteilung sein – sie ganz und gar für die
«inneren Angelegenheiten» zuständig, er ein «Workaholic», der selten zu Hause
ist, seiner Frau die Fürsorge für die Kinder überläßt und sich dem Familienleben
durch seine permanenten Arbeitsverpflichtungen entzieht. Aber später, nachdem
das Paar und die Kinder gegangen waren, erfuhren wir von den Leuten, die uns
miteinander bekanntgemacht hatten, daß dieser Mann außerdem abends gern
allein ausgeht, ins Kino oder zu kulturellen Ereignissen (und was mögen – aus
Sicht seiner Frau – die weichen, sanft gerundeten Dünen bedeuten …?). Er fühlt
sich keineswegs vernachlässigt oder einsam; so wie er es (zweifellos korrekt)
wahrnimmt, genießt er die volle Aufmerksamkeit seiner Frau. Aber nun hat er
seine Abwesenheit durch ihre Augen gesehen. Und sie gab, von der Deutlichkeit der Bilder überrascht, impulsiv ihren Schmerz und ihr Gefühl des Zurück-
gewiesenseins preis. Wird sich im Leben dieses Paares etwas ändern?

Das Pferd kann die reale Geliebte, den realen Lebenspartner durch das Auge
Ihres Geistes gesehen repräsentieren – ein höchst subjektives Bild –, aber es kann
auch eine Gestalt aus einer tieferen Seelenschicht widerspiegeln, das schatten-
hafte, archetypische Idealbild des oder der Geliebten. Dieses einzigartige innere
Traumbild eines Seelengefährten, einer Seelengefährtin beginnt sich wahrscheinlich sehr früh im Leben zu formen, aus markanten Eigenarten eines Elternteils

herausdestilliert (oder aus viel mysteriöseren Quellen). Und dann zieht es im Lauf der Zeit immer mehr differenzierende Elemente an, vertieft sich und gewinnt an Farbe, durch die Literatur, die wir lesen, und durch Filme, durch Schwärmereien und Phantasien, bis wir eines Tages glauben, dieses schöne Traumbild leibhaftig vor uns zu sehen. Und dann verlieben wir uns.

Dieses innere Bild bestimmt, was uns an anderen Menschen bezaubert, reizt und anzieht; es ist die Vorlage für die meisten unserer Gefühlsentscheidungen, obwohl keine reale Person ihm je völlig entspricht. Das erklärt die Wiederholungen in unserem Liebesleben, die wir auf der rationalen Ebene oft nicht begreifen können, und es erklärt die Kämpfe, zu denen es zwischen Liebenden kommt, wenn jede Seite versucht, die andere in eine unsichtbare, unerkannte Gußform zu pressen. Wenn man das imaginäre Pferd des anderen kennenlernt, kommen diese verborgenen Muster ans Licht. (Wir *outen* uns: Annie, deren schwarzes Pferd seinem eigenen, privaten Tornado davonläuft, hat sich immer zu lebenserfahrenen, «sturmerprobten» Männern hingezogen gefühlt, und Slobodan – Sie erinnern sich an das respektlose Verhalten seiner Stute – wartet immer noch auf die unbefangene, unabhängige, selbstbewußte Frau, die sich nicht so leicht beeindrucken läßt).

Wie sieht das Pferd aus?

Der Typus, die Gestalt, die Farbe, der Charakter Ihres Pferdes geben Hinweise auf das Aussehen, die Ausstrahlung und das Temperament des (realen oder idealen, gegenwärtigen, vergangenen oder erwünschten) Objekts Ihrer Liebessehnsüchte – durch Ihre Augen gesehen. Wenn Ihr Pferd zum Beispiel ein feuriger Rappe ist mit glänzendem Fell, kann das bedeuten, daß Ihr Geliebter ein dunkler, südländischer Typ ist und/oder daß er (oder sie) in Ihren Augen von der Aura des

Romantischen, Geheimnisvollen umgeben ist. Ein Zuchtpferd oder Rennpferd kann eine schlanke, langbeinige Person repräsentieren oder jemanden, der etwas «Aristokratisches» hat, oder einen ehrgeizigen, konkurrenzorientierten Menschen, dem stets daran gelegen ist, als erster durchs Ziel zu gehen.

Sie sollten nicht glauben, es zählte nicht, wenn Sie in Ihrer Imagination ein Pferd vor sich sehen, das real war, das Sie aus Ihren Kindheitserinnerungen kennen. Das signalisiert eine tiefe Vertrautheit mit Ihrer Partnerin/Ihrem Partner, das Gefühl, den anderen, ganz gleich, wie lange man zusammen ist, schon seit ewigen Zeiten zu kennen. Außerdem ist die Liebe zu Pferden in der Vorpubertät (bei Mädchen zumindest) bekanntlich eine Art Vorbereitung auf das Liebesleben. Sie sollten sich geschmeichelt fühlen, mit der allerersten Liebe eines jungen Lebens verglichen zu werden.

Es ist amüsant – wenn auch nicht gerade schmeichelhaft –, wie ältere Menschen ihre imaginären Pferde oft beschreiben, nämlich ganz offen als lahm, hinkend, mit durchhängendem Rücken oder anderen Anzeichen der Ermüdung und des Alterns versehen. Das Unbewußte ist nicht grausam, sondern ehrlich – ganz anders als unsere aufgesetzte, dem Jugendkult verschriebene Gesellschaft.

Araber – Stichworte: *Eleganz und Feuer.* In dieser Person sind Sensibilität und Zartheit mit Ausdauer und Temperament vereint. Sie oder er ist kultiviert, intelligent, energiegeladen, manchmal auch angespannt und unruhig.

Arbeitspferd (Hannoveraner, Belgier) – Stichwort: *Verantwortungsgefühl.* Dies ist die Art von Pferd, das früher den Erntewagen oder Brauereiwagen zog, stark, kräftig gebaut, mit breitem Rücken und großen, schweren Hufen. Es steht für eine Person, die vielleicht physisch stark und muskulös, auf jeden Fall aber ein starker Charakter ist. Sie oder er ist zuverlässig, lebenstüchtig, kann problemlos für sich selbst sorgen und kümmert sich darüber hinaus meistens noch um andere. Solche Menschen – «Arbeitstiere» – sind oft die Alleinversorger einer großen Familie oder führen allein ein Unternehmen.

Braunes Pferd – Stichworte: *Normalität, Wärme.* Braun ist für viele Menschen die «normale», typische Farbe eines Pferdes. Und so ist auch der Partner oder die Partnerin, für die es steht, «ein Mensch wie du und ich», vertraut, stabil, verläßlich, mit Familiensinn. Erdfarben können des weiteren Wärme und Zärtlichkeit signalisieren.

Dressurpferd – Stichworte: *Leistung, Karriere.* Ein disziplinierter Leistungsmensch, der Herausforderungen liebt.

Einhorn – Stichworte: *Reinheit, Bezauberung.* Sie sehen Ihre Geliebte/Ihren Geliebten als Zauberwesen, von reizender Unschuld, nicht ganz von dieser Welt. (Eine Frau, die in der Imagination ihres Ehemannes als Einhorn erschien, sah sich selbst als Kubus aus Wolken.)

Grauschimmel – Stichworte: *Gelassenheit, Reife.* Dieses Pferd kann für jemanden mit blasser Hautfarbe oder grauen Schläfen stehen oder auch für eine elegante, gelassene, etwas reservierte Person, die Haltung zeigt.

Haflinger (Falbe) – Stichworte: *Sonnigkeit, Unkompliziertheit.* Eine hellhäutige, naturblonde Person, ein Mensch mit «sonnigem Gemüt», heiter, lässig oder ein «Goldkind», attraktiv, liebenswert, vom Glück begünstigt.

Hengst – Stichworte: *Kühnheit, Dominanz, Selbstbewußtsein, Abenteuerlust.* Dieses Bild weist unbhängig vom Geschlecht auf eine Person mit den obengenannten Eigenschaften hin. Wenn ein heterosexueller Mann in seiner Imagination

einen Hengst sieht, werden Sie feststellen, daß er eine unabhängige, kühne,
wagemutige Frau liebt.

Kamel – Stichworte: *Ausdauer, Treue, Eigenwilligkeit.* Wir bieten beim Kubus-Spiel
nie eine andere Option als ein Pferd an, aber wenn in der Imagination spontan ein
Kamel auftaucht, dann will es eben akzeptiert sein. Leute, die ein Kamel imaginieren, denken meistens, daß es einfach die logische Wahl ist: «Wir sind schließlich in der Wüste, nicht wahr?» Aber in Wahrheit stellen sie ihre subjektive Sichtweise des Liebespartners genauso präzise dar wie alle anderen. Ein Kamel ist
vielleicht kein sehr romantisches Bild, aber ein Bild der Vertrautheit, Treue und
unbedingten Zuverlässigkeit – wenn auch in Verbindung mit einem gewissen
streitbaren Eigensinn. Sie haben Ihre Konflikte, aber Sie haben auch eine solide,
dauerhafte Paarbeziehung – und einen Partner, der wie ein Fels in der Brandung
steht und alles verkraften kann, was das Leben austeilt.

Maultier – Stichworte: *Zärtlichkeit und Verzweiflung.* Aus Ihrer Sicht ist Ihr Partner
ein «sturer Bock» oder «störrisch wie ein Maulesel»; gewöhnlich wird es sich (wie
im Fall des Kamels) um jemanden handeln, mit dem Sie schon lange verheiratet
sind oder zusammenleben – so lange jedenfalls, daß die Romantik sich abgenutzt
hat und die Illusionen verpufft sind. Ein Zuviel an Vertrautheit kann Verachtung
erzeugen; vielleicht ist das hier der Fall. Oder Sie hatten Streit an dem Tag, an
dem Sie das Kubus-Spiel spielten, und waren noch wütend auf den anderen.

Mustang – Stichworte: *Zähigkeit, Kämpfertum.* Ein zäher, rauher Kämpfertyp,
selbständig, unabhängig, ungezähmt.

Pegasus – Stichworte: *Begeisterung, Schwerelosigkeit.* Sie sind frisch verliebt und
haben das Gefühl, dem Mann oder der Frau Ihrer Träume begegnet zu sein; in

seiner oder ihrer Gegenwart verlieren Sie die Erdenschwere und schweben im Traumland des Glücks. (Ein fliegendes Pferd kann aber zuweilen auch buchstäblich jemanden repräsentieren, der sich in der Luft befindet. Die Liebste eines Mannes, der sein Pferd so imaginierte, arbeitet zum Beispiel als Stewardeß, und der Pegasus einer anderen Mitspielerin war der Ehemann, der sich gerade auf dem Heimflug aus einer anderen Stadt befand.)

Pony – Stichworte: *Anschmiegsamkeit, Harmlosigkeit.* Eine physisch kleine, niedliche Person, liebenswert, süß, nicht bedrohlich – vielleicht auch nicht sonderlich reif oder kompetent.

Rappe – Stichwort: *romantische Leidenschaft.* Ein leidenschaftlicher, dunkler Typ, jemand, der zu düsteren Stimmungen neigt, eine Person, mit der Sie durch eine romantische, intensive erotische Beziehung verbunden sind (die immer ein Element von Dunkelheit und Geheimnis in sich trägt).

Schimmel – Stichwort: *Idealisierung.* Eine Person, die Sie auf ein Podest stellen und zu der Sie aufschauen – der «Ritter auf dem weißen Pferd», die «Dame Ihres Herzens». (Aber auch: ein sehr hellhäutiger, blonder Typ.)

Stute – Stichworte: *Mütterlichkeit, Weiblichkeit, Sensibilität.* Das Geschlecht Ihres Pferdes sagt nicht notwendigerweise etwas über das Geschlecht der Person aus, die es repräsentiert. Ein Mann kann in Ihrer Imagination als Stute erscheinen, wenn Sensibilität, Fürsorglichkeit und andere Qualitäten, die ungerechtfertigterweise als «weiblich» etikettiert werden, das sind, was Sie bei einem Liebhaber suchen. Im allgemeinen ist es absolut unmöglich, aus der Kubus-Version einer Person auf ihr Geschlecht oder ihre sexuelle Orientierung zu schließen – ein deutliches Zeichen für die Androgynität der Seele.

Viele Pferde – Stichworte: *ein Auge riskieren, sexuelles Abenteurertum.* Wenn jemand vier oder fünf Pferde imaginiert, heißt das vielleicht einfach, daß er oder sie sich gerade in einer Phase der Suche befindet, mit mehreren Leuten ausgeht, nach einem neuen Partner/einer neuen Partnerin Ausschau hält. Aber ein ganzes Pferderudel sollte die roten Alarmlichter aufleuchten lassen: Dieser Typ (das trifft auf mehr Männer als Frauen zu) ist auf sexuelle Abenteuer aus, ist ein unverbesserlicher Schürzenjäger. Wenn ein solcher Typ sich die Hörner abgestoßen hat, ist er vielleicht fähig, sich auf eine Person einzulassen und den Rest seiner Abenteuerlust in der Phantasie auszuleben. Verlassen sollte man sich darauf allerdings nicht.

Zwei Pferde – Stichwort: *zwischen den Feuern.* Eine Person, die ihre Zuneigung tatsächlich zwischen zwei Menschen – oder zwischen zwei sehr unterschiedlichen Typen von Menschen – aufteilt. Das muß nicht notwendigerweise auf eine Affäre hindeuten; das eine Pferd repräsentiert vielleicht einen verflossenen, verstorbenen oder Phantasie-Liebhaber (oder eine Geliebte), dem Sie im Geist treu bleiben, während Sie Ihr Leben mit dem gegenwärtigen Liebespartner aus Fleisch und Blut teilen. Für die gegenwärtige Beziehung muß das durchaus nicht störend oder schädlich sein; es kann – besonders bei notorischen Träumern und Phantasten – sogar hilfreich sein, solange das zweite Pferd dort bleibt, wo es hingehört, nämlich in der Phantasie.

Zuchtpferd (Rennpferd) – Stichwort: *Ehrgeiz.* Jemand, der aussieht wie ein hochgezüchtetes Rennpferd, ein Model-Typ, und/oder das letzte aus sich herausholt, um Karriere zu machen und andere zu überrunden.

Ob Ihr Pferd gesattelt und aufgezäumt ist oder nicht, gibt einen Hinweis darauf, welche Elemente gegenwärtig in Ihrer Beziehung überwiegen: das Alltägliche und Pragmatische oder das Leidenschaftliche und Erotische. Selbstverständlich schließen diese beiden Elemente sich wechselseitig nicht aus. Aber Beziehungen gehen durch unterschiedliche Stadien, die Schwerpunkte und Interessen verlagern sich, und oft liegt das Hauptgewicht in einer bestimmten Phase entweder auf dem einen oder dem anderen. Bei berufstätigen Paaren, die kleine Kinder haben, liegt es natürlich besonders nahe, daß die Partner sich als Gefährten oder als ein Arbeitsteam betrachten. Später, wenn die Kinder herangewachsen und aus dem Haus sind, können sie das Joch ablegen und tummeln sich vielleicht wieder gemeinsam auf der grünen Weide.

Normaler Ledersattel, normales Lederzaumzeug – Stichworte: *Alltag, Häuslichkeit, Familienleben.* Ein Pferd, das Sattel und Zaumzeug trägt, wurde gezähmt und für den praktischen Nutzen abgerichtet. Es galoppiert nicht mehr wild umher oder grast, wo es will, sondern hat gelernt, reguläre Gangarten einzuhalten und auf der Bahn zu bleiben. Wenn Sie ein grasendes Pferd sehen, das Sattel und Zaumzeug trägt, wissen Sie, daß es jemandem gehört … Ein Pferd, das in der Imagination gesattelt und aufgezäumt erscheint, ist fast immer ein Ehemann oder eine Ehefrau (obwohl nicht alle Ehepartner in dieser Form porträtiert werden). Und es ist ein Partner, der aus einem nüchtern-besitzergreifenden und pragmatischen Blickwinkel heraus gesehen wird.

Ihr Partner/Ihre Partnerin ist «eingespannt» in ein Leben voller Aktivität und Verantwortung. Statt ganz aufeinander bezogen zu sein wie in der ersten Verliebtheit, bewältigen Sie den Alltag nun Seite an Seite. Zaumzeug ist ein Hinweis darauf, daß Ihr Partner flüchtige Impulse und Launen dem stetigen Verfolgen gemeinsamer Ziele untergeordnet hat. Ein Sattel spricht für ein komfortables, angenehmes Sexualleben – ohne hemmungslose Leidenschaft oder Exaltiertheit. Generell repräsentieren Sattel und Zaumzeug die Bequemlichkeit, Vertrautheit und Sicherheit ehelicher Bindungen und Rollenverteilungen.

Ohne Sattel, Zaum und Zügel – Stichwort: *Erotische Freiheit.* Wenn Ihr Pferd frei und ungebunden dahinläuft, ohne Sattel und Zaumzeug, ist das ein Hinweis auf Vertrauen, Verzicht auf Kontrolle, Wildheit, Ungezwungenheit und Sinnlichkeit. Verheiratet oder unverheiratet – wenn Sie Ihren Liebespartner so sehen, ist seine oder ihre Freiheit für Sie eine Frage des Prinzips und der persönlichen Neigung, auch wenn gewisse Ängste damit verbunden sind. Wenn der andere bei Ihnen bleibt, dann soll es aus freiem Willen geschehen, und nicht, weil Sie einander ein Eheversprechen gegeben oder ein Papier unterschrieben haben. Erotische Anziehung, Leidenschaft, Zuneigung und Zusammengehörigkeitsgefühl sind Ihre Gründe, miteinander zu leben, und nicht Konventionen, Versprechungen oder Verpflichtungen. Dieser freiheitliche, idealistische Partnerschaftsstil, der in den sechziger Jahren aufkam, hat seine unbestreitbaren Vorzüge, aber er ist auch mit einem immensen Anstieg der Scheidungsraten verbunden. Das ungezäumte und ungesattelte Pferd kann leicht davonlaufen. Dieselbe Ungezwungenheit und Freiheit, die den großen Reiz ausmachen, stellen auch das größte Risiko dar. Akzeptieren Sie das Risiko bewußt und bereitwillig, wenn Sie sich für diese Form entschieden haben. Und ob man es nun mag oder nicht – heutzutage leben die meisten Menschen ohnehin auf diese Weise.

Kostbar geschmücktes Sattel- und Zaumzeug – Stichwort: *Romantik.* Ihr Pferd mit königlichem oder orientalischem Prunk auszustatten – mit einem Sattel aus ornamentiertem und gefärbtem Leder, mit Fransen und Quasten, juwelenbesetztem Zaumzeug, Seidendecken und Straußenfedern – ist ein Kompromiß oder eine

Versöhnung der beiden oben geschilderten Positionen. Es ist ein Ausdruck der ritterlichen Einstellung eines altmodischen, galanten Mannes zu Liebe und Ehe – oder der Phantasien einer Frau, die offen oder insgeheim romantische Träume hat. Sie stellen sich Ihren Liebespartner als Ritter in schimmernder Rüstung vor oder Ihre Geliebte als hinreißende Prinzessin, die Sie befreien oder um die Sie kämpfen mußten. Die Frage «Willst du mich heiraten?» ist der Höhepunkt einer langen, aufregenden Geschichte von Bezauberung, Werbung und Eroberung. Ihre Hochzeit ist (oder wird) ein großes, rauschendes Fest, und die Erinnerung daran wird auch in fünfzig Jahren noch nicht verblaßt sein.

Das einzige Problem mit solchen romantischen Träumen ist, daß sie oft Träume bleiben. Wenn Sie nicht bereit sind, sich mit etwas weniger als einem veritablen Helden oder Prinzen, einer einzigartigen, edlen, bezaubernden Schönheit zufriedenzugeben, dann sind Sie vermutlich immer noch ein Single. Es bedarf schon einer lebhaften, sentimentalen Phantasie, eine reale Person in einen Hollywood-Kostümfilm aus den fünfziger Jahren zu versetzen. (Es hilft natürlich, wenn Ihr Partner einige wirklich noble, grandiose oder exotische Züge trägt. Zwei Amerikanerinnen fallen uns dazu ein, die ihre Pferde so prunkvoll geschmückt imaginierten. Wie es der Zufall will, sind beide Ehemänner Europäer, die mit starkem Akzent sprechen und einen militärischen Hintergrund haben.)

Wo ist das Pferd, und was tut es?

Hier sehen Sie die Wahrheit über Ihre Beziehung auf den Punkt gebracht – Ihre subjektive Wahrheit, versteht sich. Das imaginäre Pferd Ihres Partners wird dieses Bild ergänzen, bestätigen oder korrigieren.

Theoretisch sind wir alle bereit, der Erkenntnis zuzustimmen, daß wir Individuen sind, die sich voneinander unterscheiden, und daß jeder Mensch die Dinge auf seine ganz eigene Weise sieht. Diese allgemein akzeptierte Erkenntnis kann eine Schockwirkung entfalten, wenn wir dasselbe Objekt gemeinsam aus nächster Nähe betrachten, und in diesem Fall ist das «Objekt» – die Beziehung, in der wir zueinander stehen – von allerhöchster subjektiver Bedeutung. Beim Kubus-Spiel kann tatsächlich der Eindruck entstehen, als lägen zwei Menschen, die durch eine Paarbeziehung verbunden sind, nicht in demselben Bett, als lebten sie zwei ganz voneinander unabhängige, verschiedene Liebesbeziehungen. Diese Unterschiede können gutartig, harmlos, sogar komplementär sein, oder sie können eine Bedrohung, einen unterschwelligen Konflikt signalisieren. Unterschiede in der Wahrnehmung, den Einstellungen und Vorlieben zweier Menschen, die sich nahestehen, sind normal, unvermeidlich und völlig in Ordnung, solange jede Seite in der Beziehung bekommt, was sie (oder er) braucht. Der magische Kubus kann keine Probleme zwischen Ihnen und Ihrem Liebespartner verursachen – er bildet sie lediglich ab. Wenn es ein Problem gibt, werden Sie es in dem Augenblick erkennen, in dem Sie es vor sich sehen. Und dann können Sie und Ihr Partner gemeinsam entscheiden, wie Sie sich dazu stellen wollen, ob Sie versuchen, daran zu arbeiten, oder es als Faktum akzeptieren. In der realen Welt, in der wir leben, ist nichts je vollkommen, und ob wir es nun wahrhaben wollen oder nicht: Es gibt auch Probleme, die nicht lösbar sind und mit denen man einfach leben muß.

Das Pferd steht beim Kubus – Stichworte: *Nähe, Gemeinsamkeit.* Sie und Ihr Liebespartner sind sich nahe, physisch und emotional. Er oder sie wird Sie nicht verlassen (zumindest nehmen Sie das an). Sie sind voller Zuversicht, was Ihre Beziehung angeht, und fühlen sich darin wohl und sicher. Sie sind Teil des Alltagslebens des anderen und umgekehrt – anders als in manchen Paarbeziehungen, in denen die Partner ebenso stark aneinandergebunden sein können und dennoch in vielen Dingen getrennte Wege gehen. Aber was ist, wenn Ihr Partner sein imaginäres Pferd in größerer Entfernung von seinem Kubus sieht?

Er – oder sie – fühlt nicht dasselbe Maß an Nähe in der Beziehung. Vielleicht setzen Sie seine/ihre Gegenwart als selbstverständlich voraus und geben weniger, als Sie empfangen. Aber bevor Sie Konsequenzen ziehen, überlegen Sie, ob der andere es vielleicht gerade so mag. Vielleicht gibt eben Ihre Annahme, daß Sie einander sehr nahe sind, ihm (oder ihr) eine erwünschte innere Freiheit. Es kommt in Paarbeziehungen gar nicht selten vor, daß eine Seite für Nähe und Intimität «zuständig» ist und diese Qualitäten für beide lebt. Das ist völlig in Ordnung; haben Sie aber ein Auge darauf, daß Ihre Annahmen Sie nicht für ernstzunehmende Anzeichen eines Auseinanderdriftens blind machen.

Sie haben zur Zeit keine Geliebte/keinen Geliebten? Dann ist dies die Beziehung, von der Sie träumen und auf die Sie warten. Dies ist die Art von Bindung, die Sie leben können und leben werden. Geben Sie sich mit nichts Geringerem zufrieden.

Das Pferd ist am Kubus angebunden – Stichworte: *Bindung, «eingefangen».* Ein Mann, den wir kennen, bekam schreckliche Schuldgefühle, als wir ihm enthüllten, daß sein Pferd, das er an einem Pfosten angebunden neben seinem Kubus sah, seine Ehefrau symbolisierte. «O nein», protestierte er, «ich will ihr nicht ihre Freiheit nehmen!» Er war sehr erleichtert zu hören, daß dieses Bild einfach eine starke Bindung signalisieren kann. Andererseits gibt dieser Mann, der seine erste Frau durch eine Krebserkrankung verlor, offen zu, daß er emotional von seiner Partnerin abhängig ist und sie in seiner Nähe wissen will. Seine Frau findet das tief anrührend – und zuweilen auch etwas einschränkend. Aber das ist schließlich die unvermeidliche Kehrseite, die man in Kauf nehmen muß, wenn man eine enge Bindung will.

Das Pferd umkreist den Kubus – Stichworte: *Fürsorglichkeit, Wachsamkeit.* So wie Sie es wahrnehmen, dreht sich das Leben der anderen Person ganz um Sie. Sie sind ein Mann, nicht wahr? Nun ja, vielleicht auch nicht. Aber selbst Frauen mit sehr starkem Ego neigen weniger als Männer dazu, sich selbst als Zentrum des Universums wahrzunehmen. Wir sind uns der Zustimmung unserer Leserinnen ziemlich sicher und hören förmlich ihre ironischen Seufzer. Aber Frauen, seid ehrlich: Wieweit trifft das wirklich zu – und wieweit laßt ihr eure Männer *glauben*, daß sie im Mittelpunkt eures Daseins stehen? Das Umkreisen des Kubus kann auch Wachsamkeit bedeuten. Das Pferd ist Ihr Beschützer, es hält den Sturm und andere Gefahren von Ihnen fern. Oder – und das wäre die Kehrseite der Medaille – es patrouilliert um den Perimeter, hält die Welt von Ihnen fern und umgibt Sie mit den unsichtbaren Mauern einer eifersüchtigen, besitzergreifenden Liebe.

Es tut dem Ego gut, das unangefochtene Zentrum der Liebe und Aufmerksamkeit einer anderen Person zu sein, aber es ist auch ein zweischneidiges Schwert. Haben Sie je davon gehört, daß man von seinem Besitz besessen oder Sklave seines Eigentums sein kann?

Das Pferd steht oben auf dem Kubus – Stichworte: *Verehrung, Achtung, Dominanz, Gefangenschaft.* Interessanterweise sind es gewöhnlich Männer, die ihr Pferd oben auf dem Kubus plazieren. (Eine ziemlich abhängige Frau sah ihr Pferd *über* ihrem kleinen Kubus stehen, gleichsam sein gesamtes Umfeld bildend, aber das ist eine andere Geschichte.) Es ist ein Zeichen der Galanterie, manchmal sogar der größtmöglichen Galanterie: der Anerkennung der Überlegenheit einer Frau. Heutzutage unterstützen viele Männer ihre Frauen tatsächlich, und nicht nur finanziell. Vielleicht sind Sie mit einem großzügigen Ehemann oder Geliebten gesegnet, der Ihre Karriere fördert und auf Ihre Leistungen und Errungenschaften stolz ist. Er präsentiert Sie vielleicht sogar gern als Star der Familie.

Andererseits: Vielleicht stellt er Sie auch nur auf altmodische Weise auf ein Podest und macht es Ihnen schwer, von diesem Sockel herabzusteigen und sich selbst in der Welt zu bewähren. Vergessen wir nicht: Die Verehrung, die Frauen in der viktorianischen Ära genossen, bedeutete immer Beschränkung auf eine rigide festgelegte, überaus einengende Rolle. Ein junger Mann, mit dem wir das Kubus-Spiel spielten, sah sein Pferd hoch oben auf seinem Stein-Kubus, laut wiehernd und mit den Hufen scharrend, weil es herunterwollte. Er hatte die Erfahrung gemacht, daß sein besitzergreifendes, obsessives Verhalten in der Liebe Frauen ängstigte.

Manchmal kann das Pferd auf dem Kubus auch ein Monument für eine verlorene Liebe repräsentieren, das Sie in Ihrem Geist errichtet haben. Eine traurige Fußnote zu dieser Position: Ein Mann aus unserem Bekanntenkreis imaginierte sein Pferd als vergoldete Statue, und sein Kubus bildete die Basis. Er hatte seine Frau leidenschaftlich geliebt, aber in den letzten Jahren war sie durch eine chronische Krankheit unförmig dick geworden, sexuell nicht mehr aktiv und unbeweglich wie eine Statue. Es sah aus, als wäre sein jetziges Leben ein Monument für die goldenen Erinnerungen an das, was früher einmal war.

Das Pferd leckt am Kubus – Stichworte: *Zärtlichkeit, demonstratives sexuelles Interesse.* Eigenartigerweise ist dies eine überwiegend weibliche Variante. Warum? Wir wissen es nicht. Vielleicht spiegelt sie die Wahrnehmung von Frauen, daß Männer, von Kindheit an, zu ihnen kommen, wenn sie Fürsorge, Nahrung, Entspannung, Erholung suchen. Oft, aber nicht immer, ist es ein schmelzender Eis-Kubus, der dem Pferd in der Wüste etwas zu trinken gibt. Woraus Ihr Kubus auch immer gemacht sein mag – Sie sind vermutlich mit einem Geliebten gesegnet, der Zärtlichkeit zeigt. Er (oder seltener: sie) geizt nicht mit seinen physischen Reizen und ist wahrscheinlich sehr sexy.

Das Pferd ist im Inneren des Kubus – Stichworte: *Phantasie, Verschmelzung, Symbiose.* Wir sehen es oft, daß ein imaginäres Pferd ins Innere des Kubus eingelassen wird, wenn der Sturm kommt, aber ein Pferd, das sich von vornherein im

Inneren des Kubus befindet, kommt selten vor; und es hat eine ganz andere Bedeutung. In aller Regel repräsentiert es das Traumbild einer oder eines Geliebten, aber es kann auch einen realen Liebespartner darstellen, den Sie in Ihrer Phantasie fast vollständig mit diesem Traumbild verschmolzen haben. Das ist für die erste, wilde Phase der Verliebtheit kennzeichnend oder für eine leidenschaftliche Episode. Auf Dauer führt eine solche Projektion jedoch unvermeidlich zu Konflikten. Vielleicht sind Sie auch zu besitzergreifend, und Ihr Liebhaber/Ihre Geliebte wird früher oder später gegen die Fessel Ihrer Liebe rebellieren. Häufiger jedoch ist das Pferd im Inneren des Kubus eine Liebesphantasie, entweder ein Wunschbild oder eine romantische Erinnerung, die man nicht loslassen kann oder will. Ein Wort der Warnung: Dieses innere Idealbild hindert Sie vielleicht daran, eine weniger perfekte, aber reale und greifbare Liebesbeziehung einzugehen.

Das Pferd ist nahe bei der Leiter – Stichwort: *Freunde.* Sie betrachten Ihre Liebespartnerin auch als Freundin, Ihren Geliebten auch als Freund. Vielleicht waren Sie befreundet, bevor Sie sich ineinander verliebten, oder Sie leben schon so lange zusammen, daß Sie Freunde geworden sind. Vielleicht sind Sie auch beide der Überzeugung, daß eine Liebesbeziehung sich im Idealfall letztendlich zu einer tiefen, innigen Freundschaft entwickeln sollte. Damit dürften Sie wohl richtig liegen.

Sie reiten auf dem Pferd – Stichwort: *Unzertrennlichkeit.* «Du und ich gegen den Rest der Welt» – das ist das Motto dieser Position. Selbst wenn Sie physisch getrennt sind, ist der andere Ihnen innerlich doch stets gegenwärtig. Wohin Sie auch gehen, in Ihrer Phantasie sind Sie mit dem anderen im Zwiegespräch, und wenn Sie nach Hause kommen, können Sie es kaum erwarten, ihm oder ihr zu erzählen, was Sie erlebt haben. Aber wenn Sie die Wahl haben, reisen Sie zusammen. Gemeinsam mit dem anderen wagen Sie sich an Orte vor, die Sie allein nie betreten würden – auch Orte im Labyrinth Ihrer Seele. (Es war stockfinster im Inneren des häuserblockgroßen Kubus einer Frau, aber auf dem Rücken ihres schwarzen Pferdes wagte sie sich in die Dunkelheit hinein.)

Wenn Sie ohne Partner leben und sich in Ihrer Imagination auf dem Rücken Ihres Pferdes sehen, dann haben Sie gelernt, sich selbst Gefährte zu sein und sich in Ihrer eigenen Gesellschaft wohl zu fühlen. Vielleicht haben Sie auch einen imaginären Freund oder die stets präsente Erinnerung an jemanden, der Teil von Ihnen geworden ist.

Das Pferd hat einen anderen Reiter – Stichworte: *Innengeleitet, geht seinen eigenen Weg.* Ziehen Sie nicht den vorschnellen Schluß, daß Sie betrogen werden. Der Reiter auf Ihrem Pferd könnte ein Mentor oder eine andere starke Person sein, die Einfluß auf die Richtung hatte, die Ihr Partner seinem Leben gab. (Ein Mann sagte: «Mein Pferd hat seinen Reiter verloren»; die Mutter seiner Frau, eine bemerkenswerte, einflußreiche Person, war vor kurzem gestorben.) In aller Regel ist der Reiter jedoch Teil Ihres Liebespartners: sein oder ihr eigener Wille. Sie sind mit einer eigenmotivierten, unabhängigen Person liiert, die ihren Weg geht, was auch kommen mag.

Das Pferd liegt im Sand – Stichworte: *Entspanntheit, Faulheit, Erschöpfung, Krankheit.* Bei dieser Position kommt es ganz darauf an, *warum* das Pferd einfach so daliegt. Was assoziieren Sie? Ist Ihr Liebespartner entspannt und fühlt sich bei Ihnen ganz zu Hause? Ist er – oder sie – nachlässig und läßt einfach alles stehen und liegen? Oder fühlt der andere sich überlastet und braucht unbedingt eine Ruhepause?

Das Pferd schlägt aus und scheut (vor dem Sturm) – Stichworte: *Anspannung, Krise.* Ihr Liebespartner ist leicht gereizt, nervös und neigt dazu, in einer Krisen-

situation die Nerven zu verlieren; oder macht zur Zeit einfach eine schwierige
Phase durch.

**Das Pferd ist im Hintergrund – ** Stichwort: *Eigenleben.* Viele Menschen beider
Geschlechter sehen das Pferd im Hintergrund vorübergaloppieren oder vor dem
Horizont entlanglaufen, silhouettenhaft gegen den Himmel abgehoben. Das
weist auf einen Liebespartner hin, der den Kopf voll hat und mit seinen eigenen
Dingen – gewöhnlich Beruf und Karriere – beschäftigt ist.

**Das Pferd verläßt das Bild – ** Stichwort: *Trennung.* Das ist durchaus so zu nehmen,
wie es scheint: Ihre Partnerin oder Ihr Partner entfernt sich von Ihnen, geht aus
der Beziehung hinaus. Oder es ist die Liebe, die aus der Beziehung entschwindet.

**Das Pferd grast – ** Stichworte: *Gut versorgt, zehrend.* Ein Pferd, das in der Nähe des
Kubus grast, steht für einen Liebespartner, der Ihre Fürsorge genießt, den Sie
«ernähren», im wirtschaftlichen oder emotionalen Sinn oder beides. Wenn das
Pferd in einiger Entfernung vom Kubus grast, ziehen Sie es vor, daß Ihre Partne-
rin/Ihr Partner unabhängig ist und eigene Interessen und Ressourcen hat. Aufmerksam sollten Sie werden, wenn das Pferd sich über Ihre Blumen hermacht;
dann zehrt Ihr Partner von Ihrer Energie oder Ihrem Bankkonto und wird für Sie
zur Belastung.

**Das Pferd ist hungrig/durstig – ** Stichwort: *Hunger nach Aufmerksamkeit.* Ihre
Partnerin/Ihr Partner bekommt nicht genug Liebe und Aufmerksamkeit von
Ihnen, und in Ihrem tiefsten Inneren wissen Sie das sehr wohl.

**Das Pferd ist tot – ** Stichwort: *Zu spät.* Manchmal ist das buchstäblich zu verste-
hen; es kann das Imaginationsbild eines Menschen sein, der seine Partnerin/sei-

nen Partner durch den Tod verloren hat. Häufig aber repräsentiert es eine vergangene (tote) Beziehung oder eine bestehende Beziehung, in der die Liebe an Auszehrung gestorben ist. (Ein Bildhauer, mit dem wir das Kubus-Spiel spielten, ein merkwürdiger, sogar ein wenig unheimlicher Eigenbrötler, arbeitete ausschließlich mit Schrott und Fundstücken und hatte die Marotte, alles, einfach alles, zu Stilleben zu arrangieren – seine Frau offenbar eingeschlossen. Der Kubus in seiner Imagination war eine mit Plastikblumen gefüllte Holzkiste, und sein Pferd war ein Skelett im Wüstensand.)

Kein Pferd – Stichwort: *Einsamkeit.* Wenn jemand kein Pferd imaginieren kann, geht das viel tiefer als ein Single-Dasein oder die Abwesenheit eines Partners. Es weist darauf hin, daß die Seele ohne Gefährten ist. Ein Mann, der seit vielen Jahren eine feste Freundin hatte, konnte in seiner Kubus-Vision einfach kein Pferd erblicken. Obwohl die Beziehung schon so lange bestand, verbrachte er nicht mehr als zwei oder drei Nächte in der Woche mit seiner Partnerin, und aus Gründen, die nur er selbst kannte, weigerte er sich strikt, sie – oder überhaupt jemals – zu heiraten. (Und sie? «Ausgehungert» ist das einzig zutreffende Wort: Sie aß ihr Pferd!) Diese traurige Geschichte hat jedoch so etwas wie ein Happy-End. Dies war einer der seltenen Fälle, in dem jemand sich seine Kubus-Vision zu Herzen nahm. Von der unbeabsichtigten Grausamkeit seiner Enthüllung geschockt (seine Freundin war dabei, als wir das Spiel mit ihm spielten), hat dieser Mann sich seither bewußt bemüht, seiner Partnerin weitaus mehr Zuwendung, Zärtlichkeit und Aufmerksamkeit zukommen zu lassen. Verheiratet sind sie immer noch nicht, aber sie ist auch emotional nicht mehr ausgehungert.

Eine komische Variante desselben Themas bot uns ein australischer Naturbursche und Karatemeister, der mehrfach geschieden war. Er sah kein Pferd – nur eine Menge Hufspuren im Sand.

Unbelebtes, künstliches Pferd – Stichworte: *Unzufriedenheit, Unverbindlichkeit.*
Hier wird der Ausdruck «Liebesobjekt» allzu wörtlich genommen. Ein Holzpferd
oder Spielzeugpferd ist anspruchslos, aber es reagiert auch nicht. Das ist traurig –
oder auch bequem. Es kann ein Warnzeichen sein, das Einsamkeit oder Unzufriedenheit signalisiert. Aber es kann auch der Hinweis auf ein starkes Kontroll- oder
Dominanzbedürfnis in der Beziehung sein, auf den Wunsch, die andere Person
nach Belieben umherzuschieben, ohne daß sie aufmuckt. Eine mögliche Ausnahme ist ein hölzernes Karussellpferd, das festlich bunt und nostalgisch ist und
vielleicht jemanden repräsentiert, mit dem man unbekümmert zusammensein
und Spaß haben kann. Aber Karussellpferde sind in der Wüste fehl am Platz, und
oft sind sie verschrammt, verblaßt und antiquiert. Auch sind sie von einer Aura
der Traurigkeit umgeben, vom Gefühl verlorener Unschuld und geisterhaftem
Gelächter.

Einer unserer Freunde, der mittlerweile verstorben ist, hatte es aufgrund sei-
ner Krankheit praktisch aufgegeben, noch einmal eine Liebespartnerin zu finden.
Er sah sein Pferd als hölzernen Sägebock – eine düstere, deprimierende, aber
traurig präzise Einschätzung seiner Chancen. Eine Frau, mit der wir das Kubus-
Spiel über einen Radiosender spielten, beschrieb ihr Pferd als gezeichnete Comic-
Figur, ein kleines, verdutzt dreinschauendes Häufchen Elend. Sie sagte, sie habe
sich vor kurzem aus einer wirklich belastenden, destruktiven Beziehung gelöst.
Unser Zahnarzt sah das Pferd in seiner Imagination als trojanisches Pferd; das
scheint darauf hinzudeuten, daß er den Verdacht hegte, verraten zu werden (es
sei denn, seine Frau wäre zu diesem Zeitpunkt gerade schwanger gewesen).

Wir gehen weiter in unserem Spiel. Nun wird Ihre Beziehung zu Ihrem Pferd auf
die Probe gestellt. Der Sturm zieht auf!

«Ob Paarbeziehungen auf lange Sicht gelingen oder mißlingen, hängt im wesent-
lichen davon ab, wie das Paar mit Streß, Konflikten und Veränderungen umgeht»,

sagt der Psychologe Robert Levenson, der an der Universität von Berkeley lehrt und eine Studie erstellt hat, die Hunderte von Paaren umfaßt. «Wenn alles seinen gewohnten Gang geht, sind die einzigen Fragen, die Sie beschäftigen, ob Sie einander lieben oder nicht, ob Sie einander genügend Zuwendung geben und ob Ihnen beiden gewisse Vorteile aus Ihrer Verbindung erwachsen, in bezug auf Ihre Lebenssicherheit, Ihre wirtschaftliche Lage und/oder emotional. Aber wenn eine Herausforderung auf das Paar zukommt, dann erweist sich erst, wo die Stärken und Schwachpunkte einer Beziehung liegen. Im Lauf des Lebens kommt es immer wieder zu unerwarteten Härten und Schwierigkeiten. Es ist wie in einem Schmelztiegel, dessen äußere Hitzequellen permanent in Gang gehalten werden. Und ob Paarbeziehungen halten oder zerbrechen, hängt nicht davon ab, ob die Partner einander liebten, als sie zusammenkamen, sondern davon, wieviel Geschick und Kompetenz sie im Umgang mit Konflikten entwickeln. Jede Krise ist ein Anlaß, einander entweder näherzukommen oder weiter auseinanderzudriften.»

Wird Ihr Pferd an Ihrer Seite bleiben, wenn der Sturm kommt, oder wird es davonlaufen? Und wie hält Ihr Kubus dem Unwetter stand? Früher oder später werden Sie es zwangsläufig herausfinden. Auch in dieser Hinsicht ist der magische Kubus ein getreues Spiegelbild des wirklichen Lebens. Stürme gehören zu einer Wüste, dadurch wird sie erst lebendig. Und ein wirkliches, gelebtes Leben ist ohne Konflikte, Herausforderungen und Veränderungen nicht denkbar.

DIE GEHEIMNISSE DES STURMS

Was der Sturm bedeutet, muß man niemandem erklären. Dutzende von vertrauten Redewendungen weisen darauf hin, von «die Zeichen stehen auf Sturm», oder «da braut sich etwas zusammen» bis zum «reinigenden Gewitter». Aber unsere Reaktionen auf den Tumult und die Herausforderung, die Zerstörung und Erneuerung, die der Sturm mit sich bringt, könnten gar nicht unterschiedlicher sein. Wenn ein Gewitter – ein wirkliches Gewitter – losbricht, laufen manche Leute hinaus, um sich das Schauspiel anzusehen, und tanzen im Regen; andere würden sich am liebsten zusammen mit dem Hund unter dem Bett verkriechen, und wieder andere schließen einfach die Fenster. Ganz ähnlich verhält es sich mit den Stürmen des Lebens: Je nach Temperament und der aktuellen Situation, in der wir stehen, reagieren wir mit panischer Angst oder Gleichgültigkeit, beklommener Vorsicht oder gespannter Aufregung. Dieser Teil des magischen Kubus ist wie ein Wettersatellit: Er registriert die atmosphärischen Bewegungen über Ihrer Wüste. Sie sehen, wo sich etwas zusammenbraut, um welche Art von Sturm es sich handelt, was er bringen wird und mit welcher Intensität. Ist er unbedeutend, bedrohlich, aufregend, verheerend – oder gut für die Ernte? Das aktuelle Satellitenbild, das Sie erhalten, zeigt das Verhältnis Ihrer Seelenlandschaft zu Konflikten und Schwierigkeiten. Es kann die Spuren vergangener Stürme abbilden und wie sie Ihr Leben veränderten. Aber es eignet sich natürlich auch für die Wettervorhersage:

- Wo in Ihrem Leben braut sich zur Zeit etwas zusammen? Ist momentan nichts zu sehen? Kündigt sich für die Zukunft eine Sturmfront an am Horizont? Regnet das Gewitter sich in der Ferne ab? Werden Menschen, die Ihnen nahestehen, vom Sturm gebeutelt? Ballen sich die Wolken direkt über Ihnen zusammen?
- Welcher «Konflikt-Typ» sind Sie? Wie erleben Sie persönliche und berufliche Krisen, und wie reagieren Sie darauf – mit Blitz und Donner, düsteren Wolken und Regen, mit Wind, Tornados, Sandstürmen?
- Wie wirken Konflikte und Schwierigkeiten sich auf Sie aus? Übersteht Ihr Kubus das Unwetter unbeschadet, oder kriegt er etwas ab? Und wenn ja, in welcher Form? Wird er durchweicht, überflutet, umgestoßen, weggeblasen, zugeschüttet?
- Was ist Ihr erster Impuls, wenn es privat oder am Arbeitsplatz zu Schwierigkeiten kommt: andere zu schützen oder bei anderen Schutz zu suchen? Haben alle Beteiligten ein Auge aufeinander, oder steht jeder für sich allein?

Denken Sie daran, daß der Sturm nicht ausschließlich negativ ist. Selbst wenn er zunächst bedrohlich erscheint, kann er sich letztendlich als Segen erweisen. Wasser ist lebenspendend, Wind und Donner sind aufregend und aufrüttelnd (im I Ging, dem alten chinesischen Weisheitsbuch, heißt das Zeichen, das mit dem Donner assoziiert ist, «Das Erwachen»), Sandstürme verändern die Landschaft und werfen Dünen auf, die Ruhe und Schönheit ausstrahlen, ein Blitz kann ein Schock sein, aber auch eine plötzliche Erleuchtung. Auf düstere Wolken und

prasselnden Regen folgen oft die Regenbogen der Hoffnung und die blühenden
Wiesen der kreativen Erneuerung. Menschen, die nichts dazu taten, die Stürme
in ihrem Leben zu provozieren, aber sie dennoch durchstanden und neue Kraft
und Weisheit daraus bezogen, fassen ihre Erfahrungen oft in einem einzigen,
schmerzlich-schönen Bild zusammen: schwarze Sturmwolken, die sich wirbelnd
über einem schwarzen Metall-Kubus konzentrieren (ein Bildhauer, der seinen
mentalen Aufruhr zu kreativer Kraft transformiert), eine Sanddüne, aus der zwei
wundervolle rote Blumen herauswachsen, an der Stelle, an der zuvor ein Kubus
mit Spiegelwänden stand (eine Frau, die mit dem Ende ihrer Ehe ihren Zwang zu
gefallen begrub und ihre Sinnlichkeit und Kreativität entdeckte).

Und dann gibt es auch jene erstaunlichen Hochseilartisten, die tatsächlich
selbst dafür sorgen, daß es in ihrem Leben zu Tumult und Aufruhr kommt.
«Wenn's richtig rund geht, dann geht's mir gut», sagte ein «cooler Typ», den wir
nur als einen Machiavelli des Wirtschaftslebens beschreiben können. Er war ent-
zückt, seinen riesigen Eis-Kubus zugeschneit zu sehen, als der Sturm abzog. Nun
konnte er seine Skier auspacken und an den Hängen Abfahrtslauf machen! (Übrigens: Kontrahenten «cool abfahren» zu lassen war eine seiner Spezialitäten). Solche Unruhestifter und wagemutigen Teufel sind oft sehr erfolgreich. Sie sind
nicht nur bereit, «Eier zu zerschlagen», wenn sie ein Omelett backen wollen, sie
haben gewöhnlich auch einen ausreichenden Vorrat an Eiern auf Lager. Sie fassen
Schwierigkeiten und Konflikte als Herausforderung auf und sind für einen guten
Streit immer zu haben. Die Vorsichtigeren unter uns können das nur kopfschüt-
telnd zur Kenntnis nehmen.

Stürme zu lieben ist aber nur ein mögliches Erfolgsgeheimnis. *Kein* Sturm –
die sofortige und unmißverständliche Weigerung, ein Unwetter in Ihrer Wüste
zuzulassen – scheint ein anderes zu sein. Und ein drittes ist jedes Szenario, in
dem der Sturm auf irgendeine Weise durch den Kubus unter Kontrolle gebracht
wird. Die Sängerin und Komponistin Judy Collins sah zum Beispiel einen Tor-

nado aufziehen, aber er blieb gleichsam in der Luft hängen, in der oberen linken Ecke ihres Blickfelds. Als wir ihr die Bedeutung der Bilder enthüllt hatten, sagte sie: «Ich bin fest davon überzeugt, daß wir alle Probleme haben und daß wir eine gewisse Distanz dazu halten müssen. Ich meine, wir sollten wissen, daß sie da sind, und begreifen, daß es unsere sind, aber es ist überflüssig, in Panik zu geraten.» Ihr Sturm ließ ihren transparenten Kubus – innen ein gemütliches Studio mit Blick auf die Berge, Arbeitstisch, Papier, Füller und einem leckeren Brötchen – denn auch völlig unberührt.

Vielleicht ist «Erfolg» hier auch gar nicht das richtige Wort, sondern «Willenskraft». Was Sie selbst betrifft, entscheiden Sie, wie Sie es haben wollen, stürmisch oder heiter. Und wenn Sie mit unvermeidlichen Schicksalsschlägen konfrontiert sind, betrachten Sie diese als würdige Gegner, stellen sich und behaupten Ihren Standort, auch wenn es Sie beutelt. Macht über den Sturm zeigt einen außergewöhnlichen Glauben an Ihre Kraft, Ihre Mission zu erfüllen oder Ihre Vision zu realisieren, trotz aller Schwierigkeiten, die das Leben Ihnen in den Weg legt. Und oft erweist sich dieser starke Glaube als sich selbsterfüllende Prophezeiung.

Welche Art von Sturm?

Unwetter können in vielen Varianten auftreten: naß oder trocken, arktisch kalt oder tropisch heiß, dumpf dräuend oder wild tobend, dramatisch oder nur lästig. So ist es auch mit den Konflikten, Verlusten und Erschütterungen, die unsere Lebensstürme bilden. Die Wechselfälle der Witterung versorgen uns mit einer reichhaltigen Metaphernsprache sowohl für die unvermeidlichen Krisen, die über uns hereinbrechen (!), als auch für unsere aufgewühlten (!) Emotionen in einer Krise, denn es gibt innere und äußere Stürme. Wenn Sie Ihrer assoziativen Phantasie freien Lauf lassen, werden Sie kaum Mühe haben, die Probleme zu identifizieren, die Ihren Kubus in Gestalt von Donner und Blitz, eisigen Hagelschauern oder stechendem, heißem Sand attackieren. Denken Sie auch hier wieder daran, daß es Ihre persönlichen Assoziationen sind, die zählen, und nehmen Sie die allgemeinen Muster, die wir beschreiben, als Ausgangspunkt und Anregung.

Dunkle Wolken – Stichworte: *Depression, Furcht, düstere Vorahnungen.* Dunkle Wolken können für düstere Stimmungen stehen (Ihre eigenen oder die eines nahestehenden Menschen) oder für düstere Vorahnungen, für die Sorge, daß sich Schwierigkeiten anbahnen. Sie werden selbst am besten wissen, ob diese Besorgnis berechtigt und realistisch ist oder nur ein gewohnheitsmäßiger Pessimismus. Manche von uns sind chronische Schwarzseher, die ständig das Gefühl haben, daß sich ein Unwetter zusammenbraut und der Himmel über ihnen zusammenbricht. Stellen Ihre Vorahnungen sich oft als blinder Alarm heraus – oder waren sie häufig zutreffend?

Wie wir alle wissen, gibt es zwischen diesen beiden Varianten einen engen Zusammenhang. Depressive Menschen haben oft düstere Vorahnungen – und keine Atmosphäre ist besser geeignet, das Gefühl bevorstehenden Unheils heraufzubeschwören, als die aufgeladene Aura, die einen düster vor sich hin brütenden Menschen umgibt (besonders, wenn es sich um Ihren Liebespartner oder Ihren Chef handelt).

Regen – Stichworte: *Trauer, Kummer, Enttäuschung.* Regen löst natürlich sofort die Assoziation «Tränen» aus, aber er hat auch die Bedeutung von Tristesse, Melancholie, Grau-in-Grau. Regen, der sanft und stetig fällt, ohne Gewitter oder Windböen, kann etwas Lösendes oder Erlösendes, Trost und Mitgefühl signalisieren, aber auch Hilflosigkeit und Passivität – oder vielleicht das Akzeptieren einer auferlegten Problematik, an der man nichts ändern kann.

Wenn der Regen herunterprasselt, von Blitz und Donner und scharfen Windböen begleitet, dann nehmen Sie Ihre Probleme nicht hin, sondern kämpfen dagegen an, mit allen Mitteln, die Ihnen zur Verfügung stehen. Ihre Trauer über den Verlust, den Sie erlitten haben – sei es der Verlust Ihres Arbeitsplatzes, der Tod eines Elternteils, das Ende einer Ehe –, ist mit der Energie von Wut, Trotz und Verleugnung vermischt. Ein gewittriger Wolkenbruch hat eine reinigende Qualität, und oft folgt darauf der Durchbruch des Sonnenlichts durch das Wolkenpanorama, Regenbögen und neues, frisches Wachstum.

Eine komische Fußnote zu diesem Thema: Ein Sechzehnjähriger bezeichnete seinen Sturm als «sauren Regen», der seinen Eis-Kubus mit seiner unangenehm «ätzenden» Wirkung annagte und auflöste. Es ist natürlich wichtig, «cool» zu sein, wenn man sechzehn ist, aber die «coole Haltung» wird durch die nagenden Ängste und Unsicherheiten dieser Altersstufe ständig attackiert.

Wind – Stichworte: *Opposition, Herausforderung.* Wind ist Energie, eine aufregende, drängende Kraft. Er erweckt in Ihnen den Wunsch, die Segel zu setzen und in See zu stechen, fort, zu neuen Ufern. Aber hier sind Sie in der Wüste, und Sie müssen gegen den Wind angehen, um voranzukommen, wie Jakob im Kampf mit einem unsichtbaren Engel. Wind ist herausfordernde Opposition, die entweder von bestimmten Personen oder vom generellen Zeitklima ausgeht, und er ist auch Ihre selbstbewußte, streitbare Art, sich Herausforderungen zu stellen. Da Wind und Geist (griechisch: pneuma) eng assoziiert sind, geht es vielleicht auch um eine scharfe intellektuelle Kontroverse, ein Wortgefecht, das sich nicht um persönliche Meinungen, sondern eher um prinzipielle Fragen dreht. Was das Private betrifft, scheuen Sie vor Auseinandersetzungen nicht zurück oder lieben es vielleicht sogar, mit Ihrer Lebensgefährtin/Ihrem Partner oder mit Freunden geistreiche, scharfsinnige Streitgespräche zu führen. Ihre Auseinandersetzung mit dem Wind kann zu unterschiedlichen Resultaten führen. Erstens: Sie können

Ihren Standort behaupten, bis der Sturm sich gelegt hat. Zweitens: Wenn Sie bei aufziehenden Konflikten im Privat- oder Berufsleben, im Wirtschafts- oder Kulturleben wissen, «woher der Wind weht», können Sie ihre Vorbereitungen treffen und die kräftige Brise zu Ihrem Vorteil nutzen. Drittens – und das ist eine Warnung: Wenn Sie sich verkalkulieren – die Windstärke falsch einschätzen –, kann es Sie buchstäblich davonblasen. Das passierte mit dem Spielwürfel-Kubus eines Maklers, den wir kennen; er spekulierte an der Börse und verlor sein Vermögen.

Donner – Stichworte: *Konflikt, Wut.* Donner ist ein lautstarker Streit, bei dem die Kontrahenten versuchen, einander niederzubrüllen. Er signalisiert einen wutgeladenen, offenen Konflikt zwischen Leuten – ob Sie selbst daran beteiligt oder nur Zeuge davon sind. Das wütende Grummeln des Donners kündigt ein Gewitter an, aber oft zieht es ab oder geht anderswo nieder, und letztlich war der ganze Aufwand von Lautstärke «viel Lärm um nichts». Vielleicht gibt es jemanden in Ihrer Umgebung, der beim geringsten Anlaß losbrüllt, oder sind Sie vielleicht selbst der «Wutbesen»? Lautstärke kann ein harmloses Ventil für Streß und Frustrationen sein, aber vergessen Sie nicht, daß ein solches «Donnerwetter» auf manche Menschen furchteinflößend wirkt.

Blitz, Gewitter – Stichworte: *Gefahr, Durchbruch, plötzliche Einsicht.* «Wie vom Blitz getroffen» fühlen sich Leute manchmal, wenn das Problem, dessen Grummeln keine leere Drohung war, plötzlich über sie hereinbricht. Ein heftiges Gewitter kann beängstigend und gefährlich sein. Aber wenn der Gewittersturm nicht direkt über Ihnen tobt, ist das Risiko gering. Wind, Donner, zuckende Blitze, prasselnder Regen können ein gewaltiges, phantastisches Naturschauspiel sein, und Menschen, die das genießen und als schön und erhebend empfinden, sind oft auch bereit, die dramatischen Emotionen des Lebens furchtlos bis zur Neige auszukosten.

Der Blitz hat aber auch die Bedeutung der plötzlichen Erleuchtung und der Inspiration. Manchmal erzeugen Reibungen und Konflikte die Spannung, die sich in zuckenden Blitzen entlädt, und ein plötzliches Aufflammen von Einsicht illuminiert, was vorher im Dunkeln lag. Deshalb arbeiten manche Leute am besten, wenn sie unter Hochspannung stehen; inmitten von innerem Aufruhr und Tumult finden sie ihre Inspiration. Und manchmal birgt der Konflikt seine eigene Lösung in sich – eine Lösung, die ohne die elektrische Hochspannung, die sich während einer scharfen Auseinandersetzung aufbaut, nie gefunden worden wäre. Ein Beispiel ist die Schockwirkung des O.-J.-Simpson-Prozesses: Sie illuminierte die unüberbrückbare Kluft zwischen Amerikanern europäischer und afrikanischer Abstammung und öffnete vielen weißen Amerikanern zum erstenmal die Augen für die andere Seite.

Züngelnde Blitze, ohne Donner und Regen, signalisieren Spannung, mentale Unruhe oder obsessives Grübeln.

Tornado, Wirbelsturm – Stichworte: *Das Unvorhersehbare, Gewalt, Trauma.* Ein Tornado kann auch die gefährlichen, destruktiven seelischen Kräfte eines Menschen repräsentieren. Man sieht diese Art von Unheil gewöhnlich nicht kommen; wenn es in Ihrer Wüste also einen Tornado gibt, haben Sie das Schlimmste wahrscheinlich schon hinter sich, oder Sie sind durch eine Tragödie, die sich in Ihrer Umgebung abspielte oder von der Sie durch die Berichterstattung der Medien erfuhren, tief erschüttert und berührt.

Ein Tornado ist eine Katastrophe, die plötzlich und ohne Vorwarnung zuschlägt – wie Krankheit, Tod, Verheerungen durch höhere Gewalt, Ereignisse, die Menschen tief erschüttern können. Oft ist er das Bild eines Zustands, den man als «posttraumatisches Streßsyndrom» bezeichnet; sein Kennzeichen sind die quälenden, unauslöschlichen Erinnerungen und Nachwirkungen eines schweren Traumas aus der Vergangenheit. Annie sah einen Tornado, der ihr Pferd verfolgte; sie ist mit einem Mann verheiratet, der im Alter von sechzehn Jahren seiner Familie entrissen und in den Gulag deportiert wurde. Es ist keine Frage, daß dieses Trauma ihn seither verfolgt, aber er hat – wie Annies imaginäres Pferd – gelernt, dem wirbelnden Sog geschickt auszuweichen.

Windhose – Stichworte: *Unannehmlichkeiten, Ticks.* Eine Windhose ist die harmlose Miniaturvariante eines Tornados – ein Problemchen, eine Störung im Alltag oder in der seelischen Befindlichkeit, die einfach ärgerlich und manchmal beinahe rührend ist. Es kann etwas sein, das Sie in der Vergangenheit sehr belastete, aber dann haben Sie es «in den Griff gekriegt», es hat seine Bedrohlichkeit verloren, und nun ist es nur mehr eine Luftbewegung, die etwas Staub aufwirbelt. Es ist nicht überraschend, daß Windhosen in den Imaginationsbildern älterer und weiserer Menschen oft die einzigen Stürme bilden, die übriggeblieben sind. Sie repräsentieren unsere harmloseren, aber tief verwurzelten Neurosen, mit denen wir schließlich zu leben lernen, die kleinen Unvollkommenheiten des Lebens und die manchmal enervierenden Ticks und Marotten unserer Gefährten.

Sandsturm – Stichworte: *Verwirrung, Schmerz, Desorientierung.* Wenn Ihr Sturm ein Sandsturm ist, erfahren Sie eine Lebenskrise vielleicht als so überwältigend, daß Sie den Überblick verlieren, sich wie geblendet fühlen, in Ihrer eigenen Subjektivität gefangen, unfähig, einen Ausweg zu erkennen. Der aufgewirbelte Sand engt das Blickfeld auf zwei Handbreit ein; der heulende Wind verwandelt die Sandkörner in winzige, scharfe Geschosse, die auf der Haut stechen und Sie zwingen, die Augen zu schließen. Sie können nur umhertaumeln und versuchen, Ihre freiliegenden Nervenenden zu schützen. Sie fühlen sich geschlagen, gedemütigt, ausgeliefert. Ihre Probleme können so überwältigend sein, daß Sie davon buchstäblich zugeschüttet werden. Das Paradoxe ist aber, daß die Sandverwehungen, die der Sturm hinterläßt, viel schöner und interessanter sein können als eine Landschaft und ein Kubus, die unberührt geblieben sind und nie einem Sandsturm standhalten mußten. Die Gestalt, die Sie und Ihr Leben gemeinsam bilden, ist subtiler geworden. Die scharfen Kanten Ihrer Persönlichkeit wurden durch Krisen und Schwierigkeiten abgeschliffen und gerundet, und vielleicht hat auch Ihre Oberfläche den harten Glanz verloren.

Schneesturm – Stichworte: *Glücksfall, unverhoffte Chance.* Schneestürme in der Wüste sind ein höchst unwahrscheinliches Ereignis, und auch in imaginären Wüsten treten sie selten auf. Aber die wenigen Schneestürme, deren Zeugen wir wurden, hatten eine positive Bedeutung. Sie kamen Eis-Kuben zu Hilfe, die sich in der Hitze der Wüste aufzulösen drohten, bildeten ein Reservoir kühlen, erfrischenden Wassers oder das Material für vergnügliche Schneeballschlachten und Abfahrtsläufe. Frischer Schnee verwandelt den Boden in eine leuchtende, jungfräuliche Landschaft, in der Sie als erste oder erster Ihre Fußspuren hinterlassen. Mit anderen Worten: Wenn Ihr Sturm ein Schneesturm ist, erwächst Ihnen aus einer Krise unverhofftes Glück, oder Sie haben das Talent, Probleme und Schwierigkeiten als belebende neue Chance aufzufassen.

Regenbogen – Stichworte: *Befreiung, Erlösung, neue Hoffnung.* Ein Regenbogen ist eine bezaubernde Himmelserscheinung, die auf düstere Sturmwolken und prasselnde Regengüsse folgt, ein Lächeln unter Tränen, die Erlösung und Belohnung nach einer durchgestandenen Krise. Und diese Belohnung muß nicht immer nur immateriell sein; denken Sie an die Legende vom Topf voller Gold, der am Fuß eines Regenbogens zu finden sein soll. Menschen, die bereit sind, dem Regenbogen nachzujagen, auch wenn er sich immer wieder entzieht, bekommen oft, was sie wollen. Die Verlegerin Judith Regan, die Stürme und Gewitter liebt, umschrieb ihren Erfolg mit dieser Metapher: «Die Stürme meines Lebens haben auch die Regenbogen hervorgebracht.»

Die Position Ihres Sturms sagt Ihnen, wo die Schwierigkeiten in Ihrem Leben sind – ob sie hinter Ihnen liegen oder direkt vor Ihnen, ob sie weit entfernt oder bedrohlich nahe sind. Aber sie sagt auch etwas darüber, wieviel Raum Ihre Probleme in Ihrem Bewußtsein einnehmen und wie Sie mit Schwierigkeiten umgehen: Brüten Sie Tag und Nacht über einem Konflikt, oder sagen Sie «mañana …»? Chronische Schwarzseher und Pessimisten sehen den Sturm immer kommen. Sollte der Himmel wolkenlos blau sein und alles glatt gehen, wird man sie mit Sicherheit sagen hören: «Es ist nichts zu sehen … noch nicht!» Optimisten und Menschen mit Schutzengeln vom Sumo-Ringer-Format sehen den Sturm vielleicht auch kommen, aber sie sagen: «Keine Bange, er zieht über uns weg.» Und dann gibt es noch die Meister der Verleugnung. Sie sagen: «Wieso – welcher Sturm?»

Menschen, die in ihrer aktuellen Situation in Schwierigkeiten sind, sehen den Sturm direkt über ihre Wüstenlandschaft hereinbrechen, aber das tun auch jene, die Risiken und Konflikte zum Leben brauchen; ihr Bild ist wie eine Einladung: «Weht, ihr Winde, kommt über mich, ihr Naturgewalten …!»

Der Sturm ist hinter Ihnen oder hinter dem Kubus – Stichwort: *Vergangenheit.* Sie haben eine harte Zeit oder eine große Krise hinter sich, aber jetzt ist es definitiv überstanden. Sie regenerieren sich und besinnen sich auf andere Dinge. Die Erfahrung hat Schrammen und Blessuren hinterlassen, aber Sie sind auch reifer und weiser geworden. Sie fühlen, daß Sie das Schlimmste hinter sich haben und daß nichts Sie je wieder so durchrütteln wird. (Der erste Mitspieler, der uns sagte: «Der Sturm ist hinter mir», war Alkoholiker und ist mittlerweile seit acht Jahren trocken.)

Der Sturm kommt dräuend näher – Stichwort: *Bedrohung.* Vielleicht kommen reale Probleme auf Sie zu, und wenn das der Fall ist, haben Sie zumindest Zeit, sich zu wappnen und vorzubereiten. Was da auch kommt, es wird Sie nicht wie ein Schlag aus dem Dunkel treffen. Andererseits: Vielleicht neigen Sie dazu, sich gewohnheitsmäßig Sorgen zu machen, weil das Ihrer Persönlichkeitsstruktur entspricht oder weil Sie schlechte Erfahrungen gemacht haben oder beides. Manche Menschen sind ständig ängstlich und besorgt, obwohl ihnen nie wirklich Schlimmes widerfahren ist, andere sind mißtrauisch und wachsam, weil das Leben sie zuvor nicht mit Samthandschuhen angefaßt hat.

Der Sturm tobt, hier und jetzt – Stichwort: *Aktuelle oder kurz zurückliegende Krise.* Sie sind gegenwärtig mit Schwierigkeiten konfrontiert oder waren es vor nicht allzu langer Zeit. Der Zustand Ihres Kubus zeigt Ihnen, wie Sie sich schlagen, wie angreifbar oder widerstandsfähig Sie sich fühlen. Andererseits: Wenn Sie der Typ sind, der Stürme liebt und genießt, sind Sie natürlich in Ihrem Element.

Der Sturm ist im Inneren des Kubus – Stichwort: *Innerer Aufruhr.* An diesem Ort ist der Sturm wahrhaft gefährlich und furchterregend. Wir haben dieses Imaginationsbild bei Gefangenen und gefährdeten Jugendlichen gesehen. Es zeigt, daß Sie die schlechten, unheilvollen Erfahrungen Ihres Lebens nach innen genommen und mit Ihrem Ich verschmolzen haben. Nun stehen Sie unter Druck wie ein geschlossener Dampfkochtopf. Wenn Sie nicht bald ein geeignetes, sicheres Ventil finden, könnten die Spannungen sich in Form einer Explosion entladen. Dieses Bild ist ein Warnsignal, wenn nicht gar ein Hilfeschrei.

Der Sturm ist am Horizont – Stichworte: *Vorahnung, Vorsicht, Weitblick.* Wenn der Sturm in Sicht ist, aber den Kubus und seine Gefährten nicht bedroht, leben Sie mit der realistischen Wahrnehmung, daß Schwierigkeiten, Konflikte und Krisen

eine allgegenwärtige Möglichkeit sind und zu den unausweichlichen Wechselfällen unseres Daseins gehören. Konflikte oder Verluste irgendeiner Art warten
auf jede und jeden von uns. Das ist eine objektive Wahrheit. Manche Menschen
ignorieren dieses Wissen, andere wehren es durch permanente Besorgtheit ab.
Sie behalten es im Auge, aber es hindert sie nicht daran, ihr Leben zu genießen.

Kein Sturm zu sehen – Stichworte: *Glück, Verleugnung.* Sie sehen überhaupt keinen Sturm? Vielleicht ist Ihr Motto: «Schlafende Hunde soll man nicht wecken.»
Sie haben Glück, bei Ihnen läuft augenblicklich alles gut, also verschwenden Sie
keinen Gedanken auf irgendwelche Probleme – wahrscheinlich auch nicht auf
die Probleme anderer. Schließlich schaffen die Leute sich ihre Probleme größten-
teils selbst, nicht wahr? Möglicherweise neigen Sie ein wenig dazu, vor allem auf
Ihren eigenen Vorteil zu schauen. Andererseits: Vielleicht sind Sie momentan
wirklich uneingeschränkt glücklich, heiter und ausgeglichen; alles, was Sie an-
packen, gelingt. Wer könnte es Ihnen verdenken, daß Sie diese Sonnenphase
Ihres Lebens in vollen Zügen genießen?

WELCHEN EINFLUSS HAT DER STURM AUF DEN KUBUS, DIE LEITER, DAS PFERD?

Was geschieht in Ihrer Wüstenszenerie, wenn der Sturm kommt? Die Möglichkeiten, die sich hier ergeben, sind unendlich vielfältig und erstrecken sich über
das gesamte Spektrum von harmlosem Vorüberrauschen bis zu völliger Verwü-
stung, von «Der Sturm zerstört alles; kein Stein bleibt auf dem anderen» (die Antwort einer Holocaust-Überlebenden) bis zu «Die Wüste blüht auf wie ein tro-
pischer Garten». Ein Kubus, der flach auf dem Boden steht, ist eine sehr stabile
Form, und Realisten-Kuben scheinen die meisten Stürme denn auch unversehrt
und unbeschädigt zu überstehen. Unter Leuten, die kürzlich schwere Krisen oder

Verluste hinnehmen mußten – wie eine Scheidung oder den Tod eines Elternteils –, haben wir jedoch auch Kuben gesehen, die überflutet wurden, versanken, vom Blitz getroffen oder weggeblasen wurden, korrodierten oder unter Sandverwehungen verschwanden.

Das vielleicht aufschlußreichste an diesem Abschnitt unseres Spiels sind die Interaktionen, Allianzen oder Trennungen, die sich unter der Einwirkung des Sturms zwischen Kubus, Leiter und Pferd abspielen. Der Sturm ist der Härtetest nicht nur für Liebesbeziehungen, sondern auch für das Naturell und die Verläßlichkeit anderer, die Ihnen nahestehen. Wer ist der oder die «Starke» in Ihrer Familie, Ihrem Freundes- und Mitarbeiterkreis? Sind Sie gewöhnlich das Halteseil, an das andere sich in Krisenzeiten klammern? Waren die anderen für Sie da, wenn Sie selbst dringend Hilfe brauchten? Ihr Kubus sagt es Ihnen. Während Sie über die möglichen Auswirkungen des Sturms lesen, werden Sie vielleicht das Gefühl haben, daß mehrere Varianten auf Sie zutreffen. Die Spielart, die Ihre Kubus-Vision zeigt, ist die Botschaft, die Ihr Unbewußtes am stärksten hervorhebt, die es Ihnen am dringlichsten mitteilen will.

Der Kubus wird fortgeweht. Sie haben den Boden unter den Füßen verloren, fühlen sich besiegt, vernichtet. Wenn der Kubus fest stehen bleibt und die Leiter fortgeweht wird, sind Ihre Freunde oder Mitarbeiter diejenigen, die in Schwierigkeiten sind. So wie Sie sich selbst wahrnehmen, sind Sie besser gerüstet, einer Krise standzuhalten.

Der Kubus ist unter Sanddünen begraben. Ihre Probleme waren überwältigend – und sie haben die Landschaft Ihres Lebens verändert. Eine vom Sand verschüttete Leiter zeigt eine nahestehende Person, die entweder tief in der Bredouille steckt oder die für Sie verloren ist.

Erosion oder Korrosion des Kubus durch Sand oder Regen signalisiert zehrende, nagende Probleme, die Sie «auffressen» oder niederdrücken.

Überflutung des Kubus bedeutet Überflutetwerden von Emotionen.

Das Pferd spielt verrückt. Ihr Liebespartner verliert leichter die Nerven als Sie, oder er zeigt es mehr. Oder: Er oder sie steckt gegenwärtig in einer Krise. Was empfinden Sie angesichts der Probleme Ihres Gegenübers? Macht die Situation Ihnen Angst? Erwacht Ihr Beschützerinstinkt? Sind Sie wütend? Es ist eine Wahrheit, die zum Allgemeingut gehört, daß Gegensätze sich anziehen, aber auch Konflikte schaffen. Oft sucht eine ruhige, phlegmatische Person Stimulation bei einem vibrierenden, temperamentvollen Gegenpol, der unter Hochspannung steht und seinerseits Erdung braucht. Beide Seiten beanspruchen einander bis zur Erschöpfung, aber sie brauchen einander auch.

Das Pferd sucht Schutz beim Kubus. Ihr Liebespartner verläßt sich auf Sie, wenn es zu einer Krise kommt. Sie sind fürsorglich und beschützend, aber vielleicht auch ein wenig herablassend. (Vielleicht sorgen Sie manchmal sogar bewußt oder unbewußt dafür, daß es zu Schwierigkeiten kommt, so daß der andere sich an Sie klammert.)

Pferd und/oder Leiter werden im Inneren des Kubus in Sicherheit gebracht. Sie sind liebevoll, großzügig und fürsorglich. In Krisenzeiten übernehmen Sie Verantwortung für die Menschen, die Ihnen nahestehen, und stellen Ihre Ressourcen zur Verfügung.

Das Pferd legt sich nieder. Der Stil Ihres Liebespartners, auf eine Krise zu reagieren, ist, den Kopf einzuziehen und abzuwarten, bis der Sturm sich gelegt hat. Das kann Phlegma, Passivität und Konfliktscheu signalisieren – in manchen Fällen aber auch Gelassenheit und Vernunft.

Das Pferd rennt davon. Sie haben den Verdacht, daß Sie in einer Krise nicht auf Ihren Liebespartner zählen können, daß er oder sie entweder in Panik gerät oder vor allem darauf bedacht ist, die eigene Haut zu retten.

Die Leiter zerbricht. Eine Freundschaft oder berufliche Partnerschaft geht aufgrund von Konflikten oder Kalamitäten in die Brüche.

Die Leiter schwebt über dem Kubus. Sie verlassen sich auf ein Familienmitglied, einen Freund oder Mentor als Ihren Beschützer.

Die Leiter wird umgeworfen. Sie müssen hilflos zuschauen, wie Menschen, die Ihnen nahestehen, sich mit einer Krise herumschlagen, aber Sie können nichts für die anderen tun. Und Sie können sich auch nicht auf die Unterstützung dieser Menschen verlassen, bevor sie wieder Boden unter den Füßen gewonnen haben.

Die Leiter wird vom Kubus geschützt. In einer Krise sind Sie die starke Person, die sich um Freunde und Mitarbeiter kümmert.

Der Sturm hat keine Auswirkungen. Es ist keine wirklich schwere Krise, und/ oder alle Beteiligten sind stark genug, die Situation unbeschadet durchzustehen.

Der Blitz schlägt ein. Entweder haben Sie (oder jemand in Ihrer engsten Umgebung) einen drastischen Schock erlitten, oder Sie hatten eine phantastische Eingebung.

Die Wüste erblüht. Es ist paradox – und doch auch wieder natürlich und konsequent –, daß auf den Sturm so oft Erneuerung und blühendes Leben folgen. Erst wenn Chaos und Zerstörung eine überholte Ordnung weggefegt haben, kann sich eine neue Schöpfung ereignen, das ist eine alte Weisheit. Krisen sind leidvoll und quälend, aber sie können auch fruchtbaren, neuen Entwicklungen den Boden bereiten. Sie müssen sich oft dem Härtetest von Konflikten und Krisen unterwerfen, bevor Ihr Leben zu wirklicher Blüte gelangen kann. Sie müssen sich auch erst beweisen, daß Sie für sich selbst sorgen können, bevor Sie die Fürsorge für etwas Zarteres, Verletzliches übernehmen. Wenn der Urgrund Ihres Wesens vom Sturm aufgewühlt, von Blitz und Donner erschüttert, von Regen durchtränkt und wiederhergestellt wurde, dann und erst dann können Sie Ihren Garten kultivieren. Dann können Sie neues Leben, neue Ideen zum Blühen bringen. Es leuchtet ein, daß nach dem Sturm die Blumen kommen.

DIE GEHEIMNISSE DER BLUMEN

Die Wüste lebt ...» Wer diesen klassischen Naturfilm oder Dokumentarfilme über die Kalahari gesehen hat, weiß, daß glühendes, ausgetrocknetes Ödland sich nach Unwettern und Wolkenbrüchen beinahe über Nacht in einen paradiesischen Garten verwandeln kann. Die Ordnung, in der die Leitobjekte der Imagination im Kubus-Spiel auftauchen, ist also durchaus nicht willkürlich. Und Ihre Kubus-Vision ist auch kein statisches Bild, sondern ein dynamisches Geschehen – Ihr Leben. Die dramatische Struktur dieses Geschehens ist universell (wenn auch ein Thema mit unendlich vielen Variationen): Es ist die Entfaltung des menschlichen Lebenszyklus.

Die Sequenz, in der Kubus, Leiter, Pferd und Blumen aufeinander folgen, korrespondiert tatsächlich mit den drei großen Entwicklungsaufgaben jedes Erwachsenenlebens, wie der berühmte Psychoanalytiker und Theoretiker der menschlichen Entwicklung, Erik H. Erikson, sie beschreibt: *Identität, Intimität und Generativität.* Auch der Sturm fehlt in Eriksons Überlegungen nicht. Auf jeder Stufe, so sagt er, werden wir «getestet», jede Stufe hat ihre spezifische «natürliche Krise», ihre Risiken und Herausforderungen, ihre Feuerproben von Verlust und

Erfahrung. Und jede Entwicklungsaufgabe, die wir erfolgreich meistern, macht uns stärker, so daß wir die unvermeidlichen Stürme des Lebens überstehen können, ohne den Mut zu verlieren.

Erikson entwickelte das psychologische Verständnis des menschlichen Lebenszyklus einige wesentliche Schritte über Freud hinaus. Freuds Hauptthematik waren die innerseelischen Entwicklungsprozesse; er schaute darauf, wie wir uns in verschiedenen Stadien der Kindheit, der Adoleszenz und des jungen Erwachsenenalters auf unseren Körper, unseren Sexualtrieb und unsere Phantasien beziehen. Erikson schloß auch die Art, wie wir uns auf die Welt beziehen, in seine Betrachtungen ein. Das große Drama im Leben eines Kleinkindes zum Beispiel (Freuds «anale» Stufe) dreht sich aus Eriksons Sicht nicht nur um die Reinlichkeitserziehung und ihre innerseelischen Komponenten und assoziierten Phantasien, sondern um das «Ich!» und das «Nein!», das wir der Welt entgegensetzen, um Selbstbehauptung und Widerstand, darum, auf den eigenen Füßen zu stehen. Und in der Adoleszenz geht es nicht nur um den Aufruhr der Hormone, sondern auch um die keimende Identität, um das Bedürfnis zu entdecken, wer wir sind.

Aber wenn wir das biologische Erwachsenenalter erreichen, sind wir natürlich keine fertigen Produkte. Wir entwickeln uns – so Erikson – ein Leben lang weiter, in einem Prozeß, der durch klar definierte (wenn auch einander überlappende) Stufen gekennzeichnet ist. Sobald wir etwas Klarheit darüber gewonnen haben, wer wir eigentlich sind (Identität – der Kubus), beginnen wir, nach Zugehörigkeit, Verbundenheit und Liebe zu suchen (Intimität – die Leiter und das Pferd). Und unsere Allianzen mit anderen, in Liebe, Freundschaft und Arbeit, tragen Früchte, generieren neues Leben, materielle Errungenschaften und andere, geistige, kreative Schöpfungen (Generativität – die Blumen). Die Stürme des Lebens – Krisen, Verlusterfahrungen, Verwirrung, Versagen, Scheitern – können jede dieser Entwicklungen durchkreuzen oder vereiteln. (Wenn wir Intimität meiden oder Entfremdung erfahren, spricht Erikson von Isolation – einem Zustand, der durch einen einsam dastehenden Kubus, fern von seiner Leiter, von seinem Pferd verlassen, mit eindrucksvoller Schärfe dargestellt wird.)

Große Stürme ziehen unser gesamtes Wesen in Mitleidenschaft, und wir gehen zurück zum Anfang und beginnen den ganzen Prozeß von vorn.

Als wir zum ersten Mal Bekanntschaft mit dem magischen Kubus machten, wurde uns einfach gesagt: «Die Blumen sind Kinder.» Den Rest mußten wir selbst herausfinden. Wenn wir das Spiel mit Leuten spielten, die Eltern waren, gab es natürlich kein Problem. Aber auch Leute, die keine Kinder hatten (und keine haben wollten), sahen Blumen in ihren Imaginationen, und oft prächtige, üppig im Schutz eines behütenden Kubus blühende Blumen. «Kinder von Freunden, Nichten, Neffen etc.» war auch keine befriedigende Lösung, obwohl manche unserer kinderlosen Mitspieler ihre Blumen so interpretierten. Und wie sollten wir es deuten, daß ein Karatemeister, der zwei kleine Töchter hatte, hinter seinem Kubus ganze Felder voller blühender Blumen sah? Hatte es vielleicht etwas damit zu tun, daß er der Leiter einer internationalen Kampfsportorganisation mit Millionen von Schülerinnen und Schülern war? Von hier aus war es nur noch ein kleiner Schritt zu der Erkenntnis, daß man Wörter wie «pflegen», «versorgen», «kultivieren» und Redewendungen wie «Wachstum fördern» oder «Fürsorge angedeihen lassen» auf Pflanzen und Menschen (oder andere Lebewesen, wie Haustiere) anwenden kann, aber auch auf das Immaterielle, das auf eine andere Weise lebendig ist und aus unserem Sein entspringt: Ideen, Interessen, künstlerische Schöpfungen, wissenschaftliche, politische oder wirtschaftliche Leistungen – mit anderen Worten: unsere «geistigen Kinder».

Generativität – so drückt Erikson es aus – «umfaßt Fortpflanzung, Produktivität und Kreativität und somit sowohl das Generieren neuer Wesen als auch neuer Produkte und neuer Ideen, die Art von Selbst-Erschaffung, die mit der weiteren Identitätsentwicklung verbunden ist, eingeschlossen». Die neue «Tugend», die daraus hervorgeht, so Erikson weiter, ist ein aufmerksames, liebevolles Interesse, eine zunehmende Bereitschaft, sich um die Personen, Produkte und Ideen, die man im Lauf seiner Entwicklung schätzengelernt hat, zu kümmern. Die Fähigkeit junger Erwachsener (die in der vorhergehenden Phase von Intimität versus Isolation erworben wurde), sich zu verlieren, um in der Begegnung der Körper und der Gedankenwelten zueinanderzufinden, führt früher oder später zu einer kraftvollen Expansion der geteilten und gemeinsamen Interessen und zu einer libidinösen Besetzung dessen, was man gemeinsam hervorbringt, pflegt und kultiviert. (Das ist der «erotische» Aspekt der Blumen, den wir zuvor erwähnten – die instinkthaften, verletzlichen, besitzergreifenden und beschützenden Gefühle, die wir sowohl für unsere Kinder als auch für unsere Arbeit hegen – von unserem Geld ganz zu schweigen.) Zu dieser Tugend der Fürsorglichkeit oder des liebevollen Interesses gehört laut Erikson *das Elterliche und das Didaktische, das Produktive und das Bewahrende*. Echte Generativität, so hebt er hervor, *beinhaltet natürlich ein gewisses Maß an wahrer Autorität*. Einer unserer Freunde drückt es volkstümlicher aus: Die Blumen sind «dein Ding» – was immer es auch ist. Und wenn Sie, wie es bei den meisten von uns der Fall ist, mehr als ein «Ding laufen haben» – Ihre Lieblinge, Kinder, Katzen, Hunde und Ihre Interessen und Lieblingsprojekte –, kann das dann alles durch dieselben imaginären Blumen ausgedrückt werden?

Ob es «entweder/oder» heißt oder «sowohl/als auch», werden Sie selbst entscheiden müssen. Wenn Sie sicher sind, daß Ihre Blumen nur eine dieser Möglichkeiten repräsentieren, dann ist es diejenige, die Sie zur Zeit am aktivsten und intensivsten «kultivieren». Wir vermuten aber, daß die Blumen – ihre Anzahl, ihre Art, ob sie verstreut sind, fleckenweise oder in Blütenteppichen wachsen, ihre Nähe zum Kubus, zur Leiter oder zum Pferd – häufig einen *Stil* der Generativität darstellen, der sich konsistent durch das Arbeits- und Privatleben einer Person zieht.

Manche von uns nehmen allen ihren «Produkten» (Kindern, Gemälden, Kompositionen, Patienten, Investitionen, Ideen) gegenüber eine beschützende, besitzergreifende Haltung ein, halten sie in ihrer Nähe und lassen sie nicht gern los. Wir kennen eine Tierärztin, die ihren Kubus als Wüstenzelt aus feiner Gaze sah und ihre Blumen als zwei rote Rosen, die in diesem Zelt in einer Vase standen. Sie hat tatsächlich zwei adoptierte Töchter, denen sie eine überaus liebevolle Mutter ist. Aber sie hat auch das Personal ihrer veterinärmedizinischen Praxis und ihre Klientel in der Art einer Großfamilie um sich versammelt. Ein junger Kubus-Freund aus dem Internet beschrieb seine Blumen folgendermaßen: «An der West-seite des Kubus, der sich neigenden Sonne zugewandt, dringt eine einzelne Knospe durch den Sand. Ein zarter Stiel erhebt sich etwa dreißig Zentimeter hoch, und die Knospe entfaltet vier leuchtend weiße Blütenblätter. Die einsame Blume drängt sich näher an den schützenden Kubus, der sich über sie neigt und in sanftes blaues Licht einhüllt.» Der dreiundzwanzigjährige Wen-Hung, ein be-gabter junger Online-Journalist, hat noch keine Kinder, aber er hält alle seine Gedichte, Prosatexte, Lieblingszitate und guten Ideen auf seiner Web-Seite schüt-zend unter seinen Fittichen. Vielleicht wird er eines Tages ein ebenso fürsorg-licher und beschützender Vater.

Und dann gibt es unter uns natürlich jene, die ihre Produkte in die Welt entlas-sen und darauf vertrauen, daß sie ihren eigenen Weg finden werden. Die Eltern kleiner Kinder, das ist keine Frage, gehören allerdings nicht dazu. Fürsorglichkeit und Beschützerinstinkte sind bei ihnen am stärksten ausgeprägt, und sie sehen ihre Blumen so gut wie nie willkürlich in der Landschaft verstreut (die raren Aus-nahmen – Sie haben es erraten – sind fast immer Männer). Leute, die Kinder auf-ziehen, imaginieren in aller Regel einzelne Blumen in leuchtenden Farben; sie sehen sie aus nächster Nähe, in lebhaften Details und immer im unmittelbaren Umfeld des Kubus oder des Pferdes. Manche Eltern pflanzen ihre Blumen auch unter einem schattenspendenden Baum, oder sie legen einen eigenen Garten, einen Teich oder eine Oase für sie an, wo sie gut geschützt, aber ein bißchen un-abhängiger vom Kubus sind. Vielleicht vertrauen diese Eltern auf die wohlwollende Partnerschaft des Lebens selbst, oder ihr Bild spiegelt ihre aktuelle Lebenssituation: Während sie ihrer Arbeit nachgehen, halten ihre Kinder sich vielleicht in einer Tagesstätte auf, oder sie befinden sich in der Obhut einer vertrauenswürdigen Kinderfrau.

Wenn Menschen, die keine Kinder haben oder deren Kinder herangewachsen und aus dem Haus sind, ihre Blumen weit in der Landschaft verstreut sehen, kann das sicherlich bedeuten: «Die Kinder anderer Leute – nicht meine Verantwortung» oder «Meine haben das Nest verlassen». Aber häufiger spiegelt sich darin eine charakteristische Arbeitshaltung. Annie sah ihre Wüste zum Beispiel willkürlich mit niedrigen Büschen übersät, die silbriges Blattwerk hatten, ähnlich wie Salbei, und winzige gelbe Blüten. Zugegeben: Die Büsche waren etwa so groß wie eine Katze, und Annie hat sechzehn Katzen, die sie liebt, hegt und pflegt. Aber die große Zahl und die willkürliche Verteilung der Büsche, die keine spezielle Beziehung zum Kubus hatten – «als wenn sie zur Wüste gehörten und nicht zu mir» –, reflektieren auch Annies journalistisch geprägte Arbeitshaltung: ein Projekt fertigmachen, in die Welt entlassen, zum nächsten übergehen.

Der Romancier Douglas Coupland sah «über Meilen und Meilen alles von einem dichten, farbigen Blütenteppich bedeckt». Er dachte an ein afrikanisches Wüstental, von dem er gehört hatte, über das nur alle sechs oder sieben Jahre Regenfluten niedergehen und Milliarden von Samen, die im Boden schlummern, zu üppig blühendem Leben erwecken. Das Bild erschien ihm sehr passend, denn er war zu diesem Zeitpunkt ungemein produktiv und von einer wahren Flut neuer Ideen erfüllt.

Welche Art Blumen?

Es gibt fast so viele unterschiedliche Gründe, eine bestimmte Blumenart auszuwählen, wie es Blumenarten gibt, unter denen man wählen kann. Manchmal scheinen die Blumen mit dem physischen Typus assoziiert zu sein, den Ihre Kinder repräsentieren. Eine Frau, die drei blonde Kinder hat, sah ihre Blumen als Gänseblümchen. Oder die Blumen drücken Ihre Gefühle für Ihre Kinder aus: Rote Rosen signalisieren eine tief von Herzen kommende, fast romantische elterliche Liebe. Die Blumen können auch eine besondere Eigenschaft symbolisieren, die Sie an Ihrem Kind wahrnehmen und lieben; Veilchen können zum Beispiel für Scheu und Zärtlichkeit stehen oder Lilien für Unschuld und Reinheit.

Viele Aspekte des magischen Kubus wirken auf der nonverbalen Ebene, und auf diesen Teil des Spiels trifft das in ganz besonderem Maß zu. So sind die Bilder, die hier erscheinen, denn auch bei weitem am schwierigsten in Worte zu übersetzen. Blumen haben die Macht, direkt an die Gefühle zu appellieren, ohne den Umweg über den analytischen Verstand. Den Duft einer Blume zu riechen und die Zartheit und Glätte der Blütenblätter am Gesicht zu spüren – das ist, als ob man ein Kind liebkost. So sind die Blumen, die Sie auswählen, vielleicht einfach Ihre Lieblingsart oder eine Art, deren Form und Farbe dieselben Gefühle in Ihnen erweckt, die Sie Ihren Kindern entgegenbringen. Mehrfarbige Blumen oder Blüten verschiedener Art und Farbe spiegeln Ihr Gewahrsein für die Unterschiedlichkeit und Individualität Ihrer Kinder. Wenn die Blumen Arbeit – «geistige Kinder» – repräsentieren, sagt ihre Sorte vielleicht weniger aus als ihr Arrangement in der Landschaft: dicht wie ein Teppich, zu blühenden Inseln gruppiert oder einzeln und weit verstreut? Dicht um den Kubus angeordnet oder überall verteilt? Eine Vielfalt der Arten und Farben kann signalisieren, daß Sie mit einer großen Variationsbreite von Ideen, Projekten, Interessen oder Klienten, Patienten, Studierenden umgehen – entweder alle untereinander vermischt oder fein säuberlich auf getrennten Beeten angepflanzt. Blumen, die alle von einer Art und Farbe sind, deuten auf ein Arbeitsleben hin, das unter einem speziellen Thema steht oder auf ein einzelnes, besonderes Ziel hin ausgerichtet ist.

In der viktorianischen Ära breitete sich die Mode aus, Blumen als eine Art Geheimsprache der Gefühle zu benutzen. Dieser Brauch war auf einem Pfad nach Westeuropa gekommen, der dem Weg des magischen Kubus merkwürdig ähnlich ist: Aus der Türkei des achtzehnten Jahrhunderts gelangte er zunächst nach Frankreich, wo man, wie ein englischer Reisender notierte, «Botschaften der Liebe und Leidenschaft, des Vorwurfs, Streits, der Höflichkeit oder des neuesten Tratsches versenden konnte, ohne die Finger je mit Tinte zu benetzen». Viktorianische Liebende tauschten vielsagende, differenzierte Botschaften aus, indem sie einander sorgfältig zusammengestellte Blumenbouquets sandten. Es gab Experten, die darauf spezialisiert waren, diese «Blumensprache» zu lesen, und Dutzende von Büchern, die den geheimen Code enthüllten und erklärten, welche Blumenart für welche Emotion stand. Wenn die Anzahl der «Lexika» der Blumensprache im Internet irgendeine Bedeutung hat, könnte es ein Fingerzeig sein, daß diese viktorianische Mode dabei ist, ein *Comeback* zu erleben. Wir geben Ihnen hier einen kleinen Überblick über diese traditionelle Blumensymbolik und berichten von unseren aus der Kubus-Erfahrung gewonnenen Erkenntnissen zu Blumenarten (wie Plastikblumen oder Kaktusblüten), die in den viktorianischen Glossarien mit Sicherheit nicht zu finden sind. Manches davon läßt sich auf die «generative» Liebe ebensogut anwenden wie auf die romantische Liebe. Einige der Bedeutungen sind vielleicht so tief im kollektiven Unbewußten verwurzelt, daß sie die impulsive Wahl, die wir treffen, durchaus beeinflussen können. Aber auch hier gilt natürlich, daß Ihre eigenen Assoziationen Vorrang haben. (Wenn dieselbe Blumenart in unterschiedlichen Farben erscheint, besagt der traditionelle Code: Rot steht für Liebe, Leidenschaft oder Sehnsucht, Weiß steht für Wahrhaftigkeit oder Treue und Gelb für unerwiderte Liebe oder Eifersucht.)

Anemone – Einsamkeit, Verlassenheit

Azalee – das chinesische Symbol der Weiblichkeit; auch: Fürsorglichkeit oder verhüllte flüchtige Leidenschaft

Chrysantheme – das Herbstliche, Optimismus, langes Leben, Muße, Glück

Forsythie – Vorahnung

Gänseblümchen – Unschuld, Unbekümmertheit

Geranie – Dummheit, Albernheit

Gladiole – Aufrichtigkeit, Charakterstärke

Iris – Hoffnung, Versprechen, Mut

Kakteenblüte – Ausdauer. (Wir haben beim Kubus-Spiel die Erfahrung gemacht, daß Kakteenblüten fast immer Kinder aus geschiedenen Ehen darstellen. Es können aber auch Stiefkinder sein oder Kinder, die unter großen Schwierigkeiten zur Welt kamen oder aufgezogen wurden. Auf der Ebene der «geistigen Kinder» können diese Blüten Arbeitsprojekte repräsentieren, die zäh vorangingen und erst nach langer Zeit und harten Mühen Früchte trugen. Was auch immer zutrifft – das Gefühl diesen Blüten gegenüber ist beinahe ausnahmslos: «Es hat sich gelohnt.»)

Krokus – Fröhlichkeit, neue Hoffnung

Künstliche Blumen, Plastikblumen – manchmal eine ausdrückliche Deklaration, daß jemand keine Kinder haben will. (Der Kubus-Legende zufolge ging eine Ehe an der Westküste auseinander, als die Plastikblumen in der Imagination seiner Frau einen Mann überzeugten, daß sie nicht zur Mutterschaft zu überreden wäre.) Auf der Ebene der Arbeit können Plastikblumen darauf hindeuten, daß jemand den Anschein von Erfolg haben will, ohne Mühe und Risiko, oder daß in der Beziehung zur Arbeit etwas nicht stimmt, daß sie den innersten Wünschen und Bedürfnissen der Person nicht entspricht. In gewisser Weise schützt sich ein Mensch, der künstliche Blumen oder Plastikblumen imaginiert, vor der Angreifbarkeit, die der Preis der echten Generativität ist. Sowohl Ihre Kinder als auch die

Produkte Ihrer Arbeit sind «Geiseln des Schicksals», Fleisch von Ihrem Fleisch und Geist von Ihrem Geist, ein empfindliches Potential sowohl für überströmende Freude als auch für bitteres Leid.

Lilie – Reinheit, Unberührtheit, Mutterschaft; auch: intellektuelle oder künstlerische Inspiration

Löwenzahn – Treue, Glück, Unbeschwertheit

Maiglöckchen – Sanftheit, Liebenswürdigkeit, Bescheidenheit, wiederkehrendes Glück

Mohn – Phantasie, Schlaf, Vergessen

Narzisse – Fröhlichkeit; auch: Eitelkeit, Selbstbezogenheit

Nelke – Faszination, Bewunderung, Unvergeßlichkeit

Orchidee – Pracht, Kultiviertheit, Weisheit, Weiblichkeit

Petunie – Ressentiment und Wut oder die Beschwichtigung solcher Gefühle

Rose – rot: Romantik, leidenschaftliche Liebe; weiß: spirituelle Liebe, Verschwiegenheit; gelb: Freundschaft (auch: Eifersucht)

Seerose – Hingabe, Anbetung (sowohl im erotischen als auch im spirituellen Sinn)

Stiefmütterchen – Häuslichkeit, Bescheidenheit; auch: Gedankensprünge, Ideen

Tulpe – Perfektion, Ruhm, Einfallsreichtum; auch: schöne Augen

Veilchen – Zartheit, Einfachheit, Treue, erwiderte Liebe

Vertrocknete oder verwelkte Blumen – signalisieren etwas Vergangenes, Abgelebtes. Manchmal scheinen sie auf erwachsene Kinder hinzudeuten, die längst aus dem Haus oder den Eltern entfremdet sind. Für eine ältere Frau könnten sie ausdrücken: «Die Tage meiner Mutterschaft sind vorüber.» Ein junger Karatelehrer erkannte in dem trockenen Blumenstrauß, den er am Fuß seines Kubus liegen sah, die gefährdeten Jugendlichen, mit denen er arbeitet – Kinder, die sich von ihren Familien im Stich gelassen und abgeschnitten fühlen (so wie es in seiner Jugend auch bei ihm selbst der Fall war). Auf der Ebene der Arbeit können verwelkte Blumen eine verlorene Hoffnung oder ein fehlgeschlagenes Projekt repräsentieren.

Wildblumen – Spontaneität, Freiheit
Zinnie – Erinnerung, Konstanz, dauerhafte Zuneigung, auch über Entfernungen hinweg

Die Blumen-Glossarien der viktorianischen Zeit sind amüsant, aber wir vermuten, daß die wahre Blumensprache ein «Idiolekt» ist, ein Einzelphänomen, eine individuelle, persönliche Schöpfung. Aller Wahrscheinlichkeit nach haben Sie Ihre Blumen (oder Ihre Blumen haben Sie) aufgrund von Impulsen oder Erfahrungen gewählt, die nur Ihnen bekannt sind (oder vielleicht nur Ihrem Unbewußten bekannt sind) – nach einer Lieblingsfarbe oder einem speziellen Duft, einer lastenden oder glücklichen Erinnerung. Welche Gedanken und Gefühle lösen Ihre Blumen bei Ihnen aus? Wohin führt diese Spur? Ihre Assoziationen werden Sie tiefer in das Geheimnis hineinführen, aber ein Rest wird immer Geheimnis bleiben.

Wo sind die Blumen? Wie viele sind es?

Die Plazierung und Menge Ihrer Blumen sagt unter anderem oft etwas darüber aus, ob Sie Kinder aufziehen oder nicht. Gewisse Muster – wenige, einzelne Blumen in strahlenden Farben, die in unmittelbarer Nähe des Kubus wachsen – scheinen für Eltern, die ihre Kinder noch in ihrer Obhut haben, typisch zu sein (obwohl Eltern kleiner Kinder kein Monopol auf diese Anordnung haben). Vor allem enthüllt die Plazierung der Blumen aber Ihren spezifischen Stil von Generativität, unabhängig davon, ob es sich um leibliche Kinder oder geistige Schöpfungen handelt: Wie fruchtbar, wie besitzergreifend sind Sie, wie stark sind Ihre Beschützerinstinkte ausgeprägt? Ebenso wie in unserem Verhältnis zu Freundschaften – manche Menschen haben Scharen von Freunden und andere nur ganz wenige enge Verbündete – unterscheiden wir uns immens darin, wie tief unsere Fürsorglichkeit und unsere Kreativität gehen und wie weit wir sie über die Landschaft verstreuen. Auch im Berufsleben ziehen manche Menschen es vor, sich mit voller Konzentration und Aufmerksamkeit einigen ausgewählten Projekten oder Personen zu widmen, während andere Abwechslung, Tempo und Trubel brauchen und als «Hansdampf in allen Gassen» erst richtig aufblühen.

Dicht an der Basis des Kubus

Stichwort: *Unter Ihren Fittichen.*

Kinder:
Dies ist die am meisten verbreitete Plazierung bei Eltern kleiner Kinder. Sie bedeutet – das liegt auf der Hand –, daß Sie Ihre Kinder in Ihrer Nähe haben, sie schützen, umsorgen, behüten wollen. In aller Regel stellt der Kubus sich zwischen den Sturm und die Blumen und schafft so eine ruhige, windstille Zone, in der sich das junge Wachstum ungestört und unbeeinträchtigt entfalten kann.

Arbeit:
Sie nehmen Ihren Schöpfungen oder Ihren Klienten, Patienten, Mitarbeitern, Schülern gegenüber eine beschützende, auch ein wenig besitzergreifende Haltung ein. Selbst wenn das aktuelle Arbeitsprojekt beendet ist, haben Sie Ihre Produkte immer noch gern im Auge oder in greifbarer Nähe. Wenn Sie zum Beispiel Sportler sind, bewahren Sie jede Trophäe auf, die Sie je gewonnen haben. Als Autorin oder Autor haben Sie vermutlich ein besonderes Bücherregal für Ihre eigenen Bücher und deren Übersetzungen. Wenn Sie in der Wissenschaft, in der Lehre, im Bereich der wirtschaftlichen oder psychologischen Beratung tätig sind, werden frühere Klienten, Studenten, Patienten sicherlich oft zu Freunden.

In der näheren Umgebung des Kubus, den Kubus umringend

Stichwort: *Im Kreise Ihrer Lieben.*

Diese Plazierung hat große Ähnlichkeit mit der oben geschilderten, mit dem Unterschied, daß es mehr Blumen sind und daß sie den Kubus auf allen Seiten umgeben.

Kinder: Sie mögen große Familien, und Sie lieben es, von Ihrer Brut umgeben, inmitten Ihres Clans zu sein. Es macht Ihnen nichts aus, wenn Ihre Kinder ohne Vorwarnung Schulfreunde mitbringen oder einladen, und so ist Ihr Haus oft voll von fröhlichem Trubel. während Sie den Blumen Schutz geben, ist an der Situation auch etwas, das Ihnen Schutz bietet. Im Kreis der Familie fühlen Sie sich sicher, und Sie haben das Gefühl, daß Sie wichtig sind, daß Ihr Leben sinnerfüllt ist.

Arbeit: Sie erleben Ihre Arbeit als Bereicherung und definieren sich über Ihre Arbeit. Ihr Schaffen ist das Gesicht, das Sie der Welt zeigen, und es ist sowohl ein Anziehungsfaktor als auch eine subtile Abwehr. Oft findet man diese Plazierung auch bei Leuten, die mit Kindern und Jugendlichen arbeiten, wie Lehrerinnen und Lehrern oder Sporttrainern.

Oben auf dem Kubus

Stichworte: *«Hoch und trocken», blühende Phantasie.*

Kinder: Sie sorgen dafür, daß Ihre Kinder «hoch und trocken» sitzen, vor dem brennenden Wüstensand geschützt, in Ihrer Obhut, gut versorgt. Die Kinder leben vermutlich noch zu Haus und/oder werden von Ihnen unterstützt. Der Country-Musiker Joe Diffie sah seine Blumen so: «Ziemlich groß, rosa, gelb und weiß; sie wachsen oben auf dem Kubus.» Er hat tatsächlich vier Kinder, die zu diesem Zeitpunkt dreizehn, zehn, fünf und drei Jahre alt waren.

Arbeit: Was aus dem Kopf heraussprießt: Ideen, Einfälle, Inspirationen – eine blühende Phantasie.

Den Kubus ganz überwuchernd

Stichworte: *Abhängigkeit; Ihr Stolz und Ihre Freude.*

Kinder: Wir haben eine Freundin, die sehr bescheiden ist – ja, manchmal sogar zurückgenommen bis zur Selbstverleugnung. Aber all den Stolz, den sie sich selbst nicht zugestehen kann, investiert sie in ihren Sohn und ihre Tochter. Sie sah ihren Kubus als tristen Lehmbau, aber als wir zu den Blumen kamen, da wuchs plötzlich ein Weinstock an seinen Mauern empor, überrankte ihn ganz und gar, blühte und trug schließlich herrliche Trauben. Der Kubus nährt und unterstützt dieses Wachstum natürlich, aber es ist der Weinstock, der den schlichten Kubus in eine Besonderheit, eine wunderschöne Erscheinung verwandelt.

Arbeit: Ihre Einstellung zu Ihrer Arbeit ähnelt den Gefühlen dieser Freundin für ihre Kinder. In den Früchten Ihrer Arbeit finden Sie Bestätigung und Erfüllung; sie steigern Ihr Selbstwertgefühl. Sie treten hinter Ihrer Leistung oder Ihren Schöpfungen zurück, aber es sind diese Schöpfungen, die Ihrem Leben Glanz verleihen.

Im Inneren des Kubus

Stichworte: *Beschützt, umsorgt, festgehalten.*

Unserer Erfahrung nach ergeben sich hier mindestens fünf Möglichkeiten:

Kinder:
- Sie sind schwanger.
- Sie haben große Sehnsucht nach einem Kind.
- Sie sind überaus fürsorglich zu Ihren Kindern; vielleicht verhalten Sie sich sogar ein wenig überbeschützend. Achten Sie darauf, daß die Kinder nicht wie Gewächshauspflanzen heranwachsen.
- Sie sind besitzergreifend und können nicht loslassen. Sie sehen Ihre Kinder als Teil Ihrer selbst – und das kann sich als hemmender Faktor auf die Entwicklung der Kinder auswirken.
- Ihre Kinder, inzwischen Mittzwanziger, leben immer noch zu Haus, im «Hotel Mama».

Arbeit: Ganz äquivalent; Sie gehen mit Ideen schwanger. Sie haben Probleme damit, Ihre Projekte fertigzustellen und sie in die Welt zu entlassen, wo sie der öffentlichen Begutachtung ausgesetzt wären. Die Angst davor kann eine Blockierung der Kreativität auslösen. – Sie sind Freiberufler und arbeiten zu Haus. – Sie «sitzen auf Ihrem Geld».

Schnittblumen in einer Vase

Stichworte: *Durchtrennte Verbindung; zur Schau gestellt.*

Kinder: Schnittblumen können manchmal adoptierte Kinder repräsentieren oder erwachsene Kinder, die das Elternhaus verlassen haben; sie sind «nicht auf diesem Boden gewachsen» oder haben sich «von ihren Wurzeln gelöst». Wenn sie im Zentrum des Blickfelds stehen,

gewöhnlich im Inneren des Kubus oder in seiner unmittelbaren
Nähe, signalisieren sie großen elterlichen Stolz.

Arbeit: Vielleicht gehört es zu Ihren beruflichen Aufgaben, «anderer Leute
Kinder» (junge Schauspieler, Models, Produkte oder Ideen) ins
beste Licht zu rücken, anzupreisen, zu präsentieren.

Im Vordergrund

Stichwort: *An erster Stelle.*

**Kinder
oder Arbeit:** Manche Menschen sehen die Blumen in ihrer Imagination direkt
vor ihren Füßen, dem Blick noch näher als der Kubus selbst. Das
deutet darauf hin, daß Ihr Kind oder Ihre Kinder, junge Menschen,
die Sie unterrichten, oder Arbeitsprojekte, in die Sie involviert sind,
im Augenblick im Vordergrund Ihres Lebens stehen und absolute
Priorität genießen, daß sie Ihnen sogar mehr Aufmerksamkeit widmen als ihren eigenen Bedürfnissen.

Ein geschiedener Mann, der in seiner Imagination eine einzelne
Blume direkt vor sich sah, hatte seine lebhafte und schwierige vier-
zehnjährige Tochter den Sommer über in seiner Obhut, und sie
konfrontierte ihn jeden Tag mit einer neuen Herausforderung. Das
große, üppig blühende Blumenfeld, das die Pionierin der Frauenbe-
wegung Gloria Steinem imaginierte, «im Vordergrund, näher an
meinem Standort als der Kubus», könnte die jüngere Frauengene-
ration repräsentieren, die von ihren Erkenntnissen profitiert und
die sie zu fördern und zu unterstützen versucht.

In einem Garten oder einer Oase

Stichworte: *Gut versorgt, Freiheit mit Sicherheitsnetz.*

Kinder:
Sie haben Ihren Kindern eine schöne, anregende, aber sichere eigene kleine Welt gegeben, in der sie spielen und sich unabhängig von Ihnen bewegen können (vielleicht unter den wachsamen Augen einer Kinderfrau, Ihres Partners oder Ihrer Partnerin). In Ihren eigenen Erinnerungen erscheint Ihre Kindheit Ihnen wie ein verzauberter Garten und Sie wollen Ihren Kindern den Zugang zu diesem Zauberreich eröffnen, soweit es in Ihren Kräften steht.

Arbeit:
Sie haben das Gefühl, eine privilegierte Arbeitssituation zu genießen, in der Sie sich voll entfalten können und die Unterstützung finden, die Sie brauchen.

Unter einem Baum

Stichwort: *Geschützt, aber unabhängig.*

Kinder:
Sie sehen das Leben als einen guten, «mütterlichen» Ort, der Ihren Kindern Schutz bieten wird, und Sie finden es wichtig, ihnen die Freiheit zu geben, die Welt für sich selbst zu entdecken. Und/oder Sie vertrauen Ihre Kinder der Obhut anderer Personen an.

Arbeit:
Sie haben einen schützenden Mentor, einen sicheren Job oder Rücklagen, die Ihnen ein unabhängiges Leben erlauben.

Auf einem Baum wachsend

Stichwort: *Wunder.*

Kinder:	Wenn Sie Ihre Kinder auch mit einem gewissen Besitzerstolz betrachten, haben Sie doch nie aufgehört, über ihre Ankunft und ihre Anwesenheit in Ihrem Leben zu staunen. Kalil Gibran spricht Ihnen aus dem Herzen, wenn er sagt: «Ihre Kinder kommen durch Sie, aber nicht von Ihnen; sie sind die Söhne und Töchter der Sehnsucht des Lebens nach sich selbst.»
Arbeit:	Die Ideen und Verbindungen, die Sie brauchen, scheinen sich ganz von selbst einzustellen. Auf Ihrem Arbeitsleben liegt der Segen günstiger Koinzidenzen und unerwarteter Fortüne.

In der Nähe der Leiter oder auf der Leiter

Stichwort: *Freunde.*

Kinder:	Sie betrachten Ihre Kinder als Ihre Freunde, oder die Kinder, die in Ihrem Leben einen wichtigen Platz einnehmen, sind die Kinder von Freunden.
Arbeit:	Ihre Produktivität und Ihre Erfolge sind die Frucht einer engen Zusammenarbeit, untrennbar mit den Leuten verbunden, mit denen Sie kooperieren.

Unter dem Pferd

Stichwort: *Unter dem Schutz der Partnerin/des Partners.*

Kinder:	Sie vertrauen auf die Fähigkeit Ihrer Partnerin/Ihres Partners, die Versorgung, den Schutz, die Erziehung der Kinder in die Hand zu

nehmen. (Es wäre auch möglich, daß die Kinder im Schatten eines dominanten Vaters, einer dominanten Mutter stehen.)

Arbeit: Ihre Arbeitsanstrengungen sind in irgendeiner Form mit Ihrem Partner/Ihrer Partnerin assoziiert – in positivem oder negativem Sinn. Er/sie ist vielleicht kooperierend oder fördernd an Ihrer Arbeit beteiligt, oder stellt Sie in den Schatten und verhindert, daß Ihre Begabungen und Fähigkeiten ans Licht kommen.

Auf dem Pferd, als Girlande um den Hals des Pferdes

Stichworte: *Stolz, «Frucht der Liebe».*

Kinder: Wenn ein Mann oder eine Frau die Blumen als Girlande imaginiert, die um den Hals des Pferdes geschlungen ist, signalisiert das eine enge Paarbeziehung, die durch die geteilte Elternschaft (oder durch berufliche Zusammenarbeit) noch intimer und vertrauter geworden ist. Ein Mann zeigt damit seinen Stolz auf seine Frau und seinen Nachwuchs; vermutlich war er bei der Geburt dabei, wurde Zeuge davon, was es bedeutet, ein Kind zur Welt zu bringen, und legt seiner Partnerin die Blumengirlande auch als «Siegestrophäe», als Zeichen der Bewunderung und Anerkennung um. Andererseits kann es natürlich sein, daß sie aus seiner Sicht für die Kinder «zuständig» ist. (Die Plazierung der Blumen in Relation zum Kubus und zum Pferd enthüllt oft, wer in einer Paarbeziehung den Löwenanteil der Fürsorge für die Kinder und der Erziehungsarbeit übernimmt.) Eine Frau, die ihre imaginierten Blumen als Girlande um den Hals ihres Pferdes legt, sagt damit, daß ihre Kinder eine «Frucht der Liebe» zu ihrem Partner sind (oder daß sie es sich so wünscht). Viele Frauen sehen Ehe und Mutterschaft in der Tat als erwünschte, begehrenswerte Bürde. Es ist nicht ungewöhnlich, daß Frauen, die «den Richtigen» noch nicht gefunden haben, ein blumengeschmücktes Pferd in einiger Entfernung vom Kubus imaginieren.

Arbeit: Sie widmen oder weihen Ihrer Partnerin/Ihrem Partner die Erfolge Ihrer Arbeit; er/sie unterstützt Ihr Schaffen in irgendeiner wichtigen Hinsicht – als Muse oder Mitarbeiterin, als Geschäftspartner oder als Ihr konstruktivster Kritiker.

Vom Pferd aufgefressen

Stichworte: *Anspruchlichkeit, Rivalität.*

Dies ist eines jener Bilder, wie das Kamel oder die Pyramide, die leicht mißdeutet werden können, wenn man es buchstäblich nimmt oder rational zu erklären versucht: «Ein Pferd in der Wüste braucht schließlich Futter, nicht wahr?» O nein, so leicht kommen Sie nicht davon. Zwar ist ein Pferd, das auf einer blühenden Wiese grast, ein friedliches, idyllisches Bild, aber genauer betrachtet, liegt in diesen mahlenden Kiefern auch eine Menge Aggression.

Kinder: Dieses Bild legt nahe, daß Ihr Liebespartner ein großes Kind ist, das Ihre Fürsorglichkeit so sehr beansprucht und soviel von Ihrer Energie aufzehrt, daß für Ihre wirklichen (oder ersehnten) Kinder nicht mehr viel übrigbleibt. Umgekehrt könnte es auch bedeuten, daß Ihr Gegenüber nicht genug emotionale Nahrung von Ihnen bekommt und sich statt dessen an die Kinder hält, um diesen Mangel auszugleichen – was für die Kinder sicherlich nicht das beste ist.

Arbeit: Hier eröffnen sich mehrere Möglichkeiten. Erstens könnte es sein, daß Ihr Partner/Ihre Partnerin mit Ihnen konkurriert, Ihnen Ihren Erfolg neidet und/oder Ihre Aufmerksamkeit in einer Weise beansprucht, die Sie daran hindert, mit Ihrer Arbeit voranzukommen. Zweitens: Vielleicht lebt Ihre Partnerin/Ihr Partner von den Früchten Ihrer Arbeit (oder gibt Ihr Geld aus). Und drittens, eine gutartigere Variante: Er oder sie teilt Ihre Interssen, partizipiert an Ihren Erfolgen und sonnt sich in Ihrem Renommée.

Unter Sturmwolken

Stichworte: *Problematisch, gefährdet.*

Kinder: Ein Komponist und Sänger sagte spontan: «Gefährdete Kinder.» Er sah seine Blumen unter einer düster dräuenden Wolkenbank. Es gab zu diesem Zeitpunkt ein Kind in seinem Leben: den fünfjährigen Sohn seiner damaligen Lebensgefährtin, «ein tolles Kind», das er offensichtlich sehr mochte. Was er uns nicht sagte (und zu dieser Zeit vielleicht selbst noch nicht vollständig realisiert hatte), war, daß der Junge und seine Beziehung zu ihm bereits unter dem Schatten der bevorstehenden Trennung von seiner Lebensgefährtin stand.

Arbeit: Über Ihrem Arbeitsleben hängt eine düstere Wolke – eine nicht gerade ungewöhnliche Situation in diesen Tagen der brutalen Konkurrenz und der unvorhersehbaren Entlassungen.

Vom Himmel herabfallend

Stichworte: *Inspiration, Empfängnis.*

Kinder: Wir erwähnten schon das Beispiel einer Frau, die weiße Blumen auf ihr dunkles, kubisches Wasserbecken herabfallen sah und dieses Bild spontan mit ihrer Sehnsucht nach einem Kind assoziierte.

| Arbeit: | Eine Schriftstellerin, die kinderlos ist und nicht die Absicht hat, Kinder zu bekommen, fand, daß die weißen Lilien, die vom Himmel auf ihren Kubus herabfielen, sehr schön und sehr treffend die Art ausdrückten, wie ihre Einfälle und Ideen zu ihr kommen. |

Überall verteilt

Stichwort: *Auf sich gestellt.*

| Kinder: | Vielleicht die Kinder anderer Leute; Sie tragen nicht die Verantwortung und müssen sich keine Sorgen machen. Wenn Sie selbst Vater oder Mutter sind, haben Sie zur Zeit wenig Kontakt zu Ihren Kindern; vielleicht nimmt Ihre Arbeit oder ein anderes Problem Ihre gesamte Aufmerksamkeit in Anspruch, vielleicht sind Sie emotional unzugänglich oder von dem Elternteil, der das Sorgerecht hat, geschieden. |
| Arbeit: | Wenn die Blumen üppig wachsen, in dichten Büscheln oder wie ein Teppich, sind Sie zur Zeit ungemein produktiv und vertrauen darauf, daß Ihre Schöpfungen, Produkte, Ideen sich auch ohne Ihre konstante Überwachung in der Welt behaupten. Vielleicht gründen Sie Firmen und delegieren Leitung und Management dann an andere. Wenn Sie schreiben, malen, Filme oder Musik machen, konzentrieren Sie Ihre volle Aufmerksamkeit auf das Projekt, das gerade ansteht. |

Wenn die Blumen spärlich wachsen, willkürlich in der Landschaft verstreut, kann das ein Zeichen von Enttäuschung oder Unzufriedenheit mit Ihrer Arbeit sein, das Gefühl, daß Ihre Anstrengungen zu nichts führen – und ein Aufruf, ernsthaft über eine Veränderung der Schwerpunkte, einen Wechsel der Laufbahn nachzudenken. In

284

welchem Feld würden Sie «aufblühen»? Und was würden Sie unternehmen müssen, um dorthin zu kommen?

Auf getrennten Beeten oder Rabatten

Stichwort: *Eklektizismus.*

Arbeit: Diese Anordnung spricht für eine Person mit vielen ausgeprägten Interessen, die in unterschiedliche Richtungen gehen. Wir erhielten ein eindrucksvolles und in seiner Buchstäblichkeit beinahe komisches Beispiel dafür, als wir das Kubus-Spiel mit dem Direktor einer New Yorker Bildungsorganisation spielten; sein weißer Marmor-Kubus war ein Hinweis darauf, daß er gern mit kreativen Menschen zusammenarbeitet, und sein Patchwork-Teppich von Blumen unterschiedlicher Arten und Farben hatte große Ähnlichkeit ... mit dem Veranstaltungskatalog seiner Organisation!

Blumenfelder

Stichwort: *Treue Anhängerschaft.*

Arbeit: Ein Feld oder Felder voller Blumen (wie Tulpenfelder in Holland) fanden wir beinahe ausnahmslos bei Leuten aus dem politischen, wirtschaftlichen oder kulturellen Leben, die großen öffentlichen Einfluß und die Möglichkeit haben, Tausende oder sogar Millionen von Menschen zu erreichen. Topmanager großer Organisationen zeigen oft dieses Muster, ebenso wie Generäle, prominente Rockmusiker oder politische Aktivisten, die sich mit ihren Ideen an ein Massenpublikum wenden. Je nach dem Charakter des Unternehmens sind die Blumen uniform und stehen ordentlich in Reih und Glied, oder sie sind so vielgestaltig, bunt und chaotisch durcheinandergewürfelt wie das Publikum eines ausverkauften Rockkonzerts.

Keine Blumen

Stichworte: *Kinderlosigkeit, kreative Dürreperiode.*

Kinder: Sie haben keine, oder wenn Sie welche haben, spielen sie in Ihrem Alltagsleben keine Rolle. Ein seit vielen Jahren geschiedener siebzigjähriger Mann betonte ausdrücklich, seine Blumen seien in einem ganz anderen Bild, einem anderen Teil der Wüste, weit entfernt von Kubus, Leiter und Pferd.

Arbeit: Wir alle wissen nur allzu gut, wie es sich anfühlt, durch eine Phase zu gehen, in der sich nichts zu bewegen scheint – eine kreative oder spirituelle Dürreperiode oder eine finanzielle Talsohle. Solche Phasen enden, aber solange sie anhalten, sind sie einfach schrecklich und scheinen ewig zu dauern. Manchmal muß ein Sturm losbrechen, um dieser Dürre ein Ende zu bereiten und das Leben zu neuer Blüte zu bringen.

Das Kubus-Spiel mit Kindern spielen

Kinder von fünf oder sechs Jahren an lieben das Kubus-Spiel nicht nur, sondern sie können es wieder und wieder spielen. Sie haben kein großes Interesse daran, was die einzelnen Bilder bedeuten; es macht ihnen einfach Spaß, sie zu imaginieren. Ihre Bilderwelt ist farbig, lebhaft, phantasievoll und verblüffend aufschlußreich, was ihre Liebesgefühle, Konflikte und Ängste betrifft. Spielen Sie das Spiel hin und wieder mit Ihren Kindern; der magische Kubus kann Ihnen helfen, Ihre «Blumen» mit mehr Verständnis zu kultivieren.

Zufriedene, ausgeglichene Kinder imaginieren ihre Kuben unbekümmert groß und in den kräftigen Farben oder verrückten Mustern, die ihre Phantasie ihnen eingibt. Annies zwölfjährige Nichte Rachel sah ihren Kubus in ihrer Lieblingsfarbe Lila. Ihr Bruder Nick, damals neun Jahre alt, wählte strahlendes Rot mit großen schwarzen Punkten, wie bei einem Marienkäfer. Warum nicht?

Aber wenn ein Kind unter Spannung steht und sich durch Probleme irgendeiner Art bedrückt oder belastet fühlt, werden Sie es sofort erkennen. Ein schwieriger Achtjähriger, der seine frühe Kindheit in einem Heim verbracht hatte und der Pflegefamilie, die ihn adoptierte, zweimal davongelaufen war, erklärte, in seinem Kubus hause ein Skorpion. Ein Junge, der ohne Vater aufwuchs und unter der explosiven Spannung der beginnenden Pubertät stand, sah alle anderen Elemente, Leiter, Pferd, Sturm und Blumen, klaustrophobisch im Inneren seines Kubus zusammengedrängt. Ein Junge, der mit einer Krebserkrankung kämpfte, beschrieb seinen Kubus als Spielzeugkiste, die von einem stachligen, feuerspeienden Kaktus attackiert wurde. Aber die Kiste öffnete sich und spuckte einen kräftigen Wasserstrahl auf den Kaktus zurück! Zwei der Leitbilder – das Pferd und die Blumen – haben für Kinder eine etwas andere Bedeutung als für Erwachsene. Das Pferd, dieses Objekt leidenschaftlicher Liebe, repräsentiert in aller Regel einen Elternteil. (Eine Fünfjährige, deren Eltern in eine häßliche Scheidung verwickelt waren, sah in ihrer Imagination, wie ein Löwe Jagd auf ihr Pferd machte.) Wir drängen Kindern diese Interpretation jedoch nicht auf. Wir sagen einfach: «Das Pferd ist jemand, den du sehr liebst.» Die Blumen zeigen manchmal, wie Kinder biologische Zusammenhänge begreifen. Ein kleiner Junge sah die Blumen unter dem Schwanz seines Pferdes hervorstehen. Wahrscheinlich hatte er gerade gelernt, wo die Babys herkommen. Außerdem können die Blumen für Geschwister, Haustiere, Lieblingsspielzeug, Lieblingsspiele und Hobbys stehen – die Art von Spiel, die dem späteren, erwachsenen Engagement sowohl für andere Menschen als auch für die Arbeit den Weg bereitet.

In der Adoleszenz fangen Kinder an, das Kubus-Spiel wie Erwachsene zu spielen, und sie werden zur Autorität für ihre eigenen Kubus-Visionen. In dieser Phase der Selbstentdeckung und der rapiden Veränderungen stehen Jugendliche, wie wir alle aus eigener Erfahrung wissen, ständig vor dem Spiegel, und ein Seelenspiegel, in den man hineinschauen kann, um sich zu überprüfen und zu vergewissern, kann von außerordentlichem Nutzen sein. Der magische Kubus enthält alle Elemente, die diese Passage von der Kindheit in das junge Erwachsenenalter so spannungsgeladen, aufregend und dramatisch machen: ein Wahrzeichen der eigenen Einzigartigkeit (der Kubus), leidenschaftliche Freundschaften, Enttäuschungen und wechselnde Allianzen (die Leiter), Verliebtheit und erste Lieben (das Pferd), Spannungen und Konflikte (der Sturm), die drastischen, rapiden Veränderungen des Körpers und des Bewußtseins – das Hervortreten ernsthafter Interessen ebenso wie die erblühende Sexualität (die Blumen). Es ist anrührend komisch, daß Teenager das Pferd oft als Comic-Figur oder in irgendeiner unmöglichen Farbenkombination (lila und gelb gestreift zum Beispiel) imaginieren – ein Hinweis darauf, daß die Vorstellung von einem Liebhaber oder einer Geliebten noch nicht wirklich ernst ist, vorläufig nicht mehr als eine verspielte Phantasie. Andererseits ist es keineswegs undenkbar, daß die gefärbten Strähnen im Haarschopf des Freundes oder der Freundin in Gelb und Lila prangen. Wenn Sie das Kubus-Spiel mit Ihren Kindern spielen, sehen Sie, wie der Kreis sich schließt – und wie alles wieder von neuem beginnt. Ihre Blumen wachsen vielleicht noch in Ihrem Garten, aber sie haben schon ihre eigenen Kuben, legen schon ihre eigenen Landschaften an. Und um diese neu entstehende Welt zu besuchen, müssen Sie eingeladen sein.

Manchmal – nein, oft sogar – beneiden wir Kinder um die Frische, mit der sie das Abenteuer erleben, sich selbst und die Welt zum erstenmal zu entdecken.

Wir erinnern uns vage, wie unglaublich beflügelnd, wie aufregend das war, und wir sind immer auf der Suche nach Erfahrungen, Orten, Anregungen und Anstößen, die dieses Gefühl des Staunens und des Wunderbaren in uns wiedererwecken. Der magische Kubus ist eine dieser Erfahrungen. Beobachten sie den Gesichtsausdruck der nächsten Person, mit der Sie das Spiel spielen, während sie oder er Ihnen einen Kubus schildert, den Sie noch nie in Ihrem Leben gesehen haben. Jedesmal wenn Sie spielen, ist es das erstemal.

DAS GESAMTBILD

Und was liegt hinter den Blumen ...? «Jenseits des reifen Interesses und Verantwortungsgefühls für andere», schreibt Erikson, «liegt etwas, das wir Weisheit oder Integrität nennen» – das Gefühl von Kohärenz oder Kontinuität, das entsteht, wenn wir in der Geschichte unseres Lebens ein sinnvolles Muster erkennen. Im magischen Kubus – auch wenn er im Gewand eines Spiels erscheint – finden Sie ein Werkzeug, das Ihnen helfen kann, dieses Muster zu sehen und sich zur Integrität hinzubewegen, sei es dadurch, daß Sie eine tiefere Akzeptanz Ihrer gegenwärtigen Situation entwickeln, sei es dadurch, daß Sie Schritte unternehmen, diese Situation zu verändern. «Integrität» ist eine höhere Oktave von «Identität». Identität ist überwiegend eine Funktion des Ich, Integrität dagegen ein Merkmal der höheren seelischen Instanz, des Selbst, das über das Individuelle hinaus auch die Welt, die Menschen, die wir lieben, unsere Arbeit und die nächste Generation umfaßt. Die charakteristische Art, in der wir uns auf die Welt und auf andere Menschen beziehen, die Beiträge, die wir leisten und die Entscheidungen, die wir treffen, sogar die Dinge, die uns einfach zu «passieren» scheinen, sind Teil der Entfaltung dieses «Wesensmusters» des Selbst – eines Musters, das,

wie der Psychologe James Hillman meint, in keimhafter Form schon in uns angelegt ist, wenn wir auf die Welt kommen. Der Kubus bist du, aber du bist auch das
Arrangement von Leiter, Pferd, Sturm und Blumen, das die «Signatur» oder das
«Magnetfeld» des Kubus bildet, das die gesamte Wüstenlandschaft mit allem, was
darin ist, zu einer einheitlichen Komposition macht – geeint durch Persönlichkeitsstil, Charakter und das, was wir Schicksal nennen.

Das Beste am magischen Kubus – unseren eigenen Visionen und den Visionen
anderer, deren Zeugen wir wurden, als uns die Kubus-Leidenschaft ergriff und
wir das Spiel mit allen Leuten spielten, die wir kannten und neu kennenlernten –
war für uns, daß wir immer eine neue Welt entdeckten, daß sich nie etwas in derselben Form wiederholte. Wir glaubten schon zu wissen, was «Individualität»
bedeutet, aber dieses kleine Spiel hat uns eines Besseren belehrt und uns unwi-
derlegbar bewiesen, wieviel uns normalerweise entgeht, wie viele dem oberfläch-
lichen Blick verborgene Gaben, Talente und Fähigkeiten jeder Mensch in sich
trägt. Es ist wahr und durchaus kein albernes Klischee, daß in der Seele jedes Ge-
richtsvollziehers, Bauarbeiters, Börsenmanagers, jeder Kassiererin, Steuerprüfe-
rin oder Putzfrau ein Künstler, eine Künstlerin am Werk ist. Kennen Sie jemanden, der Sie unweigerlich zum Gähnen bringt, der Ihrer Meinung nach keinen
Funken Phantasie besitzt? Spielen Sie das Kubus-Spiel mit ihm oder ihr. Wir
garantieren Ihnen, daß Sie eine Überraschung erleben werden. Spielen Sie das
Spiel mit jemandem, der Ihnen unsympathisch ist, Sie ärgert, Ihnen auf die
Nerven geht – und Sie werden Ihre Haltung überdenken und mit einer neuen
Achtung vor dieser Person aus der Erfahrung hervorgehen.

Wie wir wissen, wurde der magische Kubus mit großem Erfolg bei Ein-
führungskursen (oder ersten Verabredungen) eingesetzt, als «Eisbrecher» zwischen Leuten, die einander fremd sind, und als phantasievolle Alternative zu ste-
reotypem *Small talk*. Aber auch unter Menschen, die einander vertraut sind,
kann das Spiel verblüffende Wirkungen entfalten. Spielen Sie es mit allen in Ihrer

Familie oder Ihrem Büro, und Sie werden das Gefühl haben, diese Menschen zum erstenmal kennenzulernen. Alte, durch Gewohnheit, Unaufmerksamkeit und Mißverständnisse angestaubte Verbindungen können aufgefrischt, gelockert und mit mehr Feingefühl erneuert werden. Die wunderbare Erfahrung, einen Blick in die innere Welt einer anderen Person zu erhaschen, wird die Art, wie Sie mit dieser Person – oder mit anderen Menschen überhaupt – umgehen, ganz entscheidend verändern.

Aber der Anfang der Weisheit und das eigentliche Ziel dieses uralten Spiels ist dasselbe, das als Leitsatz über dem Tor des Orakelschreins zu Delphi eingraviert stand: Erkenne dich selbst!

Von Slobodan Pešić

Marco Polo und das Wissen vom magischen Kubus

Ich weiß, daß in den frühen Morgenstunden des 2. Juli 1271 ein stolzes, gut ausgerüstetes und mit kostbaren Gütern schwer beladenes Handelsschiff aus dem Hafen von Venedig auslief. Palästina war das Ziel seiner Reise. Neben dem Kapitän und der Mannschaft befanden sich drei wichtige Passagiere an Bord. Zwei davon, die Brüder Nicolo und Mafeo Polo, waren als Kaufleute bekannt und geachtet und in ganz Venedig wegen ihrer langen Reise nach China berühmt. Ihr zweiter Versuch, in das von den Mongolen beherrschte Reich der Mitte vorzudringen, war weniger durch Abenteuerlust oder das Verlangen nach neuen Handelsverbindungen inspiriert als durch die Angst vor Konkurrenz.

Der dritte Passagier war ein siebzehnjähriger Jüngling und der Sohn des Nicolo Polo. Sein Name war Marco Polo.

Marco, der für gewöhnlich lebhaft, fröhlich und gesprächig war, hatte sich während der vergangenen Monate still auf sich selbst zurückgezogen, und er hatte seine ganz eigenen Gründe, sich auf diese lange Reise zu begeben. Sein

Herz hing nicht an Handel und Gewinn; er hatte es Katerina de Vilioni zu Füßen gelegt, der Tochter des Domenico Vilioni, eines anderen venezianischen Kaufmanns und schärfsten Konkurrenten der Polos. Ein halbes Jahr zuvor hatten Marco und Katerina sich leidenschaftlich verliebt und beschlossen zu heiraten. Als Katerina ihren Vater um seinen Segen bat, weigerte der sich empört, der Verbindung zuzustimmen, und schloß seine Tochter statt dessen im Haus ein. Die Verliebten faßten den Plan, zu flüchten und sich heimlich trauen zu lassen. Aber irgendwie kam Domenico Vilioni dahinter. So entschloß er sich, seine Tochter auf eine lange geplante Reise in den Fernen Osten mitzunehmen. Sein Schiff war mit dem Ziel, den besten Handelsweg nach China zu finden, im Juni 1271 in See gestochen. Katerina war die einzige Frau an Bord.

Ich weiß, daß Nicolo, Mafeo und Marco auf ihrem Weg nach Palästina auf der Insel Korcula im adriatischen Archipel, wo die Familie ein Haus besaß und wo Marco geboren wurde, Zwischenstation machten. Dort erhielten sie Instruktionen und Ratschläge von Marcos Großvater, einem alten, erfahrenen Seefahrer. Er nahm seinen Enkel beiseite und sagte ihm: «Liebe, mein Junge, ist das größte Geschenk des Lebens, und trotzdem würde ich eher versuchen, die afrikanische Küste schwimmend zu erreichen, als … nun ja, lassen wir das. So Gott will, wirst du auf deiner Reise etwas Wichtiges lernen.»

Ich weiß, daß die Polos und ihr Schiff den letzten östlichen Außenposten des römischen Christentums, Acre, den mediterranen Seehafen Palästinas, erreichten. Dort gingen sie von Bord; auf dem Markt von Jerusalem tauschten sie einige ihrer Handelsgüter gegen Pferde und Kamele ein und machten sich auf, quer durch die Wüsten Arabiens, nach Bagdad. Nach einer kurzen Ruhepause schlugen sie den wohlbekannten Karawanenweg durch Persien ein und gelangten schließlich in die Stadt Samarkand.

Außerhalb der Mauern Samarkands tobte ein Krieg zwischen Persern und Mongolen, und so hatten Vater, Sohn und Onkel keine andere Wahl, als zu blei-

ben und abzuwarten, weil wegen der großen Gefahren an eine Weiterreise nicht
zu denken war.

Eines Abends, als sie sich die Zeit damit vertrieben, mit anderen Reisenden Geschichten auszutauschen, lernten Nicolo, Mafeo und Marco einen Fremden mit Namen Ali-Fata kennen. Er war wie ein türkischer Sufi gekleidet und unterhielt sie mit einem ungewöhnlichen Spiel, das er den «magischen Kubus» nannte. Er stellte allen Anwesenden dieselben, sehr einfachen Fragen, und nachdem sie geantwortet hatten, zog er ein abgenutztes Büchlein aus der Tasche und las ihnen daraus die Deutungen vor.

Das Spiel war in der Tat sehr lustig, unterhaltsam und aufschlußreich; alle staunten, daß es auf jede Wendung, jeden Einfall eine erstaunlich präzise Antwort zu haben schien, und waren zufrieden. Nur Marco nicht – er war ungemein fasziniert und wollte mehr darüber erfahren. Und so bat er Ali-Fata, ihn das Spiel zu lehren.

Ali-Fata erwiderte: «Es ist kein Spiel – und du mußt mir sagen, warum du mehr wissen willst.» – «Ich liebe eine Frau», sagte Marco, «die ich verloren habe, und ich muß sie finden.» Ali-Fata sah ihm tief in die Augen. «Aus deiner Antwort ersehe ich, daß du dazu bestimmt bist, den magischen Kubus weise zu nutzen. Wie man das Spiel spielt, kann ich dich lehren, aber ich kann dir nicht das Wissen geben. Ich bin nur der Bote.»

Der Krieg jenseits der Mauern Samarkands schien nicht enden zu wollen; die Monate gingen dahin, und Marco Polo lernte Persisch, Türkisch und Mongolisch – und die Kunst, den magischen Kubus zu deuten.

Ich weiß, daß der magische Kubus ein sehr simples Spiel war; es hatte nur fünf Fragen und eine scheinbar begrenzte Zahl von Antworten. Aber je mehr man es spielte, desto vielfältiger wurden die Antworten, und es wurde unmöglich, zu einer Deutung zu kommen, ohne das abgenutzte kleine Büchlein, das «Buch der Kuben», zu konsultieren. Marco Polo war so fasziniert von diesem Spiel, daß er an manchen Tagen kaum aß oder schlief und zeitweilig sogar vergaß, an seine geliebte Katerina zu denken.

Eines Tages gab Ali-Fata ihm das Buch und sagte: «Nimm das Wissen und vergiß nicht, daß du nur der Bote bist.»

Drei Tage später – und mehr als ein Jahr, nachdem die Belagerung der Stadt begonnen hatte – siegte der mongolische Khan schließlich in der entscheidenden Schlacht. Der neue Herrscher zog in die Stadt ein und verlangte nur eins: Man solle Ali-Fata vor ihn bringen. «Du weißt», sagte der Khan, «daß dieser lange Krieg deinetwegen ausgefochten wurde. Und um dich zu holen, bin ich gekommen. Kublai Khan wartet; du wirst mich begleiten. Solltest du dich weigern, lasse ich die Stadt niederbrennen.»

«Oh, mächtiger Khan, ich weiß, daß du nicht gekommen bist, um mich zum großen Kublai Khan zu bringen. Du bist gekommen, um mein Wissen zu erlangen und der größte aller Khans der Mongolen zu werden, größer als Dschingis, größer als Kublai … Aber ich bin hier, um das zu verhindern. Mein Kubus und dein Kubus gleichen sich nicht. Ich kann nicht mit dir gehen, und du wirst die Stadt nicht niederbrennen.»

Der Khan lachte: «Wie soll das wohl angehen?» – «Sehr einfach: In drei Tagen werde ich sterben. In drei Tagen kann man niemanden etwas lehren, das von Bedeutung ist. Deshalb habe ich einen jungen Schüler ausgewählt, ihn unterrichtet und mein Wissen an ihn weitergegeben. Aber er wird noch lange brauchen, um die richtigen Antworten zu meistern und das Wissen, nach dem du strebst, an dich weiterzureichen. Kublai Khan wird dich suchen und finden, bevor du in den Genuß des Wissens gelangst, und es wird dich den Kopf kosten. Bring meinen Schüler zu Kublai und rette so das Wissen und dich selbst.»

Der Khan dachte einen Augenblick nach und sagte dann: «Drei Tage werde ich warten. Stirbst du nicht, wie du gesagt hast, töte ich dich und tue, was ich für richtig halte. Nun schaff mir diesen Schüler her.» Marco wurde vor den Khan gebracht, und der Kriegsherr fragte ihn: «Hast du das Wissen des magischen Kubus?» – «Nein, mächtiger Khan, ich bin nur der Bote.»

Nach drei Tagen starb Ali-Fata, genau so, wie er vorausgesagt hatte. Der Khan schlug ihm den Kopf ab. Als Beweis, daß niemand über das Wissen verfügte, wurde das Haupt des Ali-Fata in Salz gelegt und – zusammen mit Marco, seinem Vater und seinem Onkel – auf die lange Reise nach China mitgenommen. Hinter dem abziehenden Mongolenheer stand die Stadt Samarkand in Flammen.

Ich weiß, daß Kublai Khan ein weiser Mann war. Er verstand, welchen Lauf die Ereignisse genommen hatten, und ließ den rebellischen Khan köpfen. Das Haupt des Ali-Fata begrub er in seinem Garten, und er setzte Marco Polo als Meisterinterpreten des magischen Kubus ein. «Wenn dieser Jüngling das Mannesalter erreicht», sagte er, «wird er sich ohne Zweifel als ein Mensch von gesunder Urteilskraft und wahrem Wert erweisen.»

So begann die immense Arbeit des Sammelns, Klassifizierens und Deutens von Kuben. Bald waren die Dörfer, die Städte, die Provinzen, die Armeen des riesigen Mongolenreiches den Prinzipien des magischen Kubus entsprechend organisiert. Aus den fernsten Regionen wurden Leute zu Marco gebracht, um ihm ihre Kubus-Visionen zu schildern, und mit der Anweisung wieder fortgeschickt, die Dinge den Botschaften dieser Visionen gemäß zu regeln. Unter der Herrschaft des Kublai Khan wurde das Mongolenreich zum kulturell reichsten und geographisch größten Imperium in der Geschichte der Menschheit.

Marco hatte Katerina völlig vergessen. Während sein Vater und sein Onkel weit umherreisten, war er vor allem damit beschäftigt, in seinen Gemächern innerhalb des kaiserlichen Palastes die ständig wachsende Sammlung von Kuben zu studieren und zu ordnen.

Nach fast siebzehn Jahren im Dienst des Herrschers (oder des magischen Kubus) trat Marco eines Tages vor Kublai Khan und teilte ihm mit, daß die immense Bibliothek der Wüsten, Kuben, Leitern, Pferde und Blumen abgeschlossen sei und daß es nunmehr an der Zeit sei, das Wissen des magischen Kubus in den Westen zu tragen. «Du willst nach Haus?» fragte Kublai Khan. «Ja», sagte Marco, «denn ich sehe, daß der große Khan das Wissen inzwischen selbst gemeistert hat.» Kublai Khan lächelte. «Ich bedaure, daß du mich verlassen willst, aber das Schicksal hat von nun an wohl verschiedene Wege für uns vorgesehen. Eine meiner Töchter wird sich mit einem jungen Prinzen im äußersten westlichen Außenposten meines Reiches vermählen. Sorge dafür, daß sie wohlbehalten an ihrem neuen Wohnort ankommt. Das ist der letzte Dienst, um den ich dich bitte.»

Ich weiß, daß die mongolische Prinzessin Nicolo, Mafeo und Marco anvertraut wurde und daß sie die lange Reise von China nach Indien auf dem Seeweg unternahmen. Die Flotte zählte vierzehn Schiffe und die Gefolgschaft der Prinzessin sechshundert Seelen, die Mannschaften nicht eingerechnet. Während der langen Seereise unterhielt Marco die Prinzessin und die jungen Damen ihrer Umgebung mit dem Kubus-Spiel, und er brachte sie zum Lachen und zum Staunen über seine scharfsinnigen Deutungen, seine präzisen Vermutungen über ihre Vergangenheit und seine Voraussagen über ihre mögliche Zukunft. Nach all diesen Jahren des Sammelns und Studierens war es ihm immer noch ein Vergnügen, das Spiel zu spielen.

Eines Tages, während sie spielten, sagte die Prinzessin: «Ich wüßte doch zu gern, wie Katerinas Kubus wohl aussehen würde …» Marco riß die Augen auf. «Katerina?» Die Prinzessin erzählte ihm nun von einer jungen Konkubine, die man zu ihr gebracht hatte und die sie immer wieder rufen ließ, weil sie es liebte, mit Katerina – so hieß die schöne Fremde – Geschichten auszutauschen. In Katerinas Geschichten ging es vor allem um ferne Orte und um die Liebe.

«Eines Tages erzählte sie mir von einem jungen Liebenden, der gelobte, den weiten Ozean zu überqueren, und wenn er schwimmen müßte, um seine Liebste wiederzufinden, die man ihm genommen hatte. Ich verstand, wovon sie sprach, und beschloß, ihr bei ihrer Suche nach dem verlorenen Geliebten zu helfen. Ich half ihr, aus dem Palast zu entkommen, der für sie ein Gefängnis war. Was aus ihr geworden ist, weiß ich nicht. Und ich frage mich, was wohl mit ihrem Geliebten geschehen sein mag. Ob er wirklich den großen Ozean überquerte ... ob er wirklich nichts anderes wollte, als sie zu finden.»

Marco schaute auf die ruhige See hinaus. «Ich weiß es nicht, meine schöne Prinzessin. Ich glaubte, ich hätte das Wissen gemeistert, und die Antwort auf Eure Frage sollte einfach sein. Aber jetzt erkenne ich, daß ich nur der Bote bin.» Tränen standen ihm in den Augen.

Ich weiß, daß schwere Stürme aufkamen und die Flotte zerstreuten, daß haushohe Wellen die Masten der Schiffe zerschmetterten und viele Menschenleben dem Toben der Elemente zum Opfer fielen. Die Polos aber und ihr Schützling überlebten, und die Prinzessin wurde wohlbehalten zu ihrem zukünftigen Gemahl gebracht. Nicolo, Mafeo und Marco setzten ihre Reise durch Arabien fort und kehrten schließlich per Schiff nach Venedig zurück. Erschöpft, gedemütigt und durch die Zerstörung der Flotte all ihrer kostbaren Güter beraubt, machten sie erneut auf Korcula Station, um bei Marcos Großvater Rat zu suchen. Der hörte sich ihre Geschichten an und sagte: «Nichts ist verloren. Verkauft das Wissen des magischen Kubus an den Dogen von Venedig.»

Ich weiß, daß die Polos versuchten, den magischen Kubus zu verkaufen, aber der Doge und die Bürger von Venedig wollten orientalische Gewürze und chinesische Seide und hielten nichts von «Spielchen». Einige Jahre später brach zwischen den rivalisierenden Stadtstaaten Venedig und Genua Krieg aus, Marco Polo wurde in Genua eingekerkert. Dort, im Kerker, fing er wieder an, willigen Zuhörern von der Weisheit des magischen Kubus zu erzählen. Einer dieser Zuhörer war der Dichter Rustichello von Pisa, der Marcos Erzählungen sammelte und in einer Schrift mit dem Titel «Die Reisen» wiedergab. Ein weiterer interessierter Zuhörer war Giovanni Columbo, zu jener Zeit Wächter in diesem Gefängnis, und es ist bekannt, daß er Marcos Geschichten mit größter Aufmerksamkeit verfolgte.

Was mit dem Originalwissen, dem «Buch der Kuben» geschah, ist nicht bekannt. Manche sagen, es sei an der Stelle vergraben worden, an der Ali-Fatas Haupt bestattet war, als Marco Polo sich entschloß, China zu verlassen. Andere behaupteten, Marco selbst habe es während der Seereise nach Indien ins Meer geworfen, als er erfuhr, daß Katerina ihm all die Jahre so nahe gewesen war. Wieder andere meinten, er habe es seinem Großvater auf Korcula gegeben – oder das Wissen sei durch nachfolgende Kopien des originalen Rustichello-Manuskripts verlorengegangen … oder Giovanni Columbo habe das Buch konfisziert, als Marco im Kerker saß.

Ich weiß es nicht … Lange Zeit darauf, im Sommer 1492, brach ein Seefahrer aus Genua, ein Groß-Großneffe desselben Giovanni Columbo, der Marco Polo im Kerker bewachte, von der Küste Spaniens aus zu einer langen Reise nach Westen auf. Er trug ein abgenutztes, zerlesenes Exemplar der «Reisen des Marco Polo» bei sich, und viele glaubten, er sei auf der Suche nach dem magischen Kubus. Sein Name war Cristoforo Columbo.

Ich weiß, daß im Sommer 1951 bei Grabungen in Yangzhou im östlichen China unter Sand und Schutt ein guterhaltener Grabstein mit Symbolen des Franziskanerordens und einer ausdrucksvollen Reliefdarstellung der Madonna gefunden wurde. Die Inschrift war immer noch klar zu entziffern: «Katerina, Tochter des Domenico Vilioni, gestorben 1342.»

Ich weiß, daß Gesellschaften für die Erforschung der Kultur der Mongolen in mehreren europäischen Ländern und verschiedene Wissenschaftler in jüngster Zeit begonnen haben, die Authentizität der Reisen Marco Polos anzuzweifeln. Man stieß auf Ungereimtheiten und Widersprüche; die Große Mauer, die Kunst der Druckerei, der Anbau von Tee und so fort wurden in dem Buch nie erwähnt.

Ich weiß, daß ich im Sommer 1987 zum erstenmal das Spiel «Der magische Kubus» spielte. Es geschah auf Korcula, nicht weit von dem Ort, an dem Marco Polo geboren wurde.

Ich weiß … Ich bin nur der Bote.

QUELLEN

(in der Reihenfolge, in der sie zitiert wurden)

Kapitel 1

William A. McClung: The Architecture of Paradise; University of Chicago Press, 1983

Sigmund Freud: Die Traumdeutung (1900–1901), Frankfurt a. M., Fischer Studienausgabe Bd. II/III, 1968

Kapitel 13

Idries Shah: Learning How to Learn; Harper & Row, 1981, S. 153–154

Kapitel 14

Robert W. Levenson wurde mit seiner Erlaubnis aus einem Interview mit Annie Gottlieb zitiert; der Artikel, dem dieses Interview zugrunde lag, «Fighting the Good Fight», erschien in der Mai/Juni-Nummer von «Mirabella».

Kapitel 16

Erik H. Erikson. The Life Cycle Completed; Norton, 1985

DANKSAGUNGEN

Dank an Big Jacques für das Auftanken im Flug und die gute Fürsorge bei der Landung sowie an Dalma Heyn für Sauerstoff und Narzissen.

Außerdem danken wir der wachsenden, engagierten Mannschaft von «Der magische Kubus: Die zweite Generation»: Arielle Eckstrut, unserer Agentin bei James Levine Communications, Laurie Abkemeier, unserer Lektorin bei Hyperion, Wen-Hung Fang und Scott von Senate, die den Kubus in den Cyberspace schickten; Teddy Bakewell und Kristin Peterson sowie der Newberry Library, insbesondere Paul Gehl und John Powell, und im Internet Catherine Yronwode, Tom Kenyon, Diarmuid Pigott und Debi Bliss für Hilfe bei der Spurensuche. Unser Dank gilt auch Dörthe Binkert vom Scherz Verlag für ihre brillante Edition des «magischen Kubus» und Andras Halasz für die wunderbaren Illustrationen. Und schließlich danken wir unseren Familien und Freunden, die die Botschaft verbreiteten, aber das Geheimnis bewahrten.

Über die Autoren

Annie Gottlieb, Journalistin und Schriftstellerin mit dem Schwerpunkt Psychologie, lebt in New York. Ihre Artikel erschienen in «The New York Times», «Mirabella», «Utne Reader», «The Nation», «New Woman» und vielen anderen amerikanischen Zeitschriften. Weitere Veröffentlichungen: «Whishcraft: How to Get What You Really Want» (mit Slobodan Pešić), «Do You Believe in Magic?», «Bringing the Sixties Back Home» und der Text zu dem Bildband des Künstlers Thomas McKnight «Voyages to Paradise». Zusammen mit ihrem Lebensgefährten, dem Schriftsteller und Schauspieler Jacques Sandulescu, übt sie sich seit zwanzig Jahren in der Kunst des Kyokushin Karate. Sie haben sechzehn Katzen.

Slobodan D. Pešić ist Immigrant oder Emigrant (je nach Stimmung), Astrologe und Erzeuger von Rauchwolken sowie nutzlosen und unpraktischen Ideen. Er arbeitete als Drehbuchautor und Regisseur für diverse Film- und Fernsehgesellschaften in Europa und den USA; sein erster Feature-Film, «The Harms Case», wurde auf Festivals in Cannes, Berlin, Jerusalem, Montreal, Toronto, San Francisco und Hongkong gezeigt. Er lebt und arbeitet in New York, wo er zur Zeit eine auf dem Roman «Hundeherz» von Mikhail Bulgakow basierende Comedy-Reihe entwickelt und das weltweit erste Low-Budget-Breitwandepos «Burn» vorbereitet.

Kubus-Website: http://members.tripod.com/cubsecrets/